하도급
솔루션

하도급 솔루션

지은이 | 이서구

발행일 | 초판 1쇄 2018년 11월 5일

발행처 | 멘토프레스

발행인 | 이경숙

교정 | 서광철

인쇄 · 제본 | 한영문화사

등록번호 | 201-12-80347 / 등록일 2006년 5월 2일

주소 | 서울시 중구 충무로 2가 49-30 태광빌딩 302호

전화 | (02)2272-0907   팩스 | (02)2272-0974

E-mail | mentorpress@gmail.com

           memory777@naver.com

홈피 | www.mentorpress.co.kr

ISBN 978-89-93442-49-6(13320)

일러두기

1. '하도급거래공정화에관한법률' 상의 '원사업자' '수급사업자'를 '원도급자' '하도급자'로 표기
2. 종합건설공사를 시공하면서 하도급을 주는 업체를 '원도급자' 또는 '종합건설업체'로 표기
3. 전문건설공사를 시공하는 하도급업체를 '하도급자' 또는 '전문건설업자'로 표기
4. '하도급거래공정화에관한법률'은 '하도급법'으로, 제4장에서 조항을 인용할 때에는
   '법' '영' '지침' 등으로 간단하게 표기
5. '건설산업기본법'은 '건산법'으로 표기
6. '국가를당사자로하는계약에관한법률'은 '국가계약법'으로 표기
7. '지방자치단체를당사자로하는계약에관한법률'은 '지방계약법'으로 표기
8. 가급적 평이한 구어체 형식으로 표현하려고 노력하였습니다.

하도급
솔루션

멘토 press

30여 년 동안 하도급현장에서 얻은 값진 경험 등을 토대로
정의로운 자들과 한 차원 높은 하도급문화를 만들어가겠다!

하도급문제는 어제 오늘의 문제가 아닌, 60여 년간 고질병처럼 우리 사회에 뿌리 박힌 우리 모두가 해결해야 할 근본문제이다. 몸이 아프면 어디가 어떻게 아픈지 만 방에 알리고 원인과 병명이 무엇인지 제대로 알아야 그에 맞는 정확한 처방으로 치 료를 할 수 있다.

우리 산업의 밑바닥, 하도급에 관한 올바른 인식과 편견 없는 '사실인정'이 절실 히 요구되는 바이기에 본문에서 하도급현장의 실태와 민낯을 정확히 알리고자 노 력했다. 결코, 원도급자 등 특정인을 헐뜯고 폄하하기 위한 글이 아니고, 하도급현장 에서 어떻게 불공정행위가 이루어지고 있는지 구체적으로 서술하고, 불법·불공정 행위를 당한 하도급자가 최소한 회사부도를 피하고 못 받은 공사비는 최대한 받을 수 있도록 그 방법을 제시하고자 했다. 또한 우리 건설현장에서 끊임없이 저질러지 고 있는 불법행위, 이대로 계속 방치하고 떠안고 갈 것인가? 불법·불공정 행위의 주 체인 원도급자와 정부, 하도급자에게 의문을 던지며, 앞으로 가야 할 올바른 길을 제 시하고자 했다. 무엇보다 하도급업체들이 불공정행위를 당한 경우 어떻게 대처할 것인가, 구체적으로 65가지 사례를 들어 해결책을 정리했다.

건설현장의 모든 문제를 말하려 함이 아니다. 그럴 능력도 없다. 30여 년 동안 하도 급현장에서 불법 불공정 행위가 자행되는 사실을 목격해오며 건설관련 법령개정업

무에 매진해왔다. 이러한 값진 경험 등을 바탕으로 불합리한 하도급현장의 일부 귀퉁이라도 세상에 알려 정의로운 생각을 하는 많은 의인들과 함께 한 차원 높은 하도급문화를 만들어가고자 하는 마음에서 이 책을 출간하게 되었다.

이제 하도급문제는 비단 건설업계만의 일이 아닌, 중소기업 모두의 고통으로, 더 나아가서 국민의 아픔으로 바라보아야 한다. 국민 모두가 함께 바람직한 해결책을 찾아 웃음과 덕담이 넘쳐나는 건설현장, 행복이 피어나는 건설산업을 조성해나가야 한다.

선택은 각자의 몫이다. 세계 일류국가를 이룩한 일본의 건설하도급시장처럼 불공정 하도급행위가 난무하는 불명예 일류국가로 남을 것인지, 아니면 독일처럼 공정한 시장 룰Rule을 실현한 모범적인 선진국가로 만들어갈 것인지는 오로지 우리 건설인들의 선택문제일 뿐이다. 아무쪼록 우리 건설산업이 국민과 함께 모두 행복한 문화를 만들어내고 5대양 7대륙의 저 넓은 글로벌 시장을 향해 준비하는 더 큰마음을 지녔으면 한다.

어두운 글 길을 밝게 밝혀주시고 용기를 준 「책과 강연」 가족들, 고집스런 책임감으로 책을 만들어주신 출판사 이경숙 대표님, 도움을 주신 여러분 모두에게 따뜻한 감사의 마음을 전한다. 35년여 동안 어려운 일들 슬기롭게 잘 참아주고 묵묵히 뒷바라지 해준 아내 종례씨, 그리고 게으름에 빠져 있는 아빠를 처음부터 끝까지 응원해준 딸 경진과 아들 희문에게 감사한다. 그리고 지금은 치매 세상에 계신 존경하는 아버지, 한 달 전에 세상을 달리하신 사랑하는 어머님께 이 작은 선물을 고이 올려 드린다.

2018년 9월 23일

이서구

목차

제1장 99%를 지배하는 1%의 세계

- **불공정 하도급의 시작 14**
  삼국시대 '도지제도' 를 비롯 일제강점기 강압적 우월행위, 착취가 불공정 행위의 시작

- **위 아래로 눌린 하도급현장, 숨막히는 샌드위치 신세 21**
  건설산업 일용근로자는 약 150만 명, 5만6,000여 하도급업체에서 약 100만 명을 고용

- **정당하게 일해도, 정당하게 요구할 수 없는 이상한 관계 29**
  '을'은 공사 중 발생하는 추가공사, 변경공사에 대하여 추가정산을 요구할 수 없다?

- **가장 무섭다는 '괘씸죄'가 만연하는 부당거래의 실태 33**
  강력한 처벌과 집행 없이는 60여 년의 불공정하도급 역사, 절대 근절불가!

- **돈(金)맥 경화, 적자경영으로 멍드는 하도급의 현실 39**
  1997년 IMF외환위기와 2008년 미국을 강타한 금융위기로 한국 하도급업계는 새우등 터져

- **하도급시장이 완전경쟁시장이라고? 46**
  원도급자는 하도급자를 마음대로 선택해도 하도급자는 원도급자를 선택할 수 없는 '독과점시장'

- **겉도는 원·하도급자 간의 상생 53**
  적정한 하도급금액, 추가 · 재공사 대금을 제때 정산지급 해주는 것이 상생의 길

제2장 원도급자의 횡포, 끝이 없다
− 세부적인 불법 불공정 행위들

■ 하도급 계약금액 초저가로 만들기 64
   불공정 하도급 관행은 40년 전이나 10년 전이나 크게 나아진 것이 없다

■ 부당한 특약의 강요, 현금결제 시 6% 추가차감 71
   부당한 특약, 거절 못하여 하도급자 불행이 시작된다

   • 공사대금 지급관련 특약 예시 74
   • 대물지급 특약 예시 75
   • 추가공사, 재공사비 등을 정산하지 않는다는 특약 예시 75
   • 산업재해와 민원, 하자보수 등 비용전가 특약 예시 77

■ 공사대금 대신 물건으로 지불한다? 79
   공사비 대신 쥐어주는 아파트나 상가, 콘도, 골프회원권 등이 하도급자를 두 번 울린다

■ 불법이익이 준법이익보다 월등히 큰 현장 85
   불법과 착취가 난무하는 실패한 시장, 건전한 중소기업 육성 어렵다

■ 임금체불의 원인을 이해하면 진짜 나쁜 놈이 보인다 92
   하도급자의 임금체불이 92%, 그 원인 중 94%가 원도급자의 공사대금 미지급 때문

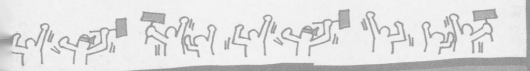

제3장 건설, 더 큰 세계를 지향한다

■ 대한민국 건설이 국가의 미래다 100
소수만이 아닌 함께 상생하며 공존하는 행복시대를 열어가야 한다

■ 원도급, 종합건설의 어젠다Agenda는 이제 글로벌Global이다 109
독일, 싱가포르 등 세계 1, 2위 중소기업 국가의 경영철학과 제도를 벤치마킹,
하도급과 상생의 길 열어라

■ 하도급자, 선제방어가 최선이다 117
불공정 행위에 맞서 하도급업체 간 공동방어하는 '미투' 운동의 확산이 절실

■ 시장실패에 대한 국가의 책무 123
'사적 침해' 등을 핑계로 불법을 저지르고도 책임회피 하는 원도급자, 정부의 단호한 처벌이 급선무

■ 정부의 엄중한 역할을 기대한다 127
우리나라의 불법 불공정 하도급행위는 세계 1위권, 원도급자 손아귀에서 하도급자를 벗어나게 하라

■ 하도급대금 지급기한 단축이 시급 135
하도급대금은 현행 60일을 깨고 '수령 후 5일, 미수령 시 30일' 로 단축하라

■ 중소기업과 소상공인에게 치명적인 '어음제도 폐지' 141
부도가 나면 연간 수십만 명이 길거리로 내몰리며, 노숙자가 증가하고, 가족해체 위기에 처한다

■ 건설산업의 혁신, 분업효율의 극대화가 최고의 경쟁력 147
직접시공 확대, 원도급자의 이윤만 극대화! 불법 · 불공정 행위에 대한 근절대책 없다

 • 불법·불공정 하도급 근절방안이 전혀 반영되지 않았다 147
 • 직접시공 확대는 건설산업기본법의 원칙에 위배, 불법적 위장하도급만 조장한다 150
 • 종합과 전문을 함께 경쟁시키는 것은 불평등·불공정 방안이다 152
 • 혁신위원회 등 추진주체는 공평·공정하게 구성되어야 한다 156

제4장 불공정 하도급 문제 솔루션(사례별 대처방안)

■ 하도급계약 단계에서 분쟁이 발생할 경우 160
　사례1　저가 하도급계약을 유도하는 경우 160
　사례2　하도급계약서를 안 써주는 경우 164
　사례3　발주자가 건설공사계약서를 안 써주는 경우 170
　사례4　원도급자가 10%를 초과하는 계약이행보증을 요구하는 경우 171
　사례5　지급보증의무가 면제된 원도급자가 계약이행보증을 요구할 경우 172
　사례6　제안서를 작성해준 경우의 하도급계약 173
　사례7　표준하도급계약서를 사용하지 않는 경우 174
　사례8　이중계약서 작성을 요구하는 경우 176
　사례9　추가공사비, 돌관 공사비를 안 주는 경우 177
　사례10　설계변경, 물가변동 시 변경 하도급계약서를 안 써주는 경우 182
　사례11　하도급계약서 작성의무 위반의 종류 185
　사례12　부당하게 하도급계약이 해지된 경우 186

■ 부당한 '특약내용'을 강요할 경우 191
　사례13　부당한 특약(계약) 내용을 강요할 경우

■ 어떻게 하면 공사대금을 떼이지 않을 것인가 197
　사례14　공사대금을 떼이지 않는 방법 197
　사례15　공사대금을 계속 안 주는 경우 203
　사례16　공사대금을 60일 경과 후에도 지급하지 않는 경우 206
　사례17　선행공정 지연으로 나의 공정이 늦어지는 경우 208
　사례18　후속 공사를 주겠다며 기성금을 깎는 경우 209
　사례19　공사대금 지급기한(60일) 예외 사유 210
　사례20　선급금을 지급하지 않는 경우 211

사례21 원도급자가 부도·파산이 된 경우 213

사례22 원도급자가 법정관리, 워크아웃이 된 경우 217

사례23 어음으로 받은 경우 218

사례24 하도급대금 지급보증서를 주지 않는 경우 221

사례25 하도급대금, 발주자로부터 직접 받는 방법 225

사례26 하도급대금을 물건으로 받는 경우 229

사례27 부당하게 공사대금을 깎는 경우 231

사례28 하도급대금 소멸시효는? 하도급서류 보관기간은? 236

사례29 하도급법 적용이 안 되는 경우 239

사례30 원도급자가 계약이행보증금을 청구할 경우(본드 콜 Bond Call) 243

사례31 손해금액을 3배로 배상받을 수 있는 경우(징벌적 손해배상제도) 245

사례32 하도급법 위반에 따른 형사책임, 민사책임 249

■ 여러 가지 다양한 하도급문제 사례종합 250

사례33 적자나지 않게 공사하는 요령 250

사례34 손실이 발생하는 현장일 경우 252

사례35 서류증거를 만드는 요령 254

사례36 기성검사 거부, 지연 시 256

사례37 부당하게 반품하는 경우 259

사례38 자기 건설기계 사용과 물품구매 등을 강요하는 경우 261

사례39 부당하게 금전, 물품, 용역 등을 요구하는 경우 262

사례40 보복행위를 할 경우 263

사례41 하도급자의 경영에 간섭하는 경우 265

사례42 묘한 탈법행위를 강요하는 경우 266

사례43 원도급자의 금지사항, 의무사항 267

사례44 하도급자가 지켜야 할 의무 269

사례45 원도급자 현장소장의 업무범위 270

사례46 자기발주공사와 하도급법 적용 271

사례47 반품가능 기간은 272

사례48 주계약자와 하도급법 적용 273

사례49 공동이행방식, 분담이행방식의 하도급법 적용 273

사례50 어음만기일, 외상매출채권담보대출(B2B) 만기일이 하도급대금
　　　　지급보증 기간을 초과하는 경우 274

사례51 미완성과 하자의 차이 275

사례52 무리한 하자보증 요구 시 275

사례53 지체상금과 하도급공사 278

사례54 건산법을 위반한 하도급 행위, 하도급법 적용된다 279

사례55 공정위 신고와 민사소송 중 선택을 고민할 때 279

사례56 하도급자가 기성금 채권을 양도한 경우 하도급법 적용여부 280

사례57 하도급자가 회사를 양도한 경우의 권리 281

사례58 등록(면허) 대여와 하도급법 적용 282

사례59 신용카드로 하도급대금 결제 가능여부 283

사례60 압류 및 추심명령(전부명령) 등이 들어온 경우 하도급대금의 직접지급 효과 284

사례61 지자체 등 공공기관이 갑질을 할 경우 285

사례62 임금채권, 국세, 산재보험료 등의 우선권과 하도급대금의 지급순위 286

사례63 인력파견과 하도급의 구분 287

사례64 불법행위 시 신고 288

사례65 상습위반자 명단 공개 290

부록 하도급거래 공정화지침, 건설 하도급표준계약서

● 하도급거래공정화지침 294

● 건설업종 표준하도급계약서(본문) 337

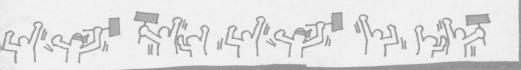

■ 불공정 하도급의 시작
■ 위 아래로 눌린 하도급현장, 숨막히는 샌드위치 신세
■ 정당하게 일해도, 정당하게 요구할 수 없는 이상한 관계
■ 가장 무섭다는 '괘씸죄'가 만연하는 부당거래의 실태
■ 돈(金)맥 경화, 적자경영으로 멍드는 하도급의 현실
■ 하도급시장이 완전경쟁시장이라고?
■ 겉도는 원·하도급자 간의 상생

제1장
99%를 지배하는 1%의 세계

■ 불공정 하도급의 시작

삼국시대 '도지제도'를 비롯 일제강점기 강압적 우월행위, 착취가 불공정 행위의 시작

하도급 생산방식은 기원전●부터 로마법法에서도 규정되어 있는 것으로 볼 때 그 유래가 깊어 보인다. 그 당시에도 물건의 제작이나 수선·가공·운송 등을 위한 도급을 인정하였다고 하니 말이다. 인류는 시대별로 사람이 사는 데 필요한 여러 가지 물건을 만들어내면서 어떻게 하면 더 빨리, 더 싸게 그리고 손쉽게, 더 많은 이익을 낼 수 있는가 고민하다가 그 대안으로 하도급이라는 방법을 찾아냈던 것이다.

한편 5세기 이후 중세 유럽의 영주들도 하도급자에게 권력을 남용하는 불공정행위를 했다는 기록이 역사에 남아 있는 것을 보면, 예나 지금이나 자신의 이익을 위해서 타인의 이익을 탐하는 인간의 욕심은 동서양을 불문하고 별반 다를 게 없어 보인다.

19세기 산업혁명 이후 대량생산체제로 일이 분업화·전문화되면서 능률증대와 원가절감이란 차원에서 전문가에게 위탁하여 더 싸게, 더 빨리 물건을 만들어내는 하도급 방법을 선택했다. 이후 시대변천에 따라 여러 형태의 하도급이 진화·발전해왔다.

• 현승종, 조규창, 로마법, 법문사, 1996, 781쪽

우리나라의 건설업은 고대 및 중세 시대의 성채축조공사城砦築造工事와 관아 등 건물건축이 대부분으로 국가가 직접 관장하는 직영공사이기에 하도급 개념이 거의 존재하지 않았다. 왕권을 강화하기 위한 수단으로 활용되어 장인匠人 모두가 국가의 직책을 받고 일을 했기 때문이다. 아마도 그 당시 장인들은 위전의 명령에 따라 열심히 일했을 것이다.

우리나라 농촌에서는 삼국시대부터 도지賭只 소작제도●가 있었다. 농지에 농사를 지어주는 일인데 경작지의 임대가 아닌 단순한 경작위탁의 경우에는 넓은 의미의 하도급 형태라고도 할 수 있다. 여기서 경작자들은 지주들로부터 일한 대가로 수확 후 얼마의 돈이나 벼 몇 가마를 받을 수 있었다. 지주들은 풍흉에 관계없이 고정액의 소작료를 징수하거나 가급적 돈을 적게 주거나 제 때 주지 않거나 아예 떼어먹기도 했다고 한다. 가진 자의 부당한 우월적 행위가 전

1930년대 소작인 위안잔치 모습(출처_민족문화대백과사전)

● 신용하, 소작제도, 1995년

국적으로 빈번히 발생하여 시대별로 정도전鄭道傳, 정약용丁若鏞 등은 지주들의 착취행위에 대하여 개탄했다고 한다.

　우리나라도 19세기까지는 공업화 이전 단계이기에 상업적인 하도급 형태가 거의 존재하지 않았다. 1876년(고종 13) 조선과 일본 사이에 불평등한 강화도조약이 체결되면서 일본은 부산, 원산, 인천 3개항의 개방을 일방적으로 요구했고, 조약에 따라 항만, 철도, 주택, 상하수도 등 필요한 건설공사가 착수되었다. 사실상 이때부터 민간기업으로서의 건설업체가 일부 나타나기 시작했다. 1945년 해방이 될 때까지 어느 정도의 건설업체가 존재하였는데 대부분 일본인 건설업체였고 한국인 건설업체는 극소수였다.

1899년 9월 18일 노량진역에서 있던 경인철도 개통식.(사진_인천항만공사)

　당시 일본은 조선을 대륙침략의 병참기지로 삼고자 건물과 시설물의 시공·섬유·식품 등을 생산하는 데 상당수의 숙련공, 건설기능공, 건설기술자들을 필요로 했다. 이때 이들을 육성하고 보유한 하도급업자들이 자연스럽게 등장했으며 이 시기에 우리나라의 근대적 도급이 시작되었다. 일제하에 건물, 교량 등 여러 건설공사를 하도급하면서 군국주의를 바탕으로 한 상명하달식, 절대복종의 문화가 자리잡게 되었고, 이때부터 하도급자에 대한 강압적 우월행위, 착취 등 불법적이고 불공정한 행위들이 본질적으로 시작된 것이다.

이후 6.25전쟁 복구공사, 1962년 경제개발 5개년계획의 시작, 1965년 타이·베트남 및 1970~80년대 중동 등에 진출하는 등의 과정을 거치면서 공사물량이 늘고 건설업체들이 우후죽순 격으로 급격히 증가되었다. 이 시기에 정부의 관리가 미치지 못하는 틈을 타 일제강점기부터 이어져온 하도급자에 대한 불법 불공정행위들이 무제한으로 만연되어갔다. 정부는 점점 심각해져가는 불공정 하도급문제로 고민이 커져갔고, 결국 하도급문제를 정부가 직접 관리해야 한다는 결단을 내리고 1984년 12월 31일 하도급거래공정화에 관한 법률(이하 '하도급법')을 제정하기에 이르렀다. 불공정 하도급관행은 이렇게 20세기초 일제식민시대를 거쳐 근대화 과정을 거치면서 오늘에 이르게 된 것이다.

"99개를 가진 자가 100개를 채울 욕심에 1개 가진 자의 것을 탐한다"고 인간의 욕망은 무한하다. 기업의 본질은 이윤추구다. 하지만 최근 들어 골목상권과 영세업종에도 원도급자들이 뛰어들어 시장을 교란시키며 마구잡이로 포식하고 있다. 게다가 건설업뿐만 아니라 제조업, 유통업, IT, 가맹점 등 전 분야에 걸쳐 불공정 하도급이 자행되고 있다. 이러한 현상은 각각의 기업뿐만 아니라 국가경제와 개인들에게도 심각한 문제가 되어가고 있다.

우리나라의 중소기업은 '9988'이라고, 전체기업 중 중소기업이 99%를 차지하고, 전체근로자 중 88%가 중소기업에 종사한다. 중소기업의 70% 이상이 하도급 업종에 종사하고 있고, 중소기업 매출액 중 85% 정도가 하도급 거래로 그 의존도가 매우 높은 것이 현실이다. 이것은 88%의 근로자가 먹고 사는 데 행복감을 느낀다면 대부분의 국민이 행복해지고 국가경제도 발전할 수 있다는 의미다. 이들의 수입이 계속 한계선상에 있다면 국내 소비증가율은 정체할 수밖에 없고, 국가경제는 저성장으로, 1인당 GNP도 정체상태에 머물 수밖에 없다.

그렇다면, 88%에 해당하는 중소기업 근로자들은 현재 행복한가? 한마디로 "노No"다. 고용노동부가 발표(2018년 4월 25일)한 내용에 따르면, 300인 이상 대기업 사업장과 300인 미만 중소기업 사업장의 정규직 간 비교를 한 결과 임금격차가 5년 전인 2012년 6월보다 2.1% 포인트 늘었다고 한다. 차이가 줄어들어도 갈 길이 먼데 오히려 늘어가고 있다. 또 경비원이나 청소원 등 파견직 근로자가 받은 시간당 정액급여는 1년 전보다 1.8% 줄어든 반면, 이들의 월평균 총 실제 근로시간은 3.9% 늘었다. 물론 "돈으로 행복의 무게를 논할 수 없다" "돈이 다가 아니다"고 말할 수 있다. 그러나 "돈이면 고통의 90% 이상을 해결할 수 있다"는 말이 있듯, 경제적 능력이 행복의 많은 부분을 차지한다는 것은 부인하지 못할 것이다.

적정한 금액에 계약을 하고, 법에서 정한 대로 대금을 준다면 무슨 문제가 있겠는가. 시장에서 필요한 물건을 고르고 돈을 주어야 물건을 가지고 나올 수 있는 것은 상식이다. 이것이 가장 보편타당한 상식이고 우리 생활에서도 일상적인 일이다. 그러나 하도급시장에서는 이러한 상식이 잘 통하지 않는다.

하도급계약 시 금액을 한 번, 두 번 깎는 게 아니다. 여러 번 깎아서 원하는 수준까지 내려와야 계약을 한다. 물건을 다 만들어 납품을 해도 돈을 제대로 안 준다. 이리저리 깎고 늦게 준다. 법에서조차 곧바로 주지 말고 납품 이후 60일 이내에만 주면 된다고 면죄부를 주고 있다. 하도급공사의 처음부터 마지막 단계까지 전 과정에 걸쳐서 금액을 감액하고 삭감, 미지급, 전가 등 수많은 행위로 인하여 하도급자의 수익성은 항상 적자를 위협받고 있다.

1997년 'IMF 외환위기'와 2008년 '미국의 금융위기'를 겪으면서 우리나라 하도급시장은 큰 홍역을 두 번 치렀다. 하도급금액이 크게 두 번 떨어진 것이다. 대기업들이 위기를 만나면 살아남기 위해 유동성 즉 현금확보와 이윤극대화에 들어간다. 이때 1차 희생양은 하도급이며 하도급자에 대한 '마른수건 짜기'에 들어간다. 더 이상 쥐어짤 여분도 없는데 더 짜낸다. 어느 국회의원이 "국회의원을 하는 것은 형무소 담장 위를 걷는 것과 같다"고 "항상 불법과 적법의 갈림길 선상에서 일을 한다"고 한 말이 생각난다. 대부분 하도급공사의 수익성은 이렇게 두 번에 걸쳐 대폭 떨어지면서 그야말로 약간의 실수만 해도 곧바로 흑자에서 적자로 전환될 정도로 채산성이 매우 취약해 있다. 하도급금액은 이제 더 이상 떨어질 여분도 없다. 현장에선 이를 살점 없이 "뼈다귀만 준다"고도 말한다.

　　이와 같이 우리나라의 하도급시장은 일제식민시대 일본의 강압적 우월 관습에 의한 하도급을 시작으로 1945년 해방이후 현재까지 약 70여 년간 착취와 불공정, 불법행위의 연속으로 점철되어왔다. 1984년 12월 하도급법이 도입된 이후 34여가 훌쩍 지난 오늘날에도 전국 모든 건설현장에서 불법 불공정 하도급행위가 만연하고 있다. 5만6천여 하도급업체*는 드러나지 않는 불법과 착취, 강압 속에서 오늘도 힘겹게 현장을 지키고 있다.

---

* 전문건설업 29개 업종 중 24개 업종의 업체 수

우리나라 최초의 하도급 시작은 삼국시대의 '도지제도'
근대 하도급은 일제하 군사관련 건설공사를 시작하면서……
1945년 해방 이후에도 일제강점기 때와 매한가지로
착취와 불법 불공정 하도급행위가 만연!
1984년 12월 31일 '하도급법' 제정
이후 34년이 훌쩍 지나갔지만
여전히……
5만 6천여 하도급업체는 불법과 착취, 강압 속에서
오늘도 힘겹게 현장을 지키고 있다!

■ 위 아래로 눌린 하도급현장, 숨막히는 샌드위치 신세

건설산업 일용근로자는 약 150만 명, 5만6,000여 하도급업체에서 약 100만 명을 고용

건설현장에서 하도급자는 "샌드위치 신세다"라는 말을 자주한다. 샌드위치는 두 쪽의 식빵 사이에 육류나 달걀·채소류를 끼워서 먹는 간편한 대용식이다. 여러 겹으로 쌓는데 중간에 있는 내용물은 먹을 때 눌려 일그러져 제 모습을 찾기가 어려워진다. 하도급자 위에는 발주자와 원도급자가 있고, 아래에는 건설 근로자, 건설기계임대업자, 외주 제작업자, 납품업자 등이 있다.

발주자는 법과 제도, 설계도 등에 따라 올바로 시공하고 있는지 하도급자를 항상 감시, 확인을 하고 이것저것 많은 것을 거듭 요구한다. 원도급자는 시공과 정에서 자신의 이윤극대화를 위하여 기회만 되면 호시탐탐 착취하고 발주자의 요구사항을 강요한다. 건설근로자는 임금인상, 근로시간 단축, 복지향상 등 자신들의 이익증진을 위해 지속적으로 요구하고 있다. 요구가 관철되지 않으면 작업거부 등 단체행동을 하고 심하면 현장점거까지 한다.

현재 건설산업 일용근로자는 외국인 약 18만여 명을 포함해서 전국에 연간 150만 명 내외로 다른 산업과 비교해 그 규모가 큰 편이다. 이 중에서 약 70% 이상인 약 100만 명 내외를 5만 6,000여 하도급업체들이 고용하고 있다. 전체 중 약 70% 이상 근로자들의 임금과 복지, 편의시설, 요구사항 등을 하도급자가 현장에서 모두 감당하고 있는 셈이다. 근로계약은 고용자와 피고용자 당

사자 간의 쌍무계약이기에 하도급자에 연관된 근로자문제는 모두 하도급자가 책임져야 한다. 누가 원인을 제공했느냐의 문제는 안중에도 없으며, 잘못되면 무조건 하도급자가 나쁜 사람이 된다. 발주자와 원도급자는 저 멀리 있는 제3자일 뿐이다.

이처럼 위아래 요구사항을 전부 들어줘야 할 주체는 하도급자뿐이며 그 요구사항이란 것이 모두 돈이 드는 일이다. 결국 이것이 충족되려면 하도급금액이 낮아지거나 공사비용이 늘어나게 되고 결국 하도급금액이 감소하게 된다는 얘기다. 그나마 계약금액이 조금이라도 여유가 있으면 돈으로 때울 수도 있겠지만, 처음부터 적자에 근접한 계약을 한 경우가 대부분이어서 그럴 여유조차 없거나 조금만 변동이 생겨도 적자가 날 상황이다.

이렇게 위아래에서 시도 때도 없이 자신들의 이익을 요구하고 압박하니 하도급자는 숨이 막힐 지경이다. 게다가 추가비용으로 인해 적자날 것을 생각하면 신경이 곤두서고 한숨만 나오게 된다. 하도급자는 '하루하루가 살얼음판 위를 걷는 심정'이라고 한다.

건설공사가 "물 반, 고기 반"이라고 다소 과장된 표현을 하던 시절도 있었다. 한마디로 오래전에 품목별로 만들어진, 조금은 여유 있는 품셈단가가 적용되어 수익성이 좋았던 시절을 말하는 것인데, 어떤 원도급자들은 "아! 옛날이여" 하면서 약간은 그 시절을 그리워하듯 말하기도 한다. 그런 시대는 이미 지나간 지 오래이며, 그런 호시절은 다시는 돌아오지 않는다. 정부가 10여 년 전부터 품목별 단가개정으로 품셈단가를 시장가격에 인접하게 현실화 했다. 그래서인지 근래 원도급자들은 "공사를 수주하기도 어렵고 수익성도 좋지 않아 회사를 운영하기가 매우 어렵다"는 얘기를 많이 한다. 수익성이 옛날 같지 않기 때문이다. 더구나 옛날 좋았던 시절과 비교하면 그 차이가 커서 어려움이 더 크게 느껴질 것이다.

종합건설업체가 그동안 우후죽순처럼 증가되어 2018년 6월 30일 현재 12,363사가 되니 그 경쟁은 갈수록 치열해질 수밖에 없는 환경이다. 다른 요인도 있지만 로또와 같다는 공공공사의 입찰제도인 적격심사제도가 시행되고 전자입찰용 신규업체가 양산되면서 발생하는 현상이다. 입찰 과열경쟁은 가격경쟁이 되어 결국 공사계약금액이 낮아져 적정한 수익을 올리기에는 만만치 않은 여건이 되었다.

건설공사의 수익성은 분명 10여 년 전보다 현저히 낮아졌다. 대한건설협회 발표(2018년 4월 16일)에 따르면 종합건설업체의 매출액 대비 영업이익률이 2006년 5.9%에서 2015년엔 0.6%로 매년 급감해왔다. 제조업 평균인 5.1%에도 크게 못 미친다. 2006년만 해도 제조업을 앞섰으나 2008년 금융위기 이후 역전된 뒤 그 격차가 크게 벌어지고 있다. 대기업 D사의 경우 영업이익률이 2007년도까지는 9.0% 내외를 유지해오다가 2008~2017년은 평균 4% 내외로 낮아진 것을 보아도 수익성이 급감되고 있음이 입증되고 있다.

이렇듯 건설업계는 어렵다. 공사발주량도 줄어들고 수익성도 낮아지고 사업여건이 갈수록 어려워지고 있다. 그러니 원도급자는 수익성이 낮은 공사를 따서 이윤을 조금이라도 더 극대화시키려 하니 오로지 방법은 딱 하나밖에 없다. 하도급금액을 깎는 것이다. 선택 가능한 유일한 방법이다. 그래서 하도급금액을 마른수건 짜내듯 짜고 또 짜내는 것이 이미 일반화되었다. 누군들 그렇게 하지 않겠는가. 어떤 자선사업가가 있어 내가 넉넉지 못한데 하도급금액을 두둑히 주겠는가. 인지상정人之常情이다. 어찌 보면 자본주의 사회에서 당연한 모습이고 그렇게 받아들여야 한다. 원도급 건설업체는 영리를 목적으로 하는 회사이기 때문이다.

문제는 영리추구 과정에서 불법적·우월적으로 착취를 한다는 점이다. 정당하게 페어플레이를 하는 이윤활동이라면 탓할 이유가 없다. 혼자만 독식하기

왜 50대 하청업체 대표는 원청 건설사와 갈등을 빚다 분신자살하는 사태가 발생했을까?

경기도 용인시 처인구 한 전원주택 공사현장에서 50대 하청업체 대표가 원청 건설사와 공사대금 문제로 갈등을 빚다 몸에 휘발유를 뿌리고 분신해 숨지는 사건이 발생했다. 사진은 수거한 증거품을 확인하는 소방대원(사진출처_연합뉴스)

위하여 여러 가지 불법적 행위를 동원하고, 하도급자에게 최소한의 기여이익조차 주지 않으려고 앞뒤 안 가리고 불공정한 횡포를 마구 휘둘러대는 데 문제가 있다.

2018년 7월 4일 오전 8시경 용인의 한 전원주택 공사현장에서 외장재 하도급사 사장이 몸에 휘발유를 뿌리고 스스로 불을 붙여 자살했다. 원도급자가 추가공사비 등의 정산을 해주지 않아 갈등을 빚었다고 한다. 6명의 자녀를 둔 50대 가장이 오죽했으면 목숨까지 끊는 사태가 발생하였을까, 가슴이 먹먹해온다. 이처럼 원도급자의 하도급자 착취는 지금도 전국 도처에서 무수히 발생하고 있다.

일반적으로 어느 법이든 법을 준수하는 사람이 대부분이고 법을 위반하는 사람은 극소수이다. 그러나 하도급법은 그 반대다. 법을 준수하는 원도급자는 극소수로 찾아보기 힘들고 대부분이 법을 위반한다. 수주·계약 단계에서부터 시공, 하자이행까지 전 과정에 걸쳐 이루어지는 이윤을 독식하려는 원도급자의 불법적인 우월적 행위는 한도 끝도 없이 이어진다. 그동안 공정위에서 처리된 사례를 보면 불법 불공정 방법과 유형도 300여 가지나 된다. 불공정행위가 과거 1970~90년대에는 계약서를 써주지 않거나, 대금을 안 주거나 늦게 지급하는 등의 단순 우직한 방법이었지만 갈수록 지능화, 고도화로 진화되면서 현재는 교묘한 방법들이 다양하게 동원되고 있다. 건설업계의 불공정행위가 얼마나 심각했으면, 공정거래위원회 김상조 위원장이 2018년 6월 14일 취임 1년 간담회에서 "하도급 불공정 문제에 있어 가장 심각한 곳이 건설이다"라고 말했을 정도다.

건설근로자는 오래전부터 생계형 인생말단의 직장으로 취급받으며 '노가다'라는 말로 표현되곤 한다. 노가다라는 말은 건설노동자를 의미하는 일본어 도카타(土方, どかた)를 어원으로 하는 속어이다. '이것저것 가리지 않고 닥치

는 대로 아무 일이나 하는 막일꾼 노동자'들을 말하는 비하적인 표현이다. 불러주는 곳도 없고 살기 위하여 가족을 위하여 위험을 무릅쓰고 닥치는 대로 열심히 일하다보니 이렇게 불리게 되었다.

건설근로자는 우리나라 경제개발기부터 현재까지 60여 년간 정말이지 많은 일을 해냈다. 이 땅위에 얼마나 많은 것들을 만들어놓았던가. 아파트, 상하수도, 전기, 도로, 지하철, 체육시설 등 국민의 일상생활에 필요한 의식주 시설부터 공장, 항만, 공항, 댐, 발전소 같은 SOC 시설 등 실로 엄청나게 많은 시설물들을 만들어냈다. 현장에서 이 모든 것을 실제로 만들어낸 사람은 건설근로자와 하도급자다. 앞뒤, 밤낮을 가리지 않고 정말로 열심히 했다. 하루 작업시간이 12시간이 넘는 것은 보통이고 토, 일요일 공휴일도 없이 그냥 일만 했다. 오직 먹고 살기 위해서 그렇게 했다.

이제 건설근로자들은 미국 심리학자 매슬로우(A. H. Maslow) 박사가 말한 '인간욕구 5단계설' 중 1단계 생리적 욕구시대는 지났고, 적어도 2단계 안전의 욕구와 3단계 소속감 욕구 등을 요구할 수 있는 시대에 와 있다고 본다. 어느 시대든 피고용자의 입장에서는 고용자에게 요구할 것이 항상 있게 마련이지만, 경제개발기에는 먹고사는 문제가 우선이다 보니 복지 분야는 뒷전으로 외면될 수밖에 없었다. 점차 먹고 살 만해지면서 복지에 관심을 두고 그에 따른 요구사항이 하나 둘씩 늘어나기 시작했다.

건설 일자리를 3D업종으로 인식하여 내국인 건설인력은 구하기도 어렵다. 웬만큼 숙련된 국내인력을 구하는 것도 쉬운 일이 아니다. 그래서 숙련도가 떨어져도 외국인 인력을 쓸 수밖에 없다. 숙련도가 떨어지다 보니 작업능률이 저하되고 결국 원가상승 요인이 되기도 하여 저임금과 상쇄되기도 한다. 숙련도가 낮아 작업 중 산재사고도 자주 발생하고, 작업이 지연되거나 갑자기 연락도 없이 결근하는 등 운용상의 문제점도 많다.

건설업은 대표적인 3D 업종 가운데 하나다. 고임금에도 불구하고 이따금씩 발생하는 임금체불 문제 등과 겹쳐 청년들이 기피하고 있다. 현재 우리 건설현장은 외국인 노동자들이 지탱하고 있다고 해도 과언이 아니다. 젊은 기술인력을 확보할 수 없는 산업은 경쟁력 약화로 이어질 수밖에 없다. 사진은 철근작업 현장 모습.

건설근로자도 자신의 생활을 즐기고 가족과 함께 행복해야 한다. 그러기 위해선 적정한 노동의 대가를 받아야 하고, 적정시간 일을 하고, 무엇보다 안전해야 한다. 다치면 정당한 치료와 보상도 받아야 한다. 사람들과 어울리면서 막걸리도 한잔 하며 소속감을 가지고 행복해야 한다. 건설노동 역시 소중한 직업으로 존귀한 대우를 받아야 할 권리가 있다.

이러한 100만 건설하도급 근로자들의 모든 욕구(Needs)를 충족시켜 주어야 할 사업주가 바로 하도급자다. 근로계약 당사자이며 고용주이기 때문이다. 부족한 '하도급금액' 일지라도 요구내용들을 웬만큼 다 들어줘야 한다. 피할 수도 없고 거부할 수도 없다. 안 들어주면 일의 진행 자체가 안 된다. 하도급공사는 대부분 사람이 하는 일이기 때문이다.

이렇듯이 시대가 바뀌고 주변의 요구사항이 많아지고 환경이 바뀌면 하도급에도 변화가 뒤따라야 한다. 발주자와 근로자, 건설기계임대사업자 등의 요구를 들어주려면 당연히 돈이 더 들어간다. 하도급자에게 그에 상응하는 공사금액을 인상해줘야 하기 때문이다. 그럼에도 하도급금액의 인상은 없고, 오히려 금액을 더 깎으면서 무조건 하도급자에게 무한 책임을 강요하고 있는 게 오늘의 현실이다. 공사비가 부족하여 이들의 요구를 다 들어주지 못하게 되면 가끔 근로자, 발주자 등과 마찰도 발생하고 행정기관의 처벌을 받기도 한다.

하도급자는 이렇게 위로는 발주자와 원도급자 아래로는 건설근로자, 건설기계사업자 등에게 짓눌려 샌드위치 신세가 되어 하루하루를 버티며 살아간다. 공사기간 내내 적자를 면하기 위하여 아슬아슬한 곡예를 벌이듯 위태로운 운영을 해야 한다. 이제는 하도급자가 더 이상 물러설 여지도 없다. '폭발하기 일보 직전' 상황이다. 그래도 어찌하겠는가. 일단은 '목구멍이 포도청' 이라고 크게 한 번 숨을 쉬고 먼 하늘을 바라보며 내일은, 다음공사는 잘 되겠지 하는 막연한 희망을 가지고 하도급자는 오늘도 새벽공기를 가르며 현장으로 달려간다.

■ 정당하게 일해도, 정당하게 요구할 수 없는 이상한 관계
'을'은 공사 중 발생하는 추가공사, 변경공사에 대하여 추가정산을 요구할 수 없다?

"이번 추가공사비 정산은 어떻게 하죠?" 하도급 현장소장이 원도급 소장에게 묻는다. "응, 월말 기성 때 봐"라고 답한다. 아니, 대부분의 경우 그때그때 물어보지도 못하거나 아예 묻지도 않는다. 월말에 가봐야 기성에 반영되지도 않을뿐더러, 물어보았자 답변은 뻔할 뻔자이기 때문이다. 또 물어보면 원도급 현장소장에게 밉보일까봐 알아서 미리 단념하기도 한다.

건설현장은 변화무쌍하다. 건설공사는 현장사정과 작업상황, 날씨 등에 따라서 설계내용, 작업방법 등이 수시로 변경된다. 당초 설계대로 수정 없이 시공이 끝나는 현장은 거의 없을 정도다. 항상 현장여건, 시공내용, 앞 공정 등등 많은 변수가 있게 마련이고 그 변경에 대해 어떻게 대처해갈 것인가를 고민하여 방법을 찾아내고 해결해나가는 일의 연속이다.

설계대로 시공이 된다면 얼마나 좋겠는가. 시공내용과 상황변화에 따라서 발주자, 원도급자, 하도급자, 반장, 작업자 각자가 알아서 스스로 방법을 찾아 대처해나간다. 원도급자도 설계변경을 해야 할 상황이 발생해도 발주자에게 설계변경과 추가비용을 요청하지 못하는 경우도 다반사다. 설계변경까지 요구되지 않는 작은 재작업, 추가작업 등은 공사가 끝날 때까지 수없이 이루어지고 있어도 원도급자 역시 발주자로부터 보상받지 못하는 부분들이 비일비재하다.

　발주자도 물가인상 요인처럼 객관적 요인으로 설계변경을 요구해온다면 몰라도 내부 내용상의 문제라면 설계변경을 좀처럼 해주지 않으려는 경향이 많다. 공사비가 추가 증액되는 문제가 발생하여 공공기관 발주담당자의 인사평가에 마이너스라도 될 상황이라면 아마 누구든 그 입장에서 설계변경을 하지 않을 것이다. 원도급자는 발주자의 이러한 입장을 너무도 잘 알고 있다. 그러니 웬만하면 설계변경을 요청하지 않으려고 한다. 금액이 쌓이고 쌓여 더 이상 감당하기 어려운 지경에 이를 때 비로소 요구를 하곤 한다.

　사실 추가비용이 발생해도 원도급자가 부담하는 경우는 그렇게 많지 않다. 현장에서 직접 시공을 하는 하도급자가 대부분 부담하기 때문이다. 그러니 재작업, 추가작업이 발생되면 대부분 하도급자의 몫으로 전가되고 만다. 원도급자가 재작업, 추가공사를 지시하면 하도급자는 이유를 불문하고 무조건 해야 한다. 각자의 공정이 주어진 공사기간 안에 부지런히 해야 공사를 마칠 수가 있다. 자칫 이 작업이 지체되면 다음 공정까지 늦게 되어 준공 자체가 지연될 수 있기 때문이다. 약속된 공기工期 내에 끝내지 못하면 지체상금을 물어야 하기 때문에 서로가 알아서 각 공종별로 주어진 기간을 준수한다.

　그러니 하도급자는 시키는 대로 일할 수밖에 없다. 불만을 말하거나 거부를 하면 그 현장에서 계속 일하기도 어렵다. 머지않아 다른 하도급자로 바뀔 것이기 때문이다. 갈 길은 먼데 실제 일하는 하도급자가 걸핏하면 일을 하네 못하네, 돈을 어떻게 할 거냐며 사사건건 따지고 일이 지연되고 있다면 원도급자 입장에서 얼마나 짜증날 일이겠는가. 하도급자는 현장에서 오랜 시공경험을 통해 그런 앞뒤 정황과 결과를 손바닥 보듯 잘 알고 있다. 그러니 "절이 싫으면 중이 떠난다"고 하듯 바랑 하나 걸쳐 메듯 훌쩍 떠날 수도 없고 '울며 겨자 먹듯' 하도급자는 시키는 대로 그냥 해야 하는 것이다.

추가공사비가 발생된다고 발주자가 모두 지급해주는 경우는 거의 없다. 발주자가 지급하지 않으면 원도급자인들 하늘에서 추가비용이 떨어지는 것도 아니고 다른 방법이 있겠는가. 추가공사가 발생되면 일단 하도급자에게 공사 진행을 시킨다. 그렇게 하는 원도급 현장소장의 속도 썩어들어간다. 추가공사 비용이 고스란히 하도급자 몫이 되는 것을 뻔히 알면서도 시켜야 하니 인간적으로 못할 짓이다. 이것이 매일 관행처럼 벌어지는 일상이다 보니 하도급자는 당연한 것처럼 일을 하지만, 실상 이를 대수롭지 않게 무감각하게 받아들이는 소장이라면 그는 이미 인간적 미안함은 잊은 지 오래인 존재라 할 수 있다.

대부분의 경우 원도급자 현장소장의 권한에도 한계가 있다. 본사에서 현장소장에게 허용된 실행예산이 있다. 그 예산범위 내에서 그 현장의 공사를 끝내야 한다. 아주 가끔은 현장소장의 실행한도 여유분 이내에서 업종별로 안배하여 추가비용을 인정해주는 경우도 있다. 물론 추가금액이 크게 발생된 경우에는 본사에 건의해서 일부를 반영, 지급해주는 경우도 있다. 그러나 주어진 실행예산을 초과해서 일상적으로 발생하는 추가비용을 본사에 요구하게 되면 그 현장소장의 인사평가에 영향을 미칠 수밖에 없다. 명예퇴직과 사오정(45세 정년)이 일반화된 요즘, 현장소장 개인의 생각이 착잡해질 것이라는 것은 가늠하고도 남는다. 피고용자로서 연민의 정과 동질감까지 느낄 수 있는 대목이다. 어찌 가족생계를 뒤로 할 수 있겠는가. 내가 살아야 현장도 있는 것처럼 본인의 안위가 우선되어야겠기에 추가공사에 대한 추가비용을 알면서도 모른 체할 수밖에 없는 노릇이다.

이러한 원도급자와 현장소장의 사정을 알든 모르든 하도급자는 시키는 일을 열심히 수행한다. 목까지 차올라오는 추가비용 문제는 가슴속에 묻어둔 채 월말 기성청구를 할 때에는 얼마라도 반영해주겠지 하는 한가닥 희망을 가지고 묵묵히 일을 마친다. 또 시키는 대로 추가 변경공사를 하지 않을 수 없는 이유는 당초 작성된 하도급계약서상 특약사항으로 "을은 공사 중 발생하는 추가 공사, 변경공사에 대하여 추가정산을 요구하지 않는다"라는 문구가 대부분 들어 있기에 법적으로도 어쩔 수 없는 입장이기도 하다.

그러니, 돈은 주는 대로 받을 수밖에 없다. 건설하도급을 시작한 지 얼마 되지 않아 현장관행의 앞뒤를 잘 모르는 하도급자라면 추가비용을 이것저것 끌어 모아 모두 신청할 수도 있다. 산전수전 공중전 야간전까지 다 겪은 하도급자는 월말이 되어 기성을 청구할 즈음이면 이눈치 저눈치 보면서 혹시나 하며 일부 추가비용이라도 청구해본다. 결과는 역시 거절이다. 기대가 실망으로 바뀔 때쯤이면 하도급자는 부족한 공사비에 대한 대안을 찾기에 머리가 복잡해진다. 이쯤되면 '적자공사가 되는데' 하는 생각에 몸도 발걸음도 더욱 무거워진다.

그래도 한번 부딪쳐보기나 하자며 원도급 현장소장과 막걸리를 앞에 두고 진지하게 추가공사비를 건의해본다. 현장소장의 한숨소리는 더 커진다. "요즘 공사따기가 쉽지 않아서 본사가 많이 어려워해"로 시작해서, "공사 계약금액이 워낙 낮아서 원래부터 별로 남지 않는 공사"이고, "설계변경이 어려워 자체 부담해야 할 금액도 커요" 등 볼멘소리가 계속 이어진다. 하도급자는 혹을 떼려다 붙인 꼴이 된다.

어려운 일을 당하거나 특히 돈이 급히 필요한 일이 발생할 때 당장 어떤 조치를 해야 할 상황인데도 아무런 행동도 취할 수 없을 때 얼마나 답답한지 경험해본 사람은 다 안다. 이번 달 부족한 임금과 월급은 어디서 구하고, 건설기계 임대료로 지급한 어음만기일이 내일모레인데 현금은 어디서 구하나…… 그리고 사무실 임대료 등, 하도급자가 매달 현금을 해결해나갈 일들이 한두 가지가 아니다. 어디에 하소연을 해야 하나 하소연 해봤자 메아리도 없다. 하도급자가 설 땅이 어디인가. 아, 답답하다! 하늘이시여, 안타까운 이 '을' 님은 어찌하오리까.

■ 가장 무섭다는 '괘씸죄'가 만연하는 부당거래의 실태

강력한 처벌과 집행 없이는 60여 년의 불공정 하도급역사, 절대 근절불가!

건설현장은 바쁘게 돌아간다. 아침 6시 50분쯤이면 이미 작업준비가 끝난 사람도 있고 아직 덜 끝난 사람은 안전화 끈 매랴, 안전벨트 매랴, 안전모 챙기고 작업준비에 여념이 없다. 7시가 되면 현장공간에 모여 아침인사와 함께 오늘 작업내용, 안전주의 등 설명을 듣고 각자의 일터로 돌아간다. 이렇게 시작된 하루는 저녁 5시 작업이 끝날 때까지 원도급자, 하도급자, 건설근로자, 건설기계 등 모두가 분주하게 돌아간다.

그런데 아까부터 현장 한쪽 구석에 계속 서 있는 한 사람이 있다. 하도급업체 사장이다. 뭔가 심난한 표정이 역력하고 깊은 생각에 잠겨 있다. 원도급 현장소장이 있는 방향을 유심히 한참동안 바라보다가 눈길을 땅 아래로 돌린다. 하도급업체가 괘씸죄에 걸려 있었던 것이다. 법에도 없는 가장 큰 죄, 한 번 걸리면 끝장난다는 무시무시한 그 괘씸죄에 걸려든 것이다. 그래서 저렇듯 망연자실 넋 놓고 서 있는 것이다.

건설산업은 수주산업이다. 공사가 수주되어야 일을 하고 직원들과 함께 먹고 살 수가 있다. 하도급업체의 일감은 오로지 공사일감을 주는 원도급업체에게 달려 있다. 그러기에 하도급업체의 목줄을 쥐고 있는 사람은 원도급업체가 되는 것이다. 이러한 하늘 같은 원도급업체에게 밉보였다니 보통일이 아닌 거하도급업체들에게 금품을 요구하는 범죄행위 만연!
왜, H건설은 50여 년간 하도급공사를 해오던 D사를
고발하기에 이르렀을까?
자녀혼사 축의금 달라, 딸이 대학에 들어갔다고 입학비 달라
추가공사를 반영해줄 테니 뒷돈 달라!
이뿐인가? 휴가비 줘라, 자녀유학 경비 좀 줘라……
요구사항을 들어주지 않으면 괘씸죄를 적용!
우선 공사부터 안 주고, 평가점수를 나쁘게 줘 입찰을 못하게 하고
끝내 협력업체 등록까지 취소시켰다.
그렇다면 괘씸죄에 걸리지 않으려면?
설이나 추석 등 명절에도 수시로 돈봉투를 줘야 했다지
강력한 처벌과 집행 없이는
60여 년의 불공정하도급 역사 절대 근절할 수 없다!

다. 작업을 끝내면 재작업 지시에, 야간작업도 수시로 지시하고, 말투가 군대하사관 같고, 다음 공사계약도 장담할 수 없는 등 갖가지 시달림에 밤잠이 제대로 올 리가 없다.

괘씸죄에 걸리지 않으려면 모멸감을 느껴도 참아야 하고, 원도급자 말단직원에게도 항상 몸을 낮춰야 하고, 언제 어디든 호출이 오면 하던 일도 멈추고 달려가야 한다. 원도급자 직원들 회식비도 주기적으로 상납해야 하고, 원도급자 간부의 개인집 수리도 해주고 공사비 청구도 하지 않는다. 수리비를 받게 되면 찍히기 때문에 다음 공사를 위한 보험용으로 생각해야 한다.

경상도 지역에서는 원도급회사 30대 대리를 '할배'라고도 한다. 50, 60대 하도급사장들이 원도급사 30대 대리를 '할배'라고 부를 정도면 더 이상 무슨 말이 필요하겠는가. 최대한 존경어로 호의를 보이는 것은 밉보이지 않기 위해서다. 이러한 현상이 어디 경상도지역뿐이겠는가. 옛날에 지방의 군수, 검찰의 검사들을 '영감님'이라고 높여서 호칭할 때도 있었다. 20대 후반 군수, 검사들 상전에게 일단 잘 보이기 위해 높여서 호칭했던 것이다.

"호의가 계속되면 그게 권리인 줄 알아요. 상대방 기분 맞춰주다 보면 우리가 일을 못한다고, 알았어요?" 2010년 개봉한 〈부당거래〉라는 영화의 한 장면에서 나오는 대사다. 호의로 시작해도 그것을 누리는 사람은 '권리'로 착각할 수 있다는 영화 속 주인공의 말이다. 건설현장의 불공정행위가 너무 오랫동안 지속되고 있다. 원도급자들이 하도급업체들의 호의와 인내를 당연시하며 '권리'라 생각하면서 갑질을 일삼아온 지도 60여 년이 되었다. 불법행위가 당연한 관습으로 변하여 권리로 자리잡고 있는 현실을 바라보고 있노라면 가슴이 답답하다.

우리나라의 하도급법이 1984년 12월에 도입된 이후 34년여가 지났다. 그동안 건설현장의 불법 불공정행위들이 많이 개선되고 질적인 성장도 이루었다. 하도급현장에서 하도급법의 역할은 실로 크다. 보이지 않지만 불공정행위의 예방효과 또한 크다. 하도급자가 억울하고 분통이 터져도 의지하고 하소연할 곳은 오로지 하도급법뿐이다. 그러기에 하도급법이 올바로 만들어지고 집행되어야 하는 이유가 여기에 있는 것이다. 하도급으로 먹고사는 인구가 많아서 불공정하도급 근절정책이 잘못되면 수많은 국민들이 고통 속에 살아가게 되기 때문이다.

전문건설업계는 2013년 6월 28일 여의도 국회 앞에서 '건설하도급 업계 생존권 확보를 위한 총궐기대회'를 갖고 7월 2일까지 전국 공 공공사 현장에서 파업에 들어갔다(사진출처_건설산업신문)

우리나라의 340만 개 기업 중 99.9%가 중소기업이고, 중소제조업체 중 70% 이상이 하도급업체이고, 하도급업체의 매출액 중 82.3%가 대기업 등 원도급자에 대한 납품을 통해 창출된다. 하도급을 전문으로 하는 전문건설업체는 2018년 6월 현재 전국에 55,513사(24개 업종)가 있으며, 이들이 상시 고용하고 있는 인원과 일용근로자는 약 100만여 명, 그 가족까지 합하여 약 500~600만 명 이상의 인구가 건설하도급에 직접 관련된 가족이다. 불공정하도급정책이 올바로 집행이 되지 않는다면 얼마나 많은 국민이 직접적인 피해를 보게 되는지 가늠해볼 수 있는 통계들이다.

공정위가 발표한(2018년 3월 13일) 우리나라 건설 4위의 대기업인 D건설사(2018년 건설사 시공능력평가에서 평가액 9조 1601억 원으로 4위 기록)의 불공정하도급 사례가 또다시 세상을 놀라게 했다. 국민들에게도 건설업 이미지를 더욱 실추시켜 안타까운 마음이다. 내용을 보면 단순 갑질을 넘어 패악悖惡으로 치닫고 있다. 본사임원, 현장소장, 감독관, 부장, 차장, 과장 등 지위고하 막론하고 하도급자의 피를 빨았다. 오죽하면 동 D사에서 근무하다 퇴직하고 50여 년간 D사의 하도급공사를 해오던 H건설이 고발까지 하기에 이르렀을까 싶다. 임원 자녀혼사 축의금으로 2,000만 원, 사장·본부장·임원급 혼사에 1억여 원, 현장소장의 딸이 대학에 들어갔는데 외제차가격 좀 알아봐달라고 해서 4,600만 원 주고 외제차를 상납했단다. 추가공사를 반영해주는 조건으로 수천만 원, 수억 원을 지급, 이뿐만이 아니라 "휴가비 줘라" "자녀유학 가는 데 여비 좀 줘라" "유학경비 좀 줘라" 등등 갖가지 명분으로 돈을 요구했다고 하니 그 탐욕에 그저 놀라울 따름이다.

요구사항을 들어주지 않으면 괘씸죄에 걸려서 우선 공사부터 안 주고, 평가점수를 나쁘게 줘 입찰을 못하게 하고, 끝내 협력업체 등록까지 취소시켰다. 괘씸죄에 걸리지 않으려면 설이나 추석 등 명절에도 수시로 돈봉투를 줘야 했다고 한다. 놀라운 내용이지만, 사실 이러한 불공정 하도급행위들은 건설업계의 오래된 관행이고 일반화된 일상이다. 우월적 지위를 이용하여 하도급업체들에게 금품을 요구하는 범죄행위는 일상이 되고 적폐로 똬리를 틀고 있은 지 오래다.

근래 어떤 정부든 하도급불공정 행위를 근절하겠다고 선거과정, 인수위원회 등에서 모두가 천명하고, 법과 제도를 개선한다고 분주했지만 이를 비웃듯 우월적 착취행위는 더욱 만연해지고 오히려 대범화 지능화되고 있다. 어떤 원도급자 임원은 "싫으면 공사를 안 하면 되지 않느냐"고 되묻기도 한다. 한편으로는 맞는 말일 수도 있다. 누구든 하도급을 하지 않으면 그런 일을 당하지 않는다. 그러나 모두가 다 안 할 수는 없는 일이다. 특정인 누가 하느냐의 문제가 아니라 누구든 그 일을 하는 사람은 그렇게 당해야 한다는 사실이 문제인 것이다.

그러면, 하도급업체는 그렇게 당하고만 있어야 하는가. 60여 년을 당하고도 모자라 그렇게 계속 참고 있어야 하는가. 하도급자는 전혀 책임이 없는가. 이러한 질문에 하도급자가 답을 해야 할 시기는 이미 지난 지 오래다. 수많은 세월이 흘렀지만, 내놓을 답이 없다. 해법이 만만치가 않고 하도급자의 생명줄을 걸고 답변해야 되는 문제이기에 선뜻 답을 내놓을 수도 없다. 누구보다도 하도급자가 그 해법을 간절히 고대하고 있지만 명쾌한 답변을 내놓을 수 없는 처지이기에 더욱 암담하고 가슴 답답해하는 것이다.

괘씸죄 하나만 가지고도 이렇게 어렵다. 하도급자 입장에선 무엇 하나 자기 의지대로 할 수 있는 것이 없다. 그러니 정부의 역할에 기댈 수밖에 없다. 정부가 괘씸죄를 포함한 불법 불공정 행위에 대한 처벌을 조금씩 강화해왔지만 이를 적극적으로 수용, 강화된 법으로 강력집행을 해야 할 때가 왔다. 강력한 처벌과 집행 없이는 60여 년의 불공정하도급 역사를 근절할 수가 없다. 그리고 앞으로도 수십 년을 또 그대로 안고 가야 한다. 그대로 갈 것인지, 고칠 것인지의 선택은 오로지 정부와 원도급자의 몫이다.

■ 돈(金)맥 경화, 적자경영으로 멍드는 하도급의 현실

1997년 IMF외환위기와 2008년 미국을 강타한 금융위기로 한국 하도급업계는 새우등 터져

하도급자들이 공사를 맡아 일을 끝내고 적자를 보면 "일하고 코피 터진다"고 말하기도 한다. "이번에도 코피 터졌어" 라는 말을 자주 듣는다. 일이 과중하여 피로해서 코피가 난다는 의미가 아니라, 공사적자로 마음이 멍든 하도급자들이 피를 흘릴 지경이라는 뜻이다. 공사를 아무리 열심히 해도 회사에 자금융통이 안 될 정도로 어려운 실정이라는 얘기다. 지금처럼 컴퓨터가 발전되지 않았던 그 시절엔, 수기手記로 경리장부를 기록했다. 적자가 나면 빨간 글씨로 적자금액을 적어넣었던 어려운 시절이 있었다.

대략 10여 년 전후부터 건설하도급업계에 이상한 일이 생기기 시작했다. 공사를 준다고 해도 거절한다는 얘기다. 일부 하도급업체들이 공사일감을 줄이는 회사가 늘어나기 시작했다. 과거에는, 건설회사가 공사를 준다고 하면 사막이든 물속이든 우주공간이든 원근청탁遠近淸濁을 가리지 않고 달려들어 무슨 수를 써서라도 먼저 계약을 따내려고 수단과 방법을 가리지 않는 것이 업계의 상식이었다. 손해날 것을 뻔히 알면서도 일을 따내려고 사력을 다하는 경우가 많았다. 회사의 운영자금이 계속 회전되어야 하기 때문이다. 공사 없이 휴업상태가 되어 돈이 돌지 않는다면 돌아오는 어음만기, 다가오는 부가가치세, 직원들 인건비 등 운영비를 감당할 수가 없다. 그러기에 적자공사라 할지라도 위험

을 무릅쓰고 계약에 매진할 수밖에 없는 것이다.

그런데 이제는 웬일인지 공사를 준다고 해도 못하겠다고 하면서 제발 "이번만은 우리 회사를 **빼달라**"고 하소연까지 한단다. 세상이 바뀌어도 한참 바뀌었다. 일이 없어 쩔쩔매는 회사 입장에서 보면 참으로 어이없는 일이고 배부른 얘기라고 할 수도 있다. 그러나 내용을 들어보면 그게 아니다. "일을 해본들 적자가 날 것이 뻔한 일인데 왜 하느냐"는 거다. 원도급자가 요구하는 하도급금액은 "계산상으로는 남는데 실제로 하고 나면 밑진다"는 것이다. 그 공사했다가 "한방에 회사가 문을 닫을 수가 있다"는 얘기다. 뱉자니 아깝고 삼키자니 쓰고, 그렇게 거절하자니 하도급 사장님의 속은 문드러진다. 그러나 어쩔 수가 없다. 아무리 어려워도 지금까지 수십 년간 그럭저럭 적자를 면해가면서 잘 유지해온 회사인데 이제 와서 일 욕심 때문에 회사를 문 닫게 할 수가 없기 때문이다. 그동안 밤낮을 가리지 않고 고생해온 직원들을 생각하면 더더욱 그렇다. 이제 40대, 50대가 된 직원들과 그들 가족의 생계를 책임져야 하는 회사대표로서 정말로 어렵고, 현명한 결정을 한 것이다.

"길이 아니면 가지를 말라"고 했다. 불행한 길이라고 생각되면 가지 말아야 하는 것은 당연하다. 이렇게 공사를 거절할 수 있는 회사는 얼마나 될까. 한마디로 극소수다. 숫자로 얘기할 수는 없지만 준비된 회사만이 가능하다. 인건비부터 어음상환, 부가세 등 적어도 5~6개월, 아니 그 이상의 운영비를 충당할 수 있을 정도의 자금운용이 가능한 회사만이 그렇게 배짱 아닌 배짱을 부릴 수 있는 것이다. 어찌 보면 "하도급자 중의 부르주아Bourgeois 아니냐"고 말할 수도 있지만 그 정도는 아니다. 운영자금을 회전시킬 정도의 여유이지 돈을 쌓아놓고 배가 불러 배짱부리는 회사라는 의미는 아니다.

대부분의 하도급자들이 이처럼 거절하는 것을 보고 부러워할지도 모른다. '급한데 나한테나 주지' 하는 마음에 아깝기도 할 것이다. 지금 이 순간에도 적자가 뻔히 보여도 어쩔 수 없이 원도급자의 저가요구를 수용하고 일을 해야 하는 업체가 대부분이기 때문이다. 회사가 문 닫지 않고 계속 돌아가게 하려면 어쩔 수가 없다. 전문 하도급업체(21개 업종)가 연간 약 65만여 건의 공사를 하는데 그 중 1억 원 미만 공사가 84%로 55만여 건이나 된다. 그만큼 하도급자는 영세하고 하루 벌어 하루 사는(From Hand to Mouth), 자금여력이 없이 돌아가는 작은 회사들이다. 근데 지금까지 적자공사라도 주는 대로 받아서 일을 잘 해오던 회사들이 왜들 이렇게 변하였는가. 이제 와서 더는 그렇게 못하겠다니 무엇이 어떻게 달라진 것인가.

2008년 찾아온 금융위기 사태, 미국의 '서브프라임 모기지 사태'를 시작으로 촉발된 금융위기는 메릴린치와 리먼, AIG를 무너뜨리면서 세계금융까지 뒤흔들어놓았다. 그 당시 미국에서는 800백만 명이 일자리를 잃고 600백만 명이 집을 잃었다고 한다. 즉 38명 중 1명은 일자리가 없고 50명 중 1명은 집이 없다는 것이다. 미국경제가 고장이 난 것이다. 금융사태로 미국은 많은 것을 잃었다. 세계경제가 휘청했다. 미국경제의 의존도가 큰 우리나라 역시 큰 시련을 겪었다. 경제적 불확실성으로 앞을 예측하기조차 어렵다고도 하였고, 영향이 적어도 5년 이상은 갈 것이라고도 했다.

우리나라의 기업 특히 대기업들은 앞을 예측할 수 없는 일촉즉발의 위기를 맞게 되면 대응차원에서 여러 준비를 한다. 그 중에서 가장 중요한 요소 중 하나가 유동성 확보, 현금확보다. 장기간의 불황에 대비하는 것은 역시 풍부한 현금만큼 든든한 것이 없기 때문이다. 유동성 확보는 대기업들이 비단 금융위기 때가 아니더라도 평상시 일정수준 유지를 목표로 자금운용을 하는 중요한 항목이다. 현금확보는 물론 부동산을 매도하는 등 다양한 방법이 있을 수 있다. 대기업이 힘 안 들이고 가장 쉽게 현금을 더 많이 만드는 방법 중 하나가 하도급이다.

이러한 이유로 미국발 금융사태는 우리나라 하도급시장에도 영향을 미치며 일대 파란을 일으켰다. 하도급금액이 한 단계 더 추락하는 계기를 마련해준 것이다. 마른수건이 되어버린 하도급금액을 더 짜고 짜내게 만들었다. 결과적으로 대기업들은 유동성을 확보하고 불확실한 미래에 대한 준비를 할 수 있게 되었지만, 하도급업체들은 수익성 악화로 한계기업이 늘어나고 그야말로 아사직전 살아남기 위한 적자생존의 치열한 경쟁 속에 내몰리게 되었다. 이처럼 하도급금액이 크게 인하된 것은 이번이 처음은 아니다.

1997년 11월 21일 찾아온 IMF외환위기에도 하도급금액이 또 한 번 크게 꺾였다. 우리나라 전체가 휘청거리면서 부자나라에게 구걸하고, 30대 기업 중 17

2008년 9월 15일 새벽, 세계 4위 투자은행으로 알려져 있는 리먼 브라더스(Lehman Brothers)가 뉴욕 남부법원에 파산보호신청을 내면서 글로벌 금융위기가 촉발되었다. 리먼 브라더스 사태의 근본적 원인은 2007년부터 시작된 미국 부동산가격 하락과 이에 따른 서브프라임 모기지론(비우량주택담보대출) 부실이 지목된다. '서브프라임'은 정상대출이라 할 수 있는 프라임 대출보다 소득이 낮은 사람들을 대상으로 한 대출을 말한다. 서브프라임 모기지 부실로 인한 부채손실은 당시 6130억 달러(약 660조 원)로 역대 사상 최대 규모의 파산이었다. 리먼 브라더스 파산신고가 있던 이날 하루 미국을 비롯한 아시아증시까지 일제히 2~4% 폭락하면서 전세계 금융위기와 10여 년에 걸친 세계경제의 장기침체를 예고했다. 사진은 '리먼 브라더스' 의 구 뉴욕본사 전경

개 기업이 도산하고 대기업 여러 개를 헐값에 외국자본에 넘기기도 하고, 120만여 명이 직장을 잃고 거리를 헤매는 뼈아픈 슬픔을 겪었다. 비민주적 시장경제 질서와 관행, 보편화된 모럴해저드, 정부 주도의 경제 시스템과 정경유착, 재벌들의 무분별한 차입경영과 과다채무, 부실한 금융기관 등 우리 경제의 암덩어리들에 의한 당연한 대가였다고 경제학자들은 말한다. 우리나라 역사상 최대의 굴욕이고 최대의 아픔이었다. 원도급 종합건설 1개가 부도나면 수많은 하도급사가 연쇄부도가 난다. 한보그룹 부도의 경우 1백70개 전문 하도급업체가 9백40여 억 원의 피해를 보았다. 온국민의 금 모으기와 금융, 재벌, 공공, 노동의 개혁정책과 정보통신기술(ICT) 벤처열풍 등으로 모두가 한마음으로 힘을 모아 빠르게 경제위기를 극복했다.

국가적 경제위기가 닥치면 직원이 많고 살림이 큰 대기업들은 얼마나 불안하겠는가. 대기업들이 살아남기 위하여 불확실성에 대비하는 첫 번째는 역시 현금, 유동성 확보다. 여러 방법이 강구되었겠지만 역시 가장 손쉬운 하도급자가 희생되었다. IMF구제금융을 겪으며 또 한 번 하도급금액이 크게 하락했다. 하도급자들은 초저가로 계약된 공사를 무사히 끝내야 하는 엄청난 고난의 행군을 하며 그 시대를 견뎌내야만 했다.

어느 하도급자는 그 시절을 "생각만 해도 끔찍하다"고 말한다. 적자로 여러 건의 하도급공사를 해야 했기 때문이다. 갑자기 하도급금액이 낮아지면 누구나 감당하기가 어렵다. 미리 예측이 된다면 어떻게 원가를 절감할지 고민 고민하여 무슨 방법이라도 강구를 한다지만, 준비할 시간도 없이 갑자기 초저가로 준다면 참으로 난감한 일이다. 그래도 하도급자는 거절하지 못하고 적자라도 시공할 수밖에 없다. 물론 IMF나 금융위기만이 하도급금액을 저가로 떨어뜨리는 원인은 아니다. 이윤을 극대화하기 위한 기업일진데 어찌 이윤을 더 많이 창출할 수 있는 기회를 마다하겠는가.

기업은 항상 이윤을 쫓게 되고 기회를 발견하면 언제든지 예리하고 신속하게 쟁취한다. 윤리나 상도덕은 뒷전일 수밖에 없는 것이 실물경제다. 이익을 위한 길이라면 다소 욕을 먹고 처벌을 받는다 해도 우선은 이윤을 획득하려는 것이 회사의 기본적 생리다. 문제는 윤리나 상도덕에서 벗어나는 정도라면 그나마 다행이다. 대부분이 현행법을 위반하는 불법적인 것들이 문제다. 법이란 최소한의 기준을 정해놓고 그 수준을 벗어나면 처벌한다. 이 최소한의 기준까지도 저버리고 이윤극대화에만 눈이 멀어버린 기업들로 인하여 중소기업들, 우리사회, 우리나라 경제가 큰 암덩어리 같은 병폐를 계속 떠안고 가고 있다는 점이다.

이처럼 두 번의 큰 사건은 하도급가격 또한 두 번이나 땅바닥에 곤두박질치게 만든 건설하도급 역사상 큰 획을 긋는 이정표가 되었다. 사람이 사는 일에 금도襟度라는 것이 있다. 어떠한 상황 하에서도 그 이상을 넘어서면 안 되는 마지노선이다. 공사를 주어도 거절한다는 것은 하도급금액이 이미 마지막 최저선을 넘어섰다는 뜻이고 하도급자들이 도저히 버텨낼 수 없다는 얘기다. 더 이상 뒤로 물러설, 더 이상 더 낮은 가격으로 공사할 여력이 없다는 것이다. 그러기에 "이번 입찰엔 제발 빼달라"고 사정까지 하는 지경에 이른 것이다.

더 이상 출혈이 계속되다가는 회사문을 닫을 수도 있기에, 부도가 나면 평생을 함께해온 40대, 50대 직원들이 직장을 잃고 거리로 내몰리고 가족이 파탄되어 뿔뿔이 흩어지는 아픔을 겪어야 하겠기에, 더 이상 적자공사는 할 수 없는 것이다. 적자를 끌어안고 계속 가다가는 회사문을 닫게 될지 모른다는 본능적 두려움이 앞서기에 안 하는 게 아니라 못하는 것이다.

그 시절은 생각만 해도 끔찍해!
1997년 찾아온 IMF외환위기에 나라 전체가 휘청였지
부자나라에게 구걸하고, 30대 기업 중 17개 기업이 도산
120만여 명이 직장을 잃고 거리를 헤매었지
그리고 2008년 세계금융을 강타한
미국의 '서브프라임 모기지 사태' 로
미국국민 중 600백만 명이 집을 잃었어
우리나라 하도급시장에도 일대 불어온 폭풍!
마른수건이 되어버린 하도급금액은 더욱 쥐어짜게 되었고
대기업들은 현금확보, 유동성 확보로 불확실한 미래에 대비했지만,
하도급업체는 수익성 악화로 적자생존의 치열한 경쟁 속에 내몰렸지

■ 하도급시장이 완전경쟁시장이라고?

원도급자는 하도급자를 마음대로 선택해도 하도급자는 원도급자를 선택할 수 없는 '독과점시장'

"하도급시장은 원도급자와 하도급자 수가 모두 많아 완전경쟁에 가까운 시장 구조이기 때문에 원도급자의 우월적 지위를 인정하기 어렵다"[•]고 원도급자 측이 주장한다. 이 말은 우월적 관계가 성립되지 않기에 하도급법 적용을 해서는 안 된다는 뜻이고, 결과적으로 건설하도급은 하도급법 적용 없이 원도급자 마음대로 해도 된다는 의미가 저변에 깔려 있다.

유전무죄 무전유죄有錢無罪 無錢有罪라는 말이 생각난다. 돈이 있을 경우 무죄로 풀려나지만 돈이 없을 경우 유죄로 처벌받는다는 말이다. 힘 있고 돈만 있으면 이렇게 아무 말이나 주장해도 먹히는 법이다. 우리사회는 수십 년 동안 그런 식으로 통해 왔다. 정말로 이런 말을 들을 때면 지구를 떠나고 싶다. 저 우주의 새로운 낙원에 착한 사람들이 살 수 있는 마을을 만들어 힘들고 고통받는 사람들과 함께 농사짓고 호연지기하며 살고 싶다는 망상까지 든다.

노란 안경을 쓰면 세상이 노랗게 보인다. 노란 안경을 항상 쓰고 다니면 세상이 진짜로 온통 노란 세상인 것으로 착각할 수도 있다. 안경이라면 후딱 벗어던

• 이의섭 연구위원, 건설하도급법령의 합리적인 개편방향, 건설산업연구원, 2012.8.14

46

지면 그만이다. 그런데 이 땅위에 원도급자의 끊질긴 우월적 폭거는 후딱 벗어던질 만큼 호락호락하지 않다. 그 역사가 얼마나 오래 되었던가. 원도급자들의 불법 불공정 행위들은 하도급현장에 껌딱지처럼 붙어 60여 년이 되어도 떨어질 줄 모른다.

상거래에서 우월적 행위란 무엇인가. 사전에서 '거래상 지위가 상대방보다 우월한 위치에 있는 사업자가 하는 행위' 라고 한다. '그 지위를 이용하여 부당하게 상대방의 불이익을 강요했을 때 우월적 지위남용' 이라고 한다. 그러니까 우월적 지위는 주로 자격과 행위, 그 내용 등을 가지고 얘기한다는 인상을 준다. 그것이 맞는 말이다. 우월적 지위가 어떻게 형성되는지는 그 내용과 영향에 따라야 한다. 단순히 원도급업체 수, 하도급업체 수를 가지고 "숫자가 비슷하니 우월적 지위가 없다" 라고 얘기할 성격이 아닌 것이다. 자기 지위에서 거래 상대방에게 부당한 행위를 강요할 수 있는 입장이라면 그 숫자나 규모의 크고 작음을 불문하고 우월적 관계가 성립되는 것이다.

하도급법 제2조 제2항에서 건설업 원도급자는 "시공능력평가액(이하 '시평액') 30억 원 미만이면 규모가 작아서 우월적 관계가 성립되기 어렵다"고 하도급법 적용대상에서 제외를 하고 있다. 시평액 30억 원 미만의 원도급자는 불법행위를 해도 하도급법 처벌을 받지 않는다. 억울해도 하도급법에 호소할 수가 없다. 답답하면 민법소송으로 하소연해보라는 말이다. 민법에서는 처벌이 없고 잣대도 다르다. 또 시간과 비용이 많이 들어 영세한 하도급자로선 감당하기조차 어렵다. 민법으로 어느 세월에 돈을 받아낼 수 있겠는가.

매출액이나 자산액 등으로 우월적 지위여부를 결정하는 이 조항은 법이 처음 만들어질 때부터 도입된 해묵은 조항이다. 이 조항에 대하여 평소 많은 불만과 아쉬움이 있었다. 어떻게 우월적 지위를 매출액과 시평액 등으로 결정할 수 있단 말인가. 원도급자 측이 업체숫자로 결정하자는 것이나 매출액으로 결정하는 것이나 다를 바 없는, 하도급현장의 현실과는 거리가 아주 먼 겉도는 제도다.

요즘 우리사회에 '갑질' 문화가 회자膾炙되고 여기저기 사회 각층에서 봇물 터지듯 터져 나오고 있다. 항공회사 회장과 부인이 어떻고, 도지사가 여비서에게 어떻게 하고, 국회의원이 직원채용 압력을 행사했고, 영화감독이 출연배우에게 어떻게 했다는 등 실로 모든 분야에서 갑질, 우월적 행위가 심판대에 오르고 있다. 모두가 고위층 지위에 있거나 명성 있는 사람들의 만행에 대해서만 언론에서 다루어지고 있다.

학교에서 같은 반 친구들의 따돌림과 폭행을 견디다 못해 스스로 자살을 선택하는 안타까운 보도를 가끔씩 접한다. 같은 나이의 또래라고 서로간에 우월적 지위가 작용하지 않을까. 2~3년 나이차가 나는 직장선배라고 해서 과연 이들 사이에 상하의 우월적 지위가 존재하지 않을까. 하도급업체가 원도급의 일부공사를 다른 업종 전문건설업체에게 하도급을 줄 경우, 규모가 비슷한 동일한 전문건설업체라고 해서 두 하도급업체 사이에 우월적 지위가 작용하지 않는 것일까. 시평액 10억 원 상당의 원도급자는 시평액이 적다는 이유로 하도급자를 선정할 권한도 없고 공사대금을 증감시킬 권한 또한 없는 것일까.

직장의 2~3년 선배, 같은 반 친구, 동일한 전문건설업자 모두가 그 상대방과 나이나 규모가 비슷하거나 동일한 수준이지만, 상대방에게 스스로 어떤 강압적인 행위를 가할 수 있는 입장에 있고, 그 행위로 인하여 상대방의 이익과 권리가 침해된다면 그것이 바로 우월적 지위인 것이다. 2~3년 선배에게 잘 못 보이면 불이익을 받을 것이 두려워 참아야 하고, 같은 반 친구가 덩치가 커서 함께 싸울 수도 없고 반항하면 후에 더 큰 곤경에 처할까봐 상대의 폭언과 폭행을 참고 지낼 수밖에 없다. 전문건설업체라 할지라도 하도급을 주는 입장에서는 많은 경쟁자 중 누구든 마음대로 선택할 수가 있는 우월적 권한이 있다.

상거래든 일상생활이든 우월적 지위는 단지 입장 차이나 작은 차이에서도 이렇게 얼마든지 성립되는 것이다. 신입사원도 많고 2~3년 된 선배사원도 많다. 그 속에서 선배의 우월적 행위는 1:1로 얼마든지 가능하다. 일을 함께하는 선배가 싫다고 내 맘대로 다른 선배를 선택할 수도 없는 노릇이다. 그러므로 직장 내에서 사장, 과장, 직원 등 고하를 막론하고 얼마든지 우월적 관계가 성립될 수도 있다. 크든 작든 상대적인 입장에서 상대방에게 불이익을 강요할 수 있는 지위상태라면 어떤 상황에서든 우월관계가 성립되는 것이다.

원도급자는 '하도급자를 마음대로 선택할 권한'이 있다. 이 선택권한은 수주 산업인 건설업에서 정말로 대단한 권세다. 때로는 공사를 수주하느냐의 여부가 건설업체에게 죽느냐 사느냐의 문제가 될 수 있는 막강한 권한이다. 이 선택권한 하나만으로도 우월적 관계가 성립되기에 충분하다. 공사를 따기 위하여 원도급자에게 머리를 조아리고 부탁도 하고 연줄을 찾아 헤매어야 하는 이유가 여기에 있다. 원도급자가 시평액 10억 원이든, 30억 원이든 그 규모는 아무런 의미가 없다.

'공사를 주는 원도급자' 라는 이름 하나만으로도 우월적 관계가 충분하다. 따라서 전문건설업체가 다른 전문건설업체에게 하도급을 줄지 말지의 결정권을 가지고 있기에 당연히 우월적 지위가 성립된다고 볼 수 있다. 계약 이후 시공과정에서 공사비를 지급하고, 증감하고 하자를 처리하는 등 시공과정 중 여러 단계에서 수많은 종류의 우월적 지위가 발휘되는 것은 말할 것도 없다. 그건 후에 일이다. 대한전문건설협회의 조사(2017년 11월) 결과에 따르면, 하도급업체들의 경영상 가장 큰 애로사항의 첫 번째를 공사수주라고 답한 비율이 67%이고, 두 번째가 자금조달로 25%로 나타났다. 이처럼 공사수주는 가장 중요한 일이며 가장 많은 스트레스를 받고 있는 분야다.

원도급자가 발주하는 하도급공사는 지구상에 딱 1개밖에 없다. 지구상에

똑같은 공사는 거의 없다. 단 하나밖에 없는 상품을 입찰한다. 똑같은 공사가 여러 개 있다면 하도급업체들이 원도급자를 선택하여 입찰에 응할 수 있을 것이다. KDI(한국개발연구원)가 발표(2013년 3월 2일)한 〈제조업부문 중소기업의 일자리창출 제고와 기업 간 분업관계의 개선〉 보고서에서 "대기업을 정점으로 하위계층으로 갈수록 영세사업체 수가 많은 '피라미드형' 분업구조는 대기업과 중소기업의 1 : N 관계 때문"이라고 했듯이 원도급자는 1인이고 하도급자는 다수인 것이다.

따라서 '하도급자는 원도급자를 마음대로 선택할 권한이 없다'. 하도급공사 입찰은 한 건씩 이루어지기 때문에 원도급자는 항상 하나밖에 없는 것이다. 완전경쟁시장이란 서로가 자유롭게 선택 가능한 상태일 때를 말한다. '원도급자는 하도급자를 마음대로 선택할 수 있는데 하도급자가 원도급자를 마음대로 선택할 수 없다면 그 시장은 불완전한 시장이고 실패한 시장'이다. 실패한 시장, 즉 '시장실패'는 독점 또는 과점시장에서 비롯된다. 그래서 경제학자들이 건설시장을 독과점시장이라고 말한다.

제조업과 용역업에서도 매출액이나 자산총액의 규모로 우월적 관계의 성립여부를 판단하고 있다. 제조업 업종도 매우 다양하고 업체수 또한 많다. 업종별로 우위를 가늠할 수 있을 정도로 행태도 다양하고 매우 치밀하게 조성되어 있다. 이따금씩 현대, 삼성 등과 같은 대기업에서 이루어지는 우월적인 불공정 하도급행위들이 언론에 보도되고 있다. 주로 대기업의 불공정 사례만 언론을 통해 알려지기 때문에 국민들은 흔히 갑질로서 불법적 하도급행위는 대기업만 하는 것으로 인식되는 경우가 많다. 하지만 사실은 그렇지 않다. 대기업은 당연한 일이고 오히려 중견, 중소기업들의 우월적 행위들이 그 숫자나 행태 면에서 더 많고 크다. 중견, 중소기업 간의 불법 불공정하도급 행위는 잘 알려지지도 않았을 뿐더러 관심도 갖지 않기에 우리사회에서 단절된 채

방치되어온 어두운 영역이다.

예를 들어, 공장을 임대하여 철물 제작업을 하는 업체가 자산도 거의 없고 연매출액이 10억 원 정도로 법적용 기준 매출액 20억 원 미만이다. 철물제작을 위해 철판절단을 외부업체에게 하도급을 주는데 절단업체가 여러 곳이어서 견적을 받아 업체를 선정하고 가격을 협의하여 결정한다. 진행과정에서 문제가 생기면 가격조정까지 해야 하고 하도급금액은 월1회 지급해야 한다. 이 경우 자산액이 적고 연 매출액이 20억 원 미만이어서 우월적 지위 관계가 형성되지 않는 것일까.

아니다. 우월적 지위는 단계별로 얼마든지 형성된다. 제일 중요한 업체선정도 여러 업체가 경쟁하기에 마음대로 업체를 선택할 수 있고, 계약금액도 여러 업체를 비교하여 얼마든지 조정할 수 있다. 월 1회 기성금 지급도 현금, 어음, 기간설정도 그렇고 계약변경 등 거의 모든 사항을 마음대로 결정할 권한이 있다. 비교적 악질적이지 않은 점잖은 사례만 예로 들었다. 이러한 상황에서도 매출액이 20억 원 미만이기 때문에 우월적인 관계가 성립되지 않는다고 보아야 하는가.

불법 불공정하도급에 있어서 우월적 행위를 결정하는 잣대는 숫자로 논할 문제가 아니다. 대부분 생각과 감성, 행동으로 이루어지는 불법행위들을 획일적인 숫자나 회사크기로 이것은 되고 저것은 안 된다고 쉽게 정해버리는 것은 맞지 않는 일이다. 정책입안자, 정책집행자들은 더도 덜도 말고 딱 2개월만 중소기업 현장에서 근무해보라. 우월적 행위가 어떻게 일어나는지 알게 될 것이다. 아마도 현장에서 일하면서 생각이 싹 바뀔 것이다.

지금 이 순간에도 전국 도처에서 우월적인 불법행위들이 은밀하게 수없이 이루어지고 있고 수많은 중소기업들이 숨통을 조여오는 고통을 감내하며 정부만을 바라보고 있다. 늦었다고 생각할 때가 가장 빠르다고 한다. 이제라도 갑이 아닌 을의 입장에서 하도급문제를 좀 더 세심하게 바라보자. '하도급시장이 완전경쟁시장'이라는 원도급자들의 어처구니없는 주장까지 나올 정도가 되었으니 정신 똑바로 차려야 한다. 하도급법의 이 조항은 폐지되거나 모든 하도급공사가 적용될 수 있도록 대폭적으로 확대 개정되어야 마땅하다.

■ 겉도는 원·하도급자간의 상생

적정한 하도급금액, 추가·재공사 대금을 제때 정산지급 해주는 것이 상생의 길

상생은 무엇인가. 둘 이상이 서로 북돋우며 다 같이 잘 살아가는 것이다. 노자는 《도덕경》에서 "유무상생有無相生"이라고 했다. 있음과 없음이 서로 함께 사는 대화합의 정신을 말한 것이다. "세상만사를 상대적 관점에서 바라보라"는 뜻도 있다. 상생은 공생Symbiosis이나 공존Co-existence보다 더욱 포괄적이고 적극적인 의미라고 한다.

우리나라 헌법 제119조 제1항은 "대한민국의 경제질서는 개인과 기업의 경제상의 자유와 창의를 존중함을 기본으로 한다"이고 제2항은 "국가는 균형 있는 국민경제의 성장 및 안정과 적정한 소득의 분배를 유지하고, 시장의 지배와 경제력의 남용을 방지하며, 경제주체 간의 조화를 통한 경제의 민주화를 위하여 경제에 관한 규제와 조정을 할 수 있다"고 정하고 있다.

제1항은 개인, 중소기업, 대기업 누구든 각자의 경제적 자유와 창의를 존중하고, 누구든 마음 놓고 얼마든지 창의활동을 할 수 있도록 보장한 것이다. 누구든 상호간의 창의적 활동과 기여도에 따른 보상까지도 존중되어야 한다는 의미다. 제2항은 경제주체인 대·중소기업 간 경제력 남용을 방지하고 각자가 존중받으며 상호 조화롭게 민주적으로 경제가 운영되어야 한다는 상생의 뜻을 담았다. 개인, 기업 모두가 각자의 역할과 규모, 전문성에 맞게 상생하면서

자유로운 경제활동을 통하여 국가경제가 발전되도록 자본주의의 경제원칙을 천명한 것이다. 이렇게 창의적으로 자유롭게 영업을 할 수 있는 권리를 부여한 반면 경제력에 의한 우월적 지위남용을 경계하는 의무도 함께 지웠다.

헌법 제119조는 경제의 기본원칙 중 하나인 분업원리를 바탕으로 한다. 사람 사는 모든 일이 분업을 통해 각자의 고유기능과 역할을 결합하여 최소비용으로 최선의 결과물을 산출하려고 한다. 건설생산 시스템도 이와 동일하다. 건설 원도급자는 발주자로부터 공사를 따서 분야별로 전문가인 전문 하도급자에게 하도급을 준다. 원도급자는 종합적인 계획·관리·조정을 하고 하도급자는 각 분야별로 자신의 역할에 맞는 전문성을 발휘하여 최종 시공품을 만들어내는 것이다.

상생은 혼자 하는 것이 아니다. 여러 사람이 각자의 역할을 충실히 이행할 때 상생이 가능하다. 상생은 파트너를 배려함이다. 혼자만 잘 먹고 잘 살려고 하는 마음으론 상생이 될 수 없다. 상생은 회사 간에만 하는 것이 아니라 국가와 국민, 농부와 소비자, 친구와 친구, 사용자와 근로자 등 우리사회 누구든 상생이 필요하다. 상생은 일을 할 때만이 아니라 일에 대한 보상을 할 때도 상생되어야 한다. 급하게 필요하니까 일할 때만 상생하고 정작 보상할 때는 나 몰라라 하면 그것은 상생이 아닌 상생을 앞세운 수전노, 노랑이짓일 뿐이다.

1990년 중반부터 지금까지 역대 정부가 새롭게 출범할 때마다 상생을 위한 정책을 크게 외치곤 했다. 선거공약부터 인수위원회, 당정협의, 공청회 등 모두들 나름 열심히 정책을 수행했다. 매 정부마다 개선을 위한 법령개정, 제도신설 등 조금씩 부분적으로 문제를 개선해왔다. 그것은 잘한 일이다. 그것조차 없었다면 지금쯤 하도급현실은 더 심각해졌을 것이다. 그러나 20여 년이 지난 지금 과연 하도급자들은 얼마나 더 행복해졌을까. 이 땅위에 불공정 갑질 행위들은 얼마나 개선되었던가.

새 정부가 들어서고 의욕적으로 하도급정책을 드라이브할 때쯤이면 대형건설 원도급자들은 으레 협력사들을 위한 상생계획을 언론에 발표해왔고, 언론들은 그 내용을 금과옥조처럼 국민들에게 전달하기에 바빴다. 대형 원도급자들이 발표한 내용들은 대략 이렇다. 기술개발을 공동으로 추진·지원하고, 기술·경영 등 교육의 기회부여, 해외에 동반진출할 기회제공, 성과공유제를 도입하여 이익공유, 펀드 등 기금출연에 의한 지원 등이다.

이러한 지원들은 물론 하도급자에게 모두 필요한 것들이다. 무엇이든 부족한 하도급자 입장에서 무엇인들 싫다 마다하겠는가. 모두가 고마운 일이다. 그러나 하도급자에게 정말로 필요한 상생정책은 그게 아니다. 원도급자들이 건네주는 방안들은 대부분 과자부스러기 같은 부수적인 일들이고 어찌 보면 없어도 괜찮은 간식間食거리에 불과하다. 어떤 방안은 오히려 하도급자들에게 부담까지 주는 사업도 있다. 하도급자에게 정말 필요한 건 주식主食과 같은 밥이지 간식 같은 과자부스러기가 아니다.

다시 말해, 원도급자들은 이윤극대화를 위하여 초저가 하도급에서는 조금도 양보할 의사가 없다는 것이다. 한마디로 이익은 최대한 올리고 손해가 별로 없는 상생방안을 찾자는 것이다. 원도급자는 그런 생색내기 좋은 방안만 골라 언론에 홍보자료를 배포하면서 마치 하도급자에게는 호혜를 베푸는 것인 양 호들갑을 떤다. 물론 하도급자들은 그 방안들이 별반 효과가 없음을 이미 알고 있다. 또 알고 있다고 한들 어쩔 것인가. 왜 그렇게 하느냐고 따질 것인가. 죽을 것을 알면서도 스스로 무덤을 파고들어가 따져대는 것은 영화에서나 있을 법한 얘기지 현실은 그게 아니다. 그냥 원도급자가 하는 대로 따라갈 뿐이다.

원도급자는 이렇듯 스스로 한계를 벗어날 능력을 상실했기에 더 이상 이들에게서 진전된 방안이 나올 수 없다. 그러기에 원도급 종합업체들에게 상생방안을 맡기는 것은 고양이에게 생선을 맡기는 격이다.

그 중에서도 '성과공유제'는 얼핏 보면 하도급공사에 기여한 만큼 성과 즉, 이윤을 원도급자와 하도급자가 골고루 나누어갖겠다는 말로 오해할 여지가 있는 내용이다. 근데 그 속을 엄밀히 들여다보면 실망스럽기 그지없다. 계약된 하도급공사 외에 추가의 원가절감, 기술개발 등으로 생산성을 향상시켜 비용 절감을 이룬 경우, 그 절감액에 기여한 비율에 따라 일정액을 하도급자들에게 보상으로 지급한다는 것이다. 원래 계약한 하도급공사의 성과배분 문제가 아니다. 이것은 하도급공사의 고수익은 원도급자가 그대로 혼자 독식하겠다는 뜻이다.

성과공유제는 이처럼 원래 하도급계약 부분의 성과와는 달리 하도급자가 추가로 이루어낸 성과에 대한 보상인 것이다. 이것은 원도급자가 베풀어줄 문제가 아닌 하도급자가 추가로 기여한 결실이다. 근데 원도급자들이 마치 모든 하도급의 이익을 공유하고, 이를 어질게 베풀어주는 정책처럼 탈을 바꿔 쓰고 홍보하고 있다. 이러한 의미에서 '대·중소기업 간 상생협력촉진에 관한 법률' 도 기본방향을 전면 재설정해야 한다.

그렇다면 하도급자들이 오매불망 고대하는 진짜 상생방안은 무엇인가.

첫째, 적정한 하도급금액이다.

하도급계약금액, 즉 다른 모든 것에 앞서 무엇보다도 하도급금액을 적정선에서 계약해주길 바라는 거다. 적정한 하도급금액은 하도급자의 수익성, 경영 안정성, 장래에 대한 투자 등 기업의 유지발전을 위한 가장 중요한 요소다. 기업경영의 출발선은 적정한 수익이다. 수익이 있어야 무엇이든 할 수 있기 때문이다. 돈이 없으면 아무것도 못한다. 일단 회사운영이 어려워질 테고 직원 인건비며 현장근로자의 임금을 주는 데 허덕일 것이다. 일의 착수 전부터 이미 적자 공사를 걱정하고 있다면 앞으로 벌어질 일을 예견하리란 그리 어렵지 않다. 당장 먹을 것이 부족한 형편에 어찌 장래걱정을 할 것이며 장래를 위한 기술과 인력에 돈을 투자할 수 있겠는가. 이윤을 추구하는 기업에 적정한 수익이 있어야 한다는 사실, 그 당위성에 대하여 더 이상 무슨 말이 필요하겠는가.

둘째, 추가·재공사 대금을 정산지급하고, 제때에 지급해달라는 것이다.

하도급법, 건산법 등에는 "발주자로부터 공사대금을 받았을 경우에는 15일 이내" "기성금을 청구 받은 날로부터는 60일 이내에 지급하여야 한다" 등 지급 시한과 방법 등이 잘 명시되어 있다. 추가·변경 공사가 발생 시에는 "추가된 공사금액과 내용대로 변경 또는 추가계약서를 작성하는 것이 원칙"이고, 원도급자는 추가공사 지시를 반드시 서면으로 해야 한다. 이러한 내용들은 추가공사비를 당연히 지급하여야 한다는 의미다.

대한전문건설협회 조사결과(2017. 12)에 따르면 법에 정한 60일을 초과하여 하도급대금을 수령하는 경우는 전체의 22.8%[•]나 된다. 장기어음이나 물건으로 대신 받는 등 여러 가지 방법으로 돈을 제대로 제때에 받지 못하는 경우는 별개다. 22.8%가 공사비를 제때에 받지 못하고 있다. "돈이나 제대로 받으면 좋겠다"는 말은 건설현장에서 너무나 많이 하는 얘기다. 공사따기도 어렵고 일하기도 어려운데 돈받는 게 가장 어렵다고 한다.

공사진행 과정에서 수없이 이루어지는 추가공사, 재공사 등의 경우에 그만큼 계약금액이 증액되어야 하는데 증액을 해주는 경우는 드물다. 결과적으로 당초 계약금액이 적정선에서 되었다 하더라도 추가 재공사만큼 계약금액이 깎이는 결과가 된다. 거기에 추가해서 이것저것 공제하고, 깎고, 덜 주고 공사비가 적어지는 사례는 한두 가지가 아니다. 모두가 당초의 계약금액에서 마이

• 대한전문건설협회, 전문건설업 실태조사, 2017. 12.

너스 요인이 되면서 서서히 적자선으로 접근해가는 것이다. 그래서 하도급자는 "계산으로는 남는데 뒤로 밑진다"고 한다.

이상의 두 가지 상생방안이 해결된다면 하도급문제의 90% 이상이 해결된다고 보면 된다. 그만큼 중요한 문제다. 원도급자 입장에선 이 두 가지가 자신들의 이윤을 극대화하는 최고의 방법이다. 이 두 가지 방법을 포기하면 원도급자의 수익성하락은 물론 주가도 떨어질 것이고 경영진까지 바뀔지도 모른다. 원도급자에게 높은 이윤을 만들어주는 핵심요소들이다. 그런데도 고작 협력업체와의 상생을 위해 두 마리 황금거위를 쉽게 양보할 수 있겠는가. 당신이라면 그렇게 할 수 있겠는가. 영리를 목적으로 하는 집단에서 쉬운 일이 아니다. 더구나 협력업체가 뭐 그리 대단한 존재라고 회사의 큰 이익까지 희생하겠는가. 협력업체는 현장이 잘 돌아가게 하는 하나의 톱니바퀴에 불과하다. 이 업체와 안 되면 말 잘 듣는 다른 업체로 바꾸면 그만이다. 얼마든지 협력업체는 줄을 서 있다. 뭐가 아쉬워 엄청난 이윤을 포기하면서까지 올바른 상생방안을 모색하겠느냐 말이다.

상생을 하려면 위의 두 가지만 해도 충분하다. 다른 방안은 없어도 된다. 상생은 위에서 눌려 주변 눈치보고 어쩔 수 없이 한다고 해서 될 일도 아니고, 스스로 필요에 의해서 자발적으로 해야 성과가 있다. 언제까지 주변눈치만 보고 흉내만 내다가 세월 다 보낼 것인가. 원도급자들은 이제 더 이상 미루어선 안 된다. 이런 저급한 방식이 지금까지는 그럭저럭 통했을지 몰라도 앞으로는 어려울 것이다. 국내시장이, 세계시장이, 하도급자와 국민이 더 이상 용납하지 않을 것이기 때문이다.

원도급자 종합건설업체들은 글로벌 건설시장으로 더 많이, 더 넓게 나가야 한다. 좁디좁은 국내시장에서 영세한 하도급자들의 고혈이나 짜서 이익을 창출하는 동네 왈패와 같은 범주에서 벗어나야 한다. 우리나라의 종합건설업체들은 현재 연간 세계 건설시장의 1%정도를 점유하고 있다. 우리나라 경제력이 세계 11위라면 그에 걸맞는 시장점유율을 가져야 한다. 왜 점유율이 3∼4%정도에서 1%로 떨어졌을까. 경쟁력이 부족해서다. 경쟁력을 향상시켜야 점유율을 높일 수 있다.

경쟁력을 향상시키는 방법은 여러 가지가 있을 수 있다. 펀딩Funding능력, 설계를 포함한 엔지니어링, 종합건설업체의 종합적인 계획관리 능력, 현장의 시공능력, 보유 기술력 등이다. 그 중에서 현장의 시공능력, 시공의 차별화야말로 가장 확실하고 배반하지 않는 경쟁력이다. 시공능력은 어디서 나오는가. 시공물의 최종결과는 하도급자의 시공과정에서 나온다. 경쟁력 있는 하도급자는 좋은 결과물을 만들고 결국 원도급자의 경쟁력을 창출해낸다. 경쟁력 있는 하도급자를 충분히 보유한 원도급자는 국내뿐 아니라 세계시장에서도 우위의 경쟁력을 확보할 수 있다. 하도급자가 경쟁력을 갖추려면 인력과 기술, 노하우, 경험 등을 축적해야 한다. 이 모두가 자본이 있어야 가능하다. 매달 임금이나 임대료를 걱정하는 수준으론 어림도 없다.

사실 말이지만, 불법적 행위로 축적하는 이윤문제는 상생 이전에 법과 윤리의 문제다. 헌법 제119조의 정신까지 동원하지 않더라도 우리는 시장에서 각자가 기여한 만큼 보상을 받아야 한다는 가장 보편적인 원칙을 지켜야 한다. 상생은 이 원칙이 지켜지지 못한 것을 회복하자는 것이고 하도급자의 정당한 기여분을 되돌려달라고 하는 당연한 요구다. 돌려달라고 하는 부분은 원래 하도급자의 몫이기에 원래의 주인에게 돌려줌이 마땅하다. 상생이란 이름으로 하도급자 몫을 돌려주는 일은 상도덕과 경제정의를 회복하는 선善의 가치실현이다.

그런데도 그것이 이렇게 어렵다. 원도급자의 생각이 바뀌어야 한다. 상생을 하도급자에게 베푸는 선행 정도로 생각하는 수준에서 벗어나야 한다. 경쟁력

하도급자가 추가로 이루어낸 성과에 대한
보상인 '성과공유제'
원도급자들이 하도급자에게 베풀어주는 정책인양 홍보되고 있다
이런 의미에서 '대·중소기업 간 상생협력촉진에 관한 법률' 도
전면 재설정을 요한다
그렇다면 하도급자들이 오매불망 고대하는 진짜 상생방안은?
첫째, 적정한 하도급금액
둘째, 추가·재공사 대금을 정산지급 하고, 제때에 지급해달라을 더 크게 키워서 대양으로 나아가 글로벌 경쟁에서 우위를 점하고 더 큰 이윤을 얻기 위한 더 큰 꿈을 가져야 한다. 더 큰 꿈을 위해서는 경쟁력 있는 협력업체를 많이 키워야 가능하다는 혜안을 가져야 한다. 이윤이 줄어드는 문제가 아니라 장래 더 큰 이익의 창출을 위한 투자라는 인식을 가져야 한다.

상생은 공정하고 투명한 사회, 선진국이 되기 위한 기본조건이다. 공정하지 못하고 깨끗하지 못한 135조 원의 하도급시장 암덩어리를 껴안고 어떻게 모범국가가 될 수 있겠는가. 상생은 우리가 후손에게 물려주어선 안 될 어두운 부분을 밝게 만드는 가치의 문제이고, 우리 국민 모두의 명예를 드높이는 출발점이다. 이제는 진정으로 상생이 되는 방안을 내놓아야 한다. 원도급자에게 기회는 한도 끝도 없이 계속 오는 것이 아니다. 부디, 하도급자와 함께하는 '진정한 상생의 길'을 가자!

- 하도급 계약금액 초저가로 만들기
- 부당한 특약의 강요, 현금결제 시 6% 추가차감
  - 공사대금 지급관련 특약 예시
  - 대물지급 특약 예시
  - 추가공사, 재공사비 등을 정산하지 않는다는 특약 예시
  - 산업재해와 민원, 하자보수 등 비용전가 특약 예시
- 공사대금 대신 물건으로 지불한다?
- 불법이익이 준법이익보다 월등히 큰 현장
- 임금체불의 원인을 이해하면 진짜 나쁜 놈이 보인다

제2장
원도급자의 횡포, 끝이 없다

– 세부적인 불법 불공정행위들

■ 하도급 계약금액 초저가로 만들기

불공정하도급 관행은 40년 전이나 10년 전이나 크게 나아진 것이 없다

"오늘 입찰은 이것으로 끝내겠습니다. 감사합니다." 하도급공사 입찰장에서 이 한마디 말을 남기고 직원이 퇴장한다. 이때 입찰통을 통째로 들고 나가는데, 입찰금액은 공개되지 않는다. 입찰이란 여러 사람이 경쟁하는 일이고 본인이 얼마에 하겠다고 금액을 써서 제출하면 그 중에서 제일 낮은 금액을 쓴 사람이 낙찰되는 것이다. 그래서 입찰이 실시되면 입찰장에서 입찰한 금액 모두를 공개하고 최저가가 얼마고 누가 낙찰되었는지 공개해야 한다. 그게 원칙이다.

근데 최종공개도 없이 그냥 가버리는 것이다. 왜 그럴까. 원도급자는 입찰을 실시하기 전에 이 공사는 최저 얼마에 공사를 끝내겠다는 입찰 최저금액 즉 내부 실행수준을 설정하는 것이 보통이다. 그 실행금액 이상으로 낙찰이 된다면 우선 회사방침에 어긋나는 일이 되고, 그 다음 회사의 이익이 그만큼 줄어들게 된다. 그래서 회사방침이 그 수준까지 내려가도록 재입찰을 반복한다. 최저낙찰금액이 그 선에 미치지 못하면 두 번, 세 번, 여섯, 일곱 번까지 하는 경우도 있었다.

결과발표도 없이 입찰통을 들고 나간 것은 그런저런 이유 때문에서다. 사무실로 가서 입찰금액들을 확인해보고 내부 실행기준에 합당한 가격이 있으면 계약을 체결하고, 그렇지 못하면 재입찰을 실시한다. 입찰장에서 개봉 공개한

최저금액이 내부기준에 미치지 못하더라도 그 업체를 선정, 발표함이 마땅하다. 그 업체를 최종 낙찰자로 선정하지 않으면 불법행위가 너무 공개적이 될 것이기에 미공개로 끝낸 것이다.

원도급자는 이렇게 입찰과정에서 하도급금액을 최저가로 만들어간다. 공정위는 대기업 원도급자 K기업이 2015년 4월~2016년 5월까지 5건의 공사를 최저가 경쟁입찰로 발주하면서 최저가로 입찰한 업체와 추가협상을 벌여 3억2,000여 만 원을 더 깎은 혐의로 시정명령과 과징금 7억9천800만 원 부과와 함께 법인을 검찰에 고발하기로 결정했다고 발표(2018년 5월 7일)했다.

하도급법은 경쟁입찰로 하도급계약을 체결할 때, 정당한 사유없이 최저가 입찰금액보다 낮은 금액으로 하도급대금을 결정하지 못하도록 규정하고 있다. 경쟁입찰 방식을 악용해 최저가로 입찰하도록 유도하고 여기에 또 한 번 하도급대금을 깎는 불공정행위는 대표적인 악질행위로 예나 지금이나 빈번하게 발생하고 있는 유형이다. 공정위는 2018년 3월에 대기업인 H사, D중공업, P사, H사 등도 같은 혐의로 제재한 바 있다.

2012년 10월 24일 국회 국정감사에 제출된 이미경 의원이 제시한 자료에 따르면 "4대강사업의 S사 경우 2,890억 원에 공사를 따서 17개 하도급자에게 43.6%에 불과한 1,260억 원에 하도급을 주었고, 1,490억 원에 수주한 공사는 32개 하도급자에게 45.5%인 678억 원에 하도급"을 주었다고 한다. 김우남 의원의 자료에는 "농어촌공사 영산강공사의 경우 하도급율이 29%, 35%, 38%, 41% 등에 불과"하다. 모 지방해양항만청이 발주한 외곽시설공사는 26.1%까지도 있었다. 20%대의 금액으로 어떻게 공사를 무사히 끝낼 수 있는지 도무지 알 수가 없다.

대부분의 하도급금액이 이처럼 30% 내외까지 내려가는 것은 아니다. 업종에 따라 다르지만 여러 자료들을 볼 때 50% 내외의 하도급 사례는 무수히 많다. 물론 자재와 인건비 비중이 큰 공사의 경우에는 하도급율이 90%를 상회하는 경우도 있고 개중에는 100%를 넘는 경우도 있다. 그러나 대다수의 하도급공사는 계약단계에서 대단히 낮은 초저가금액의 압력을 강요받고 50% 내외의 낮은 금액으로 계약하지 않을 수 없는 상황에 처하게 된다.

대법원은 "정당한 사유없이 최저가로 입찰한 금액보다 낮은 금액으로 하도급대금이 결정되면 현저하게 낮은 수준인지 따져볼 필요도 없이 하도급법이 금지하는 부당한 하도급대금의 결정으로 봐야 한다"고 판결하여 대형 원도급사 S사는 패소를 하고 공정위의 처벌을 받기도 했다.

이처럼 입찰과정에서 계약금액을 저가로 만들기 위한 방법은 다양하다. 계약서를 써주지 않고 구두로 계약한 후에 일부를 부정하거나, 현장설명서 내역 중 항목, 물량 등 일부내용을 빼고 설명한 후 계약 시에 추가하고, 견적작성 시간을 촉박하게 주어 견적에 내용이 누락되도록 유도하고, 낮은 금액으로 만든 가짜 견적서를 보여주며 저가를 유도하고, 다음 공사를 줄 테니 이번 공사는 아주 낮은 금액으로 하라고 하고, 공사가 이어질 때 일정금액 비율로 감액을 시키고, 아예 금액을 마음대로 정해놓고 도장을 찍으라고 하는 등 그 수법은 실로 다양하다.

요즘도 계약서를 서면으로 작성해주지 않는 경우가 전체 중 약 30% 정도나된다. 서면으로 작성한 계약서류가 없으면 이건 심각한 문제다. 그런 적 없다고 계약을 부정해버리면 금방이라도 없는 것으로 되어버린다. 부정하는 말 한마디에 수천만 원, 수억 원이 금방이라도 날아가 버린다. 녹음이라도 해놓았으면 다행이련만, 바쁘고 거친 현장 일을 하는 하도급자 입장에서 언제 그렇게 치밀하게 준비할 수 있겠는가.

하도급자는 서류를 챙기는 치밀함에서 특히 약하다. 몇 명 안 되는 직원으로 많은 일을 해야 하고 모두가 바쁘게 움직이다 보니 잊어버리거나 차일피일 미루다가 결국 못하게 되는 경우도 많다. 일을 당하고 나서야 그제서 "그 서류 어디 있지?" "그때 안 만들었어?" 하고 묻는다. 결국 서류가 없는 경우가 대부분이다. 없는 것이 확인되면 그것으로 상황 끝, 돈 받기는 어려워진다. 이런저런 이유로 증거가 없어서 돈을 받지 못하는 경우가 허다하다. 원도급자는 서면으로 작업지시를 하는데도 좀처럼 협조를 해주지 않는다. 가급적 증거를 남기지 않으려고 하기 때문이다. 증거를 만들고 싶어도 만들지 못하는 경우가 대부분이다.

공정거래원원회(이하 '공정위')에는 하도급자가 돈을 받아달라고 연간 약 1,500여 건 내외의 민원이 접수된다. 이 중 상당수가 "심증은 가는데 물증이 없어 돈을 받아줄 수가 없다"고 담당공무원들은 아쉬워한다. 도와주고 싶어도 도와줄 수 없다는 얘기다. 이처럼 원도급자의 우월적 행위가 시시때때로 발휘되고 하도급자의 약점을 악용하는 사례가 도처에 만연하다. 어떤 원도급자는 "으레 그런 줄 알고 일해야지, 그렇지 않으면 못하지"라고 당연하다는 듯 말하기도 한다.

입찰금액을 산출하려면 실행내역을 작성하는 데 최소한의 시간이 필요하다. 야근까지 하며 적어도 7일 정도가 필요한 공사를 3일의 여유를 주고 입찰 날짜를 공고해버린다. 당연히 허둥지둥 급하게 서두르다 보니 사람인지라 빼먹는 항목이 여러 개 나오고 계산도 잘못되기 일쑤다. 검증, 보완할 시간도 없다. 정상금액보다 낮게 나올 수밖에 없다. 계약이 되면 누락되거나 잘못된 부분은 모두 하도급자에게 떠넘겨진다. 원도급자는 "네가 스스로 견적했잖아" 하면 그것으로 끝이다.

또 낮은 금액으로 가짜 견적서를 만들어 보여주며 저가로 유도한다. 수의계약이나, 공개입찰에서 원하는 수준의 입찰금액이 나오지 않으면 여러 번 불러서 시담示談을 통해서 가격을 낮추어간다. 하도급자는 입찰일자를 촉박하게 주거나 저가견적서를 보여주는 이유를 너무도 잘 알고 있다. 원도급자가 원하는 것이 무엇인지 금방 알아차린다. 그래서 그 이유를 묻지도 따지지도 않는다. 묻고 따져본들 결과는 내 손해가 뻔하기 때문이다. 아마도 다음 공사입찰에는 불러주지도 않을 것이다. "마음대로 하시지요" 하는 마음으로 따라서 할 뿐이다. 결과는 어차피 그렇게 될 거니까 말이다.

"이 공사 끝나고 다음 공사도 해야지." 그러면서 이번 공사는 원하는 저가로 해달라고 미끼를 던진다. 그 금액에 맡으면 아마도 거의 적자가 뻔하다. 어찌할까? 결론은 그래도 해야 한다. 혹시 다음 공사를 주면 더 좋고, 설령 안 준다고 해도 할 수 없고. 이번 공사를 해야 회사 자금사정이 돌아갈 수 있다. 이 공사를 안 하면 자금회전이 안 돼 어음도 막을 수가 없기 때문에 갈 길이 바쁘다.

이러한 원도급자의 불법적인 저가유도 관행에 대해 10년 간 변화추이를 조사한 결과가 있다. 대한건설정책연구원이 과거 20년 동안 매년 하도급실태조사를 해온 자료를 분석한 내용이다. 2003년과 2012년을 비교한 조사인데, 하도급계약 시 저가로 만들기 위한 방법으로, 다음 공사를 준다는 약속이 2003년 38.0% → 2012년 38.2%, 타견적을 보여주며 낮추는 방법이 33.5% → 29.0%, 원도급자가 일방적으로 낮은 단가적용이 20.1% → 20.9%로 나타났다. 하도급현장의 불법 불공정관행은 40년 전이나 10년 전이나 크게 나아진 것이 없다는 반증이다.

어느 건설공사든 시공 중에 설계변경 없이도 재공사, 추가공사, 변경공사 등이 수없이 이루어진다. 토공사, 철근콘크리트공사처럼 금액이 큰 공사의 경우에는 추가공사 금액이 금방 수억 원, 수십억 원에 이른다. 몇억 원 정도의 비교적 작은 하도급공사도 "가랑비에 옷 젖는다"고 여러 건이 합쳐져서 금방 수백만 원, 수천만 원이 된다. 잘하면 1~2천만 원 남는 공사에서 추가 및 재공사 금액 2~3천만 원 정도를 보상받지 못한다면 적자공사로 끝나게 된다. 이렇게 저렇게 뒤로 밑지는 공사가 하도급공사다. 이런 내면의 사정도 모르고 앞뒤 안 보고 덥석덥석 달려드는 하도급업체도 많다. 잘 되겠지, 하는 막연한 기대감만 가지고 공사를 수주하는 사람이 의외로 많아 처음공사 1건 하다가 뒤로 나자빠지는 사람도 많다.

대한건설정책연구원의 동 조사결과에 따르면, 발주자로부터 원도급공사가 계약금액조정을 받은 경우 하도급금액도 조정을 받았느냐는 질문에, 조정받은 적이 없거나 조정사실조차 모른다는 응답이 2003년 25.0% → 2013년 34.7%였다. 하도급자는 예나 지금이나 이처럼 원도급자가 물가변동, 설계변동 등으로 공사비를 더 받았음에도 불구하고 모르고 지나가거나 아예 받지도 못하고 있음을 단적으로 보여주고 있다.

정부나 지방자치단체의 공공공사를 하면 옛날에는 절반은 남는 것처럼 얘기도 했다. 조금 큰 공공공사 1건을 따면 사무실에서 공사가 잘 마무리되라고 돼지머리에 고사까지 지내기도 했다. 지금은 상황이 바뀌었다. 공공공사를 따도 적자가 아닐지 내역서를 잘 따져보고 신경써서 잘 짜야 한다. 적자나는 공사도 종종 있기 때문이다. 그만큼 공공기관도 달라졌다. 예산집행에 대한 고삐를 팍팍 죄는 것이다.

원도급자들이 하도급금액을 자꾸 낮추려 하는 이유 중 하나가 이처럼 발주자의 발주금액이 대폭 낮아졌기 때문이기도 하다. 받은 금액이 적으니 그에 맞게 하도급금액도 낮춰야 원하는 이윤을 챙길 수 있고, 혹은 적자라도 면할 것이기 때문이다. 이러한 이유로 하도급금액을 대폭 내리려고 하는 경우는 그나마 순진하고 인간적인 경우에 속한다.

앞서도 예를 들었지만, 입찰현장에서 입찰통을 공개하지 않는 것은 보통과 차원이 다른 경우다. 이는 원도급자 자신들의 이익을 최대한 극대화시켜 폭리를 취하겠다는 의도가 마음 저변에 깔려 있는 행위이다. 불법적 우월행위가 계속되는 가운데, 하도급자를 달달볶아 착취하는 원도급자들의 횡포. 희망컨대, 동네의 고삐 풀린 망아지처럼 이런 짓을 서슴지 않는 원도급자들은 스스로 우리 건설시장에서 하루빨리 사라져야 한다. 선량하게 열심히, 정의롭게 살아가려고 노력하는 원도급자들의 명예를 지켜주기 위해서도 말이다.

■ 부당한 특약의 강요, 현금결제 시 6% 추가차감

부당한 특약, 거절 못하여 하도급자 불행이 시작된다

월말에 원도급자 측에서 연락이 왔다. "공사대금으로 원래 현금 30%, 어음 70%를 지급하기로 했는데 이번 달엔 현금으로 더 주는 만큼 6%를 깎아서 지급한다"는 내용이다. 하도급자는 현금이 없어 쩔쩔 매는 상황에서 현금을 더 준다니 우선은 반갑다. 근데 "6%를 깎는다고? 공사를 다 해도 6%가 남을지 말지인데?" 6%를 깎으면 그나마 조금 기대했던 이윤마저도 모두 날아간다. 그러면 지난 한 달 공사는 헛장사다. "헛장사 했어!" 하도급사 사장님이 허탈하게 웃는다.

허기야 어음을 받아 은행에서 할인하면 어차피 할인료가 최하 4%에서 제3금융권은 30%까지 나간다. 이러나저러나 마찬가지이긴 하지만 손해가 막심하다. "근데 왜 그렇게 공제율이 높은가?" 직원에게 물었다. 직원은 쏜살같이 답한다. "예, 하도급계약서에 그렇게 6% 차감한다고 되어 있어요." "뭣이라? 계약서에 그렇게 되어 있다구?" 몰랐던 얘기를 듣는다. 하기야 계약서 쓸 때 원도급자 마음대로 작성한 내용 중 하도급금액과 대금지급 조건만 읽고 나머지는 보지도 않았다. 본다고 별 의미도 없다. 내 뜻대로 변경할 수도 없으니 말이다. '계약서에 그런 말이 있었구나' 하고 그제서야 어쩔 수 없다는 듯 체념하고 만다.

그렇다. 하도급에서 원도급자는 왕이다. 왕은 자기 마음대로 할 수 있는 절대 권력자다. 원도급자는 마음대로 할 수 있는 권한이 있어서 적어도 하도급자에게는 왕과 다를 바 없다. 공정위는 원도급자의 우월적 행위를 조금이라도 사전에 예방하기 위하여 「건설업종 표준하도급계약서」를 제정하고 사용하길 권장하고 있다. 표준계약서를 사용하면 벌점을 감점해주는 등 혜택을 주어 장려를 하고 있기 때문에 원도급자 대부분이 하도급계약 체결 시 일반적으로 많이 활용하고 있다. 표준계약서 내용은 법과 제도에 맞추어 만들어져 있어서 계약체결 시에 그 내용을 일부라도 변경하기가 매우 껄끄럽다. 내용을 고치면 곧바로 법 위반내용이 여실히 나타날 수 있기 때문이다.

그래서 표준계약서 외에 추가로 '특약사항'이라고 해서 추가내용들을 계약서에 첨부한다. '기타사항' '추가사항' 등 여러 가지로 표현된다. 또 계약서의 부속서류인 입찰내역서, 현장설명서 내에 이러한 불리한 내용들을 넣기도 한다. 부속서류에 있는 내용들은 양이 너무 많다보니 자세히 읽어보지 못하는 하도급자의 약점을 역이용하기도 한다. 부속서류의 내용도 당연히 계약내용이므로 꼼꼼히 살펴보지 않으면 나중에 큰 낭패를 당하게 된다.

여기서부터 문제가 시작된다. 원도급자가 부당하게 추가로 기재하고 싶은 우월적 내용들을 여기에 몽땅 기재한다. 이를 '부당한 특약'이라고 말한다. 여기 내용들은 표준계약서에는 없는 내용들이고, 일부는 정당한 내용도 있지만, 대부분 하도급자에게 강요, 차감, 착취하고 법을 위반하는 내용들이다. 이런 내용들은 결국 계약금액을 감액시키는 일들이고, 추가로 발생되는 비용을 모두 하도급자에게 전가시키는 내용들이다.

그러지 않아도 하도급계약 금액이 이래저래 낮게 책정된 상태에서 특약내용으로 인하여 하도급금액이 또 내려가고 뜯기고 할퀴는 것이다. 특약사항 중에는 공사진행을 위하여 꼭 필요한, 반드시 명기해야 할 내용도 있다. 그런 내

특약사항으로 문제가 발생하여 민사소송으로 가면

하도급자가 100% 패할 수밖에 없다

그렇다면 어떤 불공정한 특약내용이 하도급자들을 울리는가

기성금을 현금으로 지급 시, 금액의 6%를 공제한다?

공사비 대신 물건으로 지급한다??

추가공사, 재공사비 등은 정산하지 않는다???

산재, 민원, 하자 등 모두를 하도급자가 책임질 것????

하도급에서 원도급자는 왕!

하도급자에게 횡포를 가하는 원도급자의 우월행위를 예방하고자

공정위에서는 「건설업종 표준하도급계약서」를 제정

사용하길 권장하고 있다

용들은 당연히 하도급자로서 해야 할 일들이기에 상호협의를 하지 않더라도 별 문제가 없다. 부당한 특약사항은 그런 내용들이 아니다.

법원의 재판은 증거주의가 우선한다. 재판의 전제가 되는 사실을 증거에 의해서만 인정하는 원칙을 증거재판주의라고 한다. 증거주의는 법원의 전단專斷을 막아 재판의 공정성을 최대한 보장하고, 재판을 받는 당사자로 하여금 증거가 충분한 경우에는 소송에서 안심해도 좋다는 안도감을 주는 데서 출발한다. 특약사항은 계약서 후단에 첨부된 계약내용의 일부에 해당하며 당연히 계약서 내용에 포함된다. 그래서 특약사항으로 문제가 발생하여 민사소송으로 가면 100% 하도급자가 패할 수밖에 없다. 계약서는 적어도 서로 합의하에 작성된 것으로 인정이 되고, 상호서명을 포함하여 서면으로 정확히 작성되어 있기에 최고의 증거력을 제공하기 때문이다.

특약내용이 도대체 어떤 내용들이기에 그렇게 하도급자들을 어렵게 만드는가. 특약의 유형은 대략 100여 가지 내외가 된다. 우선 분야별로 보면, 선급금과 기성금 등 공사대금 지급관련, 대물 지급관련, 추가공사와 재공사 관련, 설계변경과 물가변동 관련, 비용과 책임을 전가하는 경우, 민원해결 관련, 산재처리 관련, 4대보험료 관련, 하자보수이행 관련, 기타사항 등 내용별로 다양하다.

● 공사대금 지급관련 특약 예시

실제사례를 원문 그대로 인용하면, "기성금 지급 시 현금으로 지급할 경우에는 현금지급 금액의 6%를 공제한다." "준공금은 준공검사 완료 3개월 후 '갑'과 '을'의 합의하에 지급한다." "공정률 50% 이하 시에는 기성금의 80%를, 공정률 50% 이상 시에는 기성금의 85%를 지급하되, 매월 1회 현금과 4개월 어음을 병행지급하고, 어음할인료 및 지연이자율을 포함한 금액이다." 등 다양하다.

준공검사가 완료되었다는 것은 하도급공사가 이미 기성승인이 되었다는 뜻이고 승인되었다면 60일 내에 공사대금을 지급하여야 한다. 근데 법에서 정한 기간을 초과한 3개월 90일 후에 지급하고, 그것도 그때 가서 협의하여 결정하겠다고 한다. 공사를 마치고 기성을 청구하여 승인을 했으면 전액을 주어야 한다. 근데 총 공정률에 따라 일부만 주고 일부는 예치를 해놓는단다. 원도급자 하고 싶은 대로다.

● 대물지급 특약 예시

공사비 대신 물건으로 지급한다고 계약서에 명시한다. 계약서의 대물지급 물건란을 공란으로 놓고 도장만 찍었다가 후에 원도급자 마음대로 품목과 가액 등을 써넣는다. 공사를 했으면 대금을 현금으로 지급하는 것은 상식이다. 어음도 모자라 물건으로 준다. 아파트나 상가, 리조트, 골프회원권, 외국산 자동차 무엇이든 가리지 않는다. 근린상가공사를 하도급 하였는데 분양이 잘 안 되어 불가피하게 상가일부를 공사대금 대신 받기도 한다. 분양이 안 돼서 못 준다는데 사람으로서 어찌 뭐라고 말할 수 있겠는가. 서로 어려울 땐 고통을 분담하는 것은 회사 이전에 인간으로서의 도리. 내용이 순수하다면 그나마 이해할 수도 있다. 그러나 대부분의 대물은 불법과 강압, 착취적 성격을 띠고 있다.

● 추가공사, 재공사비 등을 정산하지 않는다는 특약 예시

추가공사 경우는 현장마다 항상 무수히 발생하는 일들이라서 그 사례도 엄청 많다.

"토공사 본작업 전에 지하매설물 유무를 확인하여야 할 책임은 을에게 있으며, 발견 시 갑에게 통보하여야 하고, 갑측의 지시에 따라 을의 비용으로 조치한다." "노상작업 시 재료가 부족할 경우, 토취장 선정부터 운반비 및 추가 사토처리비까지 발생되는 비용 모두를 을이 부담한다."

"을은 어떠한 경우를 막론하고 계약체결 후 계약조건의 미숙지, 견적착오, 물가 및 노임변동, 기타사유 등을 이유로 계약금액의 변경을 요구할 수 없으며 시공을 거부할 수 없다."

하도급자는 원도급자가 시키는 대로 설계서대로 시공을 한다. 시공한 이후 설계가 잘못되거나 미진한 경우도 있고, 발주자 마음에 들지 않는 경우, 작업지시가 잘못된 경우, 하도급자가 잘못 시공한 경우, 날씨 영향, 원·부자재 때문에 등 그 원인도 다양하다. 하도급자의 실수나 잘못으로 시공한 경우는 당연히 책임을 져야 하지만, 다른 원인에 의하여 발생된 비용은 그 원인제공자가 부담해야 한다. 그러나 꼼짝없이 원도급자가 물어줘야 할 경우를 제외하곤 모두가 하도급자 부담으로 전가되고 만다.

하도급자 E토건은 재시공비용으로 26억여 원, T토건은 31억여 원이 발생하여 참다못해 소송을 제기해 수년 동안 싸워서 70% 내외의 비용만 간신히 건졌다. 이렇게 소송을 끝까지 할 수 있는 능력이 있는 하도급업체라는 점도 중요하지만, 소송으로 공사비를 받는 경우도 매우 드문 일이고 더구나 70% 정도라도 받은 것은 천재일우千載一遇의 행운이다.

몇억 원 정도의 작은 하도급공사에서도 수백만 원, 수천만 원의 추가·재공사비가 발생한다. 그 중 10~20%를 받으면 다행이고 나머지는 하도급자가 떠안게 된다. 대부분 안 주면 포기할 수밖에 없다. 원도급자를 고발하는 경우는 전체 하도급공사 중 1% 미만이다. 만연된 불공정행위에 비하여 고발율이 낮은 이유는 더 이상 사업을 그만두거나, 원도급사와 거래하지 않을 결심을 하였을 때나 고발이 가능하기 때문이다. 혹자는 고발율만 보고 이렇게 낮은 걸 보니 건설현장이 잘 돌아가고 있는 것 같다고 말하기도 하는데, 정말 몰라도 한참 모르는 얘기다.

● 산업재해와 민원, 하자보수 등 비용전가 특약 예시

산재, 민원, 하자 등 모두를 하도급자가 책임질 것으로 계약서에 특약으로 명시한다. 산재의 경우, "근로자의 모든 사고발생 시 발생되는 진료비 및 노무비는 을이 부담하여야 하며, 재해자, 유가족과의 합의 및 수속, 재해관련 대관청 업무에 관련되는 모든 비용을 포함한다." "시공도중 발생되는 산재, 민원, 폐기물처리, 제3자 손해, 용전용수, 환경관련 및 기타 제반사항에 대하여 시공자가 책임진다." 일하다 다치면 책임이 누구에게 있든 하도급자가 모든 치료비와 합의비용까지 책임을 떠안아야 한다.

민원의 경우에는, "본 공사로 인한 제반 민원발생 시 을이 책임지고 처리하며, 그 비용은 견적금액에 감안하여야 한다." "당해공사 시공 중 발생하는 모든 민원은 을의 비용으로 책임 처리하여야 한다." "을은 계약공사 공기 내에 일어날 수 있는 민원을 중시해야 하며, 공사로 인근 주민간의 불협화음을 사전에 예방토록 함은 물론, 이에 대한 사후 대책보상 또는 시설개수 등은 을이 책임진다." 민원은 당초부터 본 공사로 인한 원천적인 문제가 대부분이기 때문에 발주자나 원도급자가 책임을 져야 한다. 그런데 모두 하도급자에게 책임지고 하라고 계약서에 못을 박는다.

하자보수의 실제사례를 보면, "을은 하자이행보증기간에 관계없이 하자보수를 하여야 하며, 만약 지키지 않을 경우에는 갑이 하자보수를 시행하고 을은 갑에게 그 공사금액의 2배를 지불한다." "공동주택관리령에 정한 금액에 의하여 갑이 하자보증서 발급 시 을은 연대보증 책임을 진다." "콘크리트 구조물의 균열은 구조적인 균열임을 을이 규명하지 못하는 한 하자로 간주하며 보수비용은 을이 부담한다." "미장공사의 하자보증 책임기간은 원도급공사 준공 후 3년 3개월(규정엔 1년이다)로 한다."

한마디로 하도급자는 봉이고 원도급자의 바람막이다. 원도급자가 이익은 혼자 다 독식하면서 자신이 감당해야 할 책임과 고통은 모두 하도급자에게 떠넘겨버린다. 이것이 부당특약의 위력이다. 앞에서 특약유형을 100여 가지라고 했지만 밝혀지지 않은 경우를 감안하면 그 끝을 가늠하기조차 어렵다.

정부가 다행히 부당한 특약은 '없었던 것으로 원천 무효화' 시켰다. 법개정이 조금씩 천천히 이루어지고 점차 확대되어가고 있지만 그나마 천만다행이다. 하루 속히 현행법에 위배되는 부당한 특약사항은 무조건 전부 무효가 되도록 제도가 전면 확대되어야 한다. 법으로는 항상 한계가 있게 마련이다. 무엇보다도 원도급자 스스로 더 이상 부당한 특약을 하지 않는 자정과 자기변화가 있어야 한다. 하도급자가 숨이라도 제대로 쉬려면 반드시 그렇게 되어야 한다.

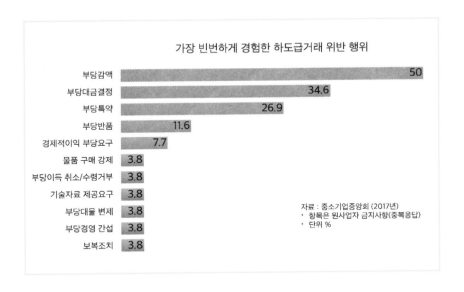

가장 빈번하게 경험한 하도급거래 위반 행위

부당감액	50
부당대금결정	34.6
부당특약	26.9
부당반품	11.6
경제적이익 부당요구	7.7
물품 구매 강제	3.8
부당이득 취소/수령거부	3.8
기술자료 제공요구	3.8
부당대물 변제	3.8
부당경영 간섭	3.8
보복조치	3.8

자료 : 중소기업중앙회 (2017년)
· 항목은 원사업자 금지사항(중복응답)
· 단위 %

■ 공사대금 대신 물건으로 지불한다?

공사비 대신 쥐어주는 아파트나 상가, 콘도, 골프회원권 등이 하도급자를 두 번 울린다

원도급자 N건설은 하도급대금을 미분양아파트로 떠넘겨주면서 10개월 동안 팔지 못하도록 묶어두었다. C건설은 사장아들이 운영하는 수입자동차 6대를 공사비로 받도록 강요했다. 감사원 발표에 따르면 LH의 우·오수공사 하도급 업체에게 4억 원 상당의 골프회원권을 포함해 견적하라고 현장설명을 한 후 그렇게 견적한 업체에게 하도급공사를 준 원도급자의 경우도 있었다.

 C건설은 자사 소유의 일본 후쿠시마 현 골프장의 회원권으로 하도급공사비 대신 지급했다. 그러나 우연히도 이곳을 덮친 지진과 쓰나미로 인해 이들이 받은 회원권은 순식간에 휴지조각이 되어버렸다. 2011년 3월 11일 후쿠시마 현 앞바다에서 진도 7.3의 강진이 발생하였고 이어서 최대 90㎝의 쓰나미가 이곳을 강타했던 것이다. 이 쓰나미로 인해 한국에 있는 여러 하도급업체들은 순식간에 부도가 나거나 심각한 경영위기로 내몰렸다. C건설은 자사 소유의 일본 후쿠시마 현 골프장회원권을 하도급대금으로 지급했던 것인데 향후 후쿠시마 현 반경 20㎞에 속하는 지점은 30년 이상 출입금지가 되었다. 공사대금으로 받아두었던 후쿠시마 현에 있는 골프장회원권이 이제나저제나 팔리겠지 하며 기다리다가 하루아침에 휴지조각이 되는 날벼락을 맞은 것이다.

 잘 팔리는 수입자동차 모델이라면 팔기 바빠 하도급자에게까지 다가올 차

례가 있겠는가. 잘 팔리지 않는 차, 때로는 쿼터에 따라 억지로 할당받은 차, 먼지가 풀풀 날리는 창고 속에 쌓여 있는 차, 똥차 치우듯 옳거니 잘 만났다는 식으로 만만한 하도급자에게 떠안겨주는 것이다. 그걸 받은 하도급자로서는 쉽게 팔 수 없는 것이 당연지사. 적어도 10~20% 정도 물건을 싸게 내놓아야 팔릴 것이다. 팔다가 안 팔리면 할 수 없이 하도급자가 타고 다니는 경우도 있다. 참으로 현금 만들기가 이렇게 어렵다.

"4억 원짜리 골프장회원권을 포함해서 견적을 내라." 원도급자의 명령이다. 이게 무슨 뜻일까. 4억 원은 입찰금액에 포함시키고 별도로 받지 않겠다는 뜻이고, 회원권 4억 원은 계약되는 하도급금액 내에 포함시키라는 얘기인데 그러면 그만큼 공사비를 증액하란 뜻이 된다. 그러면 순수하게 공사비에 더하기 4억 원인가. 세금문제만 피하려고 한다면 단순히 그렇게 될 수도 있다. 그런데 그렇게 생각하면 바보다. 그런 수준으로는 하도급공사 따내지 못한다. 회원권 1매를 구매하란 뜻이고 견적에 포함된 4억 원은 후에 내가 다 가져갈 테니 그렇게 알고 추가되는 대신, 매수가격은 알아서 반영하고 추가되는 부가세하고 공사금액은 알아서 적정선에서 줄여 맞춰서 견적하라는 얘기다. 공사비는 더 낮아지면 낮아졌지 더 높여준다는 얘기가 아니다.

아파트나 상가, 콘도, 골프회원권 등으로 공사비를 대신 주는 경우는 분양이 잘 안 되기 때문이다. 분양이 잘 되면 물건으로 줄 리도 없다. 분양이 안 될 경우에는 대개가 얼마씩 금액을 할인해주면서까지 분양하는 게 일반적이다. 하나라도 더 팔기 위한 고육지책苦肉之策이다. 근데 하도급자에게 공사비 대신 줄 때는 분양홍보지에 적혀 있는 분양가 100% 그대로 차감한다. 여기서 벌써 5~10% 내외의 손해가 시작된다. 인건비에 관리비에 항상 현금이 필요한 하도급자는 물건을 하루빨리 현금화해야 한다. 부동산에 내놓으니 분양도 안 되는 물건인데 급매물로 팔려면 적어도 20~30% 이상 싸게 내놓아도 팔릴지 모르겠다고 한다. 어찌하랴. 고민 고민한다. 가지고 있으면 또 뭘 한단 말인가. 분양정가로 받았기에 이미 적자는 시작되었고, 거기에 20%이상을 더 적자봐야 한다니 망설여진다. 하루 이틀 더 생각해본들 다른 대안이 없기 때문에 결국 팔 수밖에 없다. 15% 이상 더 손해가 나더라도 빨리 털어내고 다른 일을 찾아보는 게 현명한 일이다.

　그나마 이 경우는 다행이고 고맙다. 대개는 물건으로 주면서 단서를 단다. 1년 간, 길게는 3년 간 팔지 못하도록 약정해 묶는다. 현금이 급한 하도급자가 급매물로 덤핑 판매할 것이 자명하기 때문이다. 그렇게 되면 집값이 더 하락하여 이미 분양받은 사람들이 떨어진 집값으로 재산권에 침해를 받았다며 난리를 친다. 그러니 팔지 못하게 하는 거다. 시가하락을 막기 위해 1년간, 3년간 판매금지다. 분양권 전매가 풀리는 10개월을 기다려야 하는 경우도 많다. 1년은 말할 것도 없고 3년이라니. 당장 인건비 재료비 등 현금이 급한 하도급자는 어찌하랴.

　전국적으로 미분양아파트가 20∼30만 채 쌓이게 되면 대물지급은 그야말로 장날이다. 아파트는 이미 완공·입주하였는데 미분양 상태가 증가되면 원도급자들은 자금난에 봉착할 수밖에 없다. 이처럼 큰 금액이 묶이게 되면 자금난 해소를 위해 하도급자에게 아파트를 대물로 주는 방안이 영(0) 순위다. 전남지역의 원도급자 D사와 N사는 이미 준공된 지 3년이 넘은 미분양 아파트를 하도급자에게 떠넘겨 손해를 강요해오다가 공정거래위원회로부터 5억 원이 넘는 과징금을 부과받기도 했다.

　하도급자에게 대물로 주는 아파트는 잘 나가지 않는 1∼2층이나 비선호단지 등을 한 푼도 깎아주지 않고 원래 분양가대로 준다. 반항하지 못할 것을 뻔히 알고 있으니 무엇을 어떻게 준들 어떠하리. 이런 경우 하도급자는 20% 이상의 손해를 감수해야 한다. 공사적자가 보통이 아니다. 심지어 하도급자들은 자신들이 공사에 참여하지 않았던 엉뚱한 지역의 미분양아파트를 대물로 받기도 한다.

장기간의 경기불황을 이용하여 하도급공사비의 일부만을 대물로 지급하고 세금계산서는 나머지 미지급 공사대금까지 포함해 발급해달라고 압력을 넣는, 기가 차는 원도급자들도 많다. 경기도 소재의 한 하도급자는 공사를 완료했지만 4개월이 지나도록 공사대금을 정산중이다. 받을 공사금액은 5억 원이지만 2억 원 가량을 대물로 지급받았는데, 원도급업자는 세금계산서를 5억 원으로 발급해주어야 한다며 압박을 가하고 있기 때문이다.

세금 상 불법행위를 잠시 살펴보면, 원도급자가 실제공사비를 초과한 금액의 세금계산서를 끊어줄 것을 강요하여 실제 받지도 못할 부풀려진 금액의 부가세까지 떠안게 되는 하도급자들이 억울함을 호소하는 경우가 많다. 이뿐만 아니라 일부 중견원도급자들은 공사에 참여하지 않은 협력업체들에게 부가세만 지급해주고 강제로 세금계산서를 받는가 하면, 세금계산서 부풀리기 작업을 통해 비용이 늘어나면 대외적으로 적자시공을 했다고 주장하는 등 참으로 종횡무진 어이없는 일들이 비일비재하게 일어난다. 이 경우 하도급자는 자칫 탈세사건의 공범이 될 위험까지 감수해야 한다.

하도급대금이 올바로 지급되는지 발주자가 의무적으로 확인하는 제도가 2015년 9월부터 시행되자 하도급자는 대물로 준 부동산의 이름을 누구로 해야 할지 고민에 빠졌다. 결국 회사임직원의 이름으로 결정했다. 대물을 회사나 대표자 이름으로 등기하면 대물지급이 금방 들통나게 되니 원도급자가 다른 이름으로 하라고 요구했기 때문이다. 그리고 하도급자 이름의 통장을 만들어달라고 해서 통장을 만들어 도장과 함께 원도급자에게 주었다. 현금으로 지급한 것처럼 돈을 입금했다가 스스로 빼가는 용도다.

이렇게 아무리 좋은 법과 제도를 만들어놓아도 영리한 원도급자는 요리조리 교묘히 피해가며 이윤극대화를 위해 별짓을 다한다. 법과 제도는 무력화되

원도급자의 횡포에 하도급자만 죽어난다
〈불법 하도급대금 지급실태 및 적발현황〉 자료에 따르면
공사를 어렵게 하고도 공사대금을
제대로 받지 못하는 비율이 81%나 된다?

"장기간 불황이니 미분양 아파트라도 받게!"
"죽어라 일했더니 공사비 대신 미분양 아파트나 상가, 콘도, 골프회원권
등을 준다니……
공사비를 6개월 지나도록 못 받았는데 물건으로 받는 것도 다행 아닌가!"

고 겉돌 수밖에 없다. 하도급자에게 이런 짓을 하다가 부족하면 자재업자, 건설기계업자들에게까지도 차례가 간다. 그들도 하도급자와 똑같은 처지에 놓여 있는 동족들이기에 거절 못하고 원도급자의 불법행위에 응해줘야 한다. 이익 극대화를 위해서 원도급자는 물불을 가리지 않는다.

얼마 전 국토교통부가 조사한 내용에 따르면, 하도급대금 등을 대물로 지급받은 경우를 묻는 설문에서 '그런 편이다' 가 28.8%, '대부분 그렇다' 는 3.7%, '그렇지 않은 편이다' 는 27.2% 등으로 32% 이상의 업체가 대물로 지급받는 것으로 입증되고 있다.

공공기관의 꼼꼼한 통제를 받는 공공공사가 이 정도니 민간공사는 어떻겠는가. 아마도 민간공사에서는 대물지급이 아무리 적어도 50%는 넘을 것으로 추정된다. 하도급자들은 "장기간의 경기침체에 있는 건설경기와 여러 가지 제도개선에 따른 보험료 등 제반경비 인상과 최저임금 인상, 근로자의 요구증가 등에다가 대물지급까지 확산되고 있어 고통은 극에 달하고 있다"고 호소하고 있다. 다른 하도급 관계자는 "회사규모를 줄이지 못하고 현장을 계속 돌리기 위해선 대물변제 등 불리한 요구가 무엇이든 감수할 수밖에 없다"고 한다.

국회 국토교통위원회 이헌승 의원의 〈불법 하도급대금 지급실태 및 적발현황〉 자료에 따르면 최근 5년 간 국토교통부 산하 공공기관의 불법하도급 적발 건이 13,807건인데 이 중 대금지급 위반사례만 2,697건(81%), 지급기한 초과 259건(10%), 불법 어음지급 246건(9%) 등의 순서로 나타났다. 공사를 어렵게 하고도 공사대금을 제대로 받지 못하는 비율이 81%나 되니 하도급을 생업으로 먹고 산다는 것이 얼마나 어려운지 가늠이 된다.

공사비를 못 받고 있는 하도급자는 "공사비를 6개월이 지나도록 받지 못하고 있는데 물건으로라도 받으면 다행이 아니냐"고 하소연하듯 말한다. 그 말을 들은 대물을 수령한 하도급자는 그 앞에서 뭐라고 할 말이 없다.

■ 불법이익이 준법이익보다 월등히 큰 현장
불법과 착취가 난무하는 실패한 시장, 건전한 중소기업 육성 어렵다

우리나라의 경제규모는 세계 11위이다. 하지만 산업재해로 사망하는 사망률은 OECD가입국가 가운데 1위이며, 독일 등 선진국보다도 2~3배 정도가 높다. 산재 다발국가라는 오명이 계속 이어지고 있다. 고용노동부가 발표(2018년 4월 27일)한 〈2017년 산업재해 발생현황〉에 따르면 2017년도 건설산업의 산업재해사망자는 506명으로 전산업 산재사망자 964명의 52.5%를 차지했으며 2016년도 499명보다는 7명이 증가했다. 국내 전체취업자 가운데 건설업 취업자 비중은 7.38%에 불과하지만 전체근로자 산업재해 중 건설업 비중은 29.3%를 차지하고 있다. 여러 통계를 보더라도 우리나라 산재는 대단히 많이 발생되고 있고 심각한 수준임을 확인할 수 있다.

산업재해 사망으로 인하여 발생되는 경제손실이 연간 21조 원 가량 된다고 한다. 근로자가 일을 하는 도중 산재가 발생하면 본인은 말할 것도 없고 한 가정이 불행에 빠지고 구김살 없이 밝게 커나가야 할 아이들까지도 불행해진다. 나아가 해당기업은 물론 국가적으로도 크나큰 손실을 초래한다. 이러한 불행과 손실을 감소시키고 사전에 예방하기 위하여 정부가 많은 노력을 기울이고 있지만 쉽사리 감소되지 않고 있다. 왜 이렇게 산재가 많이 발생되는 것일까.

안전보건공단은 2017년 건설분야 산재사고 중 하도급현장에서 발생되는 비

율은 55.6% 정도라고 밝혔다. 사실 이 비율은 매우 낮게 나타난 숫자다. 하도급현장에서 실제 발생된 사고 중 신고가 안 된 사고를 모두 포함한다면 적어도 80%는 훨씬 상회되어야 한다. 그러면 왜 신고를 안 하는 것일까. 안 하는 것이 아니라 못 하는 것이다. 사망이나 중상 등으로 사고가 발생하여 산재처리가 되면 원도급자는 우선 입찰에 불이익을 받게 되어 공사수주에 직접적인 영향을 받는다. 그런 이유에서 원도급자가 하도급자에게 산재신고를 못하도록 강요하는 것이다. 원도급자 입장에서 잘못하면 생명줄과 같은 공사수주를 못하게 될 수도 있는데 산재신고를 하도록 그냥 내버려두겠는가.

산재처리를 할 수 없으니 국민건강보험으로 처리 즉 공상처리를 해야 하는데 치료비 모두가 하도급자 몫이 된다. 후에 작업 중 발생된 사고로 확인될 경우 건강보험공단이 부담금액을 사업주에게 변상요청하기 때문에 사실상 100%를 하도급자가 부담하게 되는 꼴이다. 만약 사망자가 발생하면 사망자의 보상합의금까지 하도급자 부담이 된다. 비용부담은 경상의 경우 적은 금액이지만 중상이나 사망 시에는 수백만 원에서 수천만 원, 억 단위까지 큰돈이 들어간다.

사망자에게는 산재보험에서 지급하는 재산상 손해에 대한 보상 이외에 정신적 손해까지 포함된 '합의금' 형식으로 보상하게 된다. 사망신고 발생 시 구속을 면하기 위해서는 산재에서 지급하는 합의금 이외에 별도로 합의하여 합의금을 지급하여야 하는데 합의금은 업종이나 경력, 나이 등 여러 요인에 따라 천차만별이나, 일반적으로 외국인근로자가 사망한 경우에는 1억 원 정도 내외, 내국인의 경우에는 1억5천만 원 내외부터 시작한다고 한다. 다행히도 근로자재해보험에 가입해두었다면 힘이 덜 들겠지만, 미가입 상태라면 영세한 하도급업체들은 회사를 유지하기 어려워질 정도로 부담을 떠안게 마련이다.

수익성이 작은 공사를 하는 하도급자 입장에서 사고가 한 번 나면, 그 공사는 적자공사가 되거나 회사가 존폐위기에까지 처할 수밖에 없다. 산업안전보건법에서 산업재해를 은폐하거나 은폐를 교사 또는 공모한 행위에 대하여 미보고한 경우에 수백만 원의 과태료와 함께 1,000만 원 이하의 벌금처벌을 받게 되어 있다. 벌금보다 불법적인 은폐로 인하여 원도급자가 얻는 이익이 수천만 원, 수억 원 정도로 훨씬 많은데 누군들 은폐교사를 하지 않으려 하겠는가. 불법의 이익이 준법이익보다 훨씬 큰, 제도가 현실을 따라가지 못하는 대표적인 사례다.

하도급자가 산재보험 가입을 전혀 할 수 없는 것은 아니다. 보험공단의 승인을 받으면 하도급자도 가입이 가능하다. 이 제도를 악용하여 원도급자는 하도급입찰 시에 공단에 제출할 '하수급인 사업주 승인신청서'를 강압적으로 받아내어 임의로 신고하고 보험료와 산재처리를 하도급자에게 떠넘기는 수법도 쓴다. 산재발생 원인이 하도급자에게 있다면 당연히 하도급자가 책임을 져야 한다. 그러나 원도급자에게 책임이 있는 경우에도 치료비, 보상비 등 모든 비용을 하도급자에게 떠넘긴다. 이유 불문하고 산재가 발생하면 모두 하도급자가 책임지도록 계약서에 특약되어 있기 때문이다.

A건물 신축현장의 새벽은 안개가 자욱하다. 가벼운 가랑비가 오락가락 해서 하도급자 현장소장은 어떻게 해야 하나 고민하다가 어렵겠다는 판단을 하고 원도급자 소장에게 "오늘은 비 때문에 중단해야 할 것 같다"고 말했다. 그 말을 들은 원도급자 소장은 30여 분 뒤에 "공기工期가 얼마 남지 않아서 이정도 비라면 그냥 해도 될 것 같으니 공사를 시작하라"고 통보해왔다. 하도급자는 어쩔 수 없이 포크레인을 투입시켜 지하 터파기를 진행했다. "가랑비에 옷 젖는다"고 이슬비는 시간이 갈수록 서서히 땅속으로 스며들기 시작했고 흙탕이 되면서 불행히도 포크레인이 미끄러지면서 지하 5M로 굴러떨어졌다. 이 사고로 2명이 사망, 중상자 1명이 발생했다.

왜, 안전에 관심을 두지 못하는가?
공사비가 부족해서다!

엿가락처럼 휜 삼성중공업 타워 크레인(거제연합뉴스 김동민 기자 2017.5.2)
2일 경남 삼성중공업 거제조선소 타워 크레인이 전날 골리앗 크레인과 충돌사고로 엿가락
처럼 휜 채 근로자 31명의 피해가 발생한 선박건조 작업장 쪽으로 맥없이 넘어져 있다. (사진
출처_ 연합뉴스)

누구 책임이겠는가. 지게차 운전기사의 별다른 실수가 없었다면 비가 와서 하도급자가 일을 못하겠다고 사전에 알렸음에도 일을 시킨 원도급자 책임이 크다. 그러나 하도급계약서에 "모든 산재는 하도급자가 책임을 진다"고 되어 있기에 하도급자가 치료비, 사망합의금 등 모든 비용을 부담해야 하는 것이 하도급현장의 실정이다.

산업안전공단의 자료에 따르면 "현행법이 하도급자의 재해율은 산정하지 않고, 사고발생 시 원도급자만 재해율을 산정하여 입찰불이익 등 책임을 더욱 무겁게 지우기 때문에 하도급자들이 톱다운Top-down식 사고에 사로잡혀 안전의식이 상대적으로 낮아 산재가 많이 발생된다"고 지적했다. 잘못된 판단이라고 생각한다. 이러나저러나 사고가 발생되면 결국 비용과 법적 책임 등 모두를 하도급자가 떠안는 것이 현장의 관행인데, 어떤 하도급자인들 사고가 발생되는 것을 좋아할 것인가. 물론 하도급자의 주의가 부족한 경우도 많이 있을 수 있다. 그러나 '안전의식이 부족해서' '하기 싫어서' 라기 보다는 하고 싶어도 못하는 경우가 대부분이다.

왜 안전에 많은 관심을 두지 못하는가. 공사비가 부족해서다. 하도급 계약금액이 너무 빠듯한 상태에서 공사를 진행하는 중에 이래저래 뜯기고 감액되고 적자위험 속에 있는 상태에서 안전에 대한 관심과 비용투입이 우선될 수 있겠는가. 후순위로 밀릴 수밖에 없는 것이다. 물론 안전의식 부족, 태만 등 공사비 이외의 원인도 당연히 존재한다. 그 중에서 공사비 부족이 산재사고 발생원인 중 가장 큰 핵심요인이라는 것이다. 이 사실을 알고 있는 사람도 거의 없고, 알고 있다고 해도 심각하게 인지하는 사람도 없다. 이 점이 항상 안타까울 뿐이다.

그동안 정부가 산재사고를 감소시키려고 수많은 노력과 예산을 투입해왔지만 효과가 미미하고 크게 감소되지 않는 이유가 무엇일까. 계속해서 헛다리만

2018년 6월 28일 부산 경남지역 조선업계와의 간담회에서 김상조 공정거래위원장이 원도급사의 하도급대금 후려치기 등 불법행위를 엄단하겠다는 뜻을 강조했다.

긁어왔기 때문이다. 대부분의 건설 근로자는 직접 시공하는 하도급자가 직접 채용하고 임금을 준다. "곳간에서 인심난다"고 하도급금액이 최소한의 적정금액으로서 끼니걱정을 하지 않아도 될 정도라면, 강요하지 않아도 스스로 안전에 대한 관심과 비용투입이 자연스럽게 이루어져 산재가 감소될 것이다. 산재가 발생하면 어차피 모든 비용이 자신이 부담해야 할 짐이라는 것을 누구보다도 하도급자가 잘 알고 있기 때문이다.

적정 공사금액을 다 주어도 안전에 관심을 갖지 않는 사고는 당연히 엄하게 처벌해야 마땅하다. 그러나 적자가 날 지경이고 죽기 살기 상황에 처해 있다면 처벌을 아무리 강화한다 해도 안전에 투입할 돈이 없어 못할 것이며 안전에 소홀해질 수밖에 없는 것이다.

2013년 7월 16일 발생한 노량진 배수지 수몰사고의 원인진단에 대하여 여러 의견이 나왔지만 대부분 곁다리 같은 의견들이고, 조선일보 2013년 8월 13일자에 게재된 한승헌 교수의 진단이 정확했다. "감리책임보다는 오히려 시공업체이다. 2008년 금융위기 이후 치열한 수주경쟁으로 최저가의 한계원가로 운영되고 있고, 하도급을 거치면서 낙찰금액의 절반이하 가격으로 시공을 책임져야 하기 때문"이라고 원인을 제시했다. 정책대안으로 "갑과 을 관계로 묶인 하도급 체계를 바로잡고, 중소업체가 제값을 받고 공사를 시행할 수 있는 시스템을 정착시켜야 하고, 원·하도급 업체 간의 수직적 상하관계는 상생관계로 전환해야 한다"고 제안했다.

보기 드문 정확한 진단과 대책이다. 근데 이 말에 정작 관심을 두어야 할 정책당국, 원도급자 등은 도대체 관심을 두지 않고 엉뚱한 방향으로 결론을 맺는다. 이순신 장군의 엄청난 가치를 모르고 모함에만 몰두했던 썩어빠진 조정대신들이 생각났다. 올바른 지적을 해도 올바른 말인지조차 판단이 안 되는 현실. 예나 지금이나 다를 바 없는 듯하다. 경제주체들이 특히 정부가 정상적인 사고와 판단, 행동을 할 때 시장이 올바로 작동될 수 있다. 불법과 요령이 난무하고 이를 방치, 동조하는 시장은 실패한 시장이 될 수밖에 없고 희망이 없다. 실패한 시장에선 중소기업들이 건전하게 육성, 발전될 수가 없다. 그러니 우리는 산재다발국이란 불명예를 계속 가지고 갈 수밖에 없는 운명인 것이다.

■ 임금체불의 원인을 이해하면 진짜 나쁜 놈이 보인다

하도급자의 임금체불이 92%, 그 원인 중 94%가 원도급자의 공사대금 미지급 때문

고용노동부의 발표(2017년 1월 12일)에 따르면 2016년 건설업 임금체불 규모는 2,366억 원이다. 2010년 1,463억 원과 비교하면 6년 간 38%나 증가했다. 일본의 경우에는 우리나라의 약 10분의 1 수준이지만, 경제규모를 약 3배로 보았을 때 우리나라가 사실상 약 30배나 더 많으며 세계 최고수준이다.

서울시 하도급부조리신고센터에 따르면 임금체불, 자재·장비업자 미지급금 신고 중 원도급자가 하도급자에게 미지급한 비율은 6.3%에 불과한 반면, 하도급자가 미지급하고 있는 비율이 92%에 달한다고 발표했다. 고용노동부가 2017년 발표한 고액의 상습적 임금체불 사업주 명단 239명을 보면 1위 제조업 86명, 2위 건설업 49명으로 20%를 차지했다. 국내 총 근로자 중 건설업 근로자가 7.3% 정도 차지하는 것과 비교해도 3배가 넘는 규모다.

하도급자의 임금체불 비율이 92%에 달하고 고액의 상습적 임금체불업자에 20%를 차지하는 비율은 어찌 보면 당연한 결과다. 건설근로자의 약 70%이상을 직접 시공하는 하도급자가 고용주이기 때문이며, 원도급자가 부담해야 할 어려움을 하도급자가 앞에서 바람막이 하면서 모두 떠안고 가기 때문이다. 그렇기에 원도급자의 임금체불 비율은 낮아질 수밖에 없다. 원도급자가 잘 해서 임금체불비율이 낮고 하도급자가 잘 못해서 체불비율이 높아진 게 아니란 사

실을 알게 될 것이다.

일을 시켰으면 임금을 주는 것이 당연하다. 일을 시키고 임금을 주지 않는다면 이유여하를 막론하고 고용주인 하도급자의 잘못이다. 임금을 제때에 지급할 수 없을 것 같으면 고용하지 말거나 근로계약 시 언제까지 지급해도 좋다는 근로자의 동의를 얻어야 한다. '경기가 나빠서' '발주자나 원도급자로부터 돈을 받지 못해서' 등 책임을 남의 탓으로 돌리면서 임금부터 안 주는 식의 관행과 인식은 잘못된 것이고 반드시 개선되어야 한다. 이러한 의미에서 하도급자의 임금체불이 92%라는 서울시의 발표를 거울삼아 하도급자는 임금체불에 대한 심각한 인식의 전환과 개선의 중요한 계기로 여겨야 할 것이다.

병이 나면 그 원인을 찾아 근본적인 치료를 해야 병이 재발하지 않고 죽음도 피할 수 있다. 임금을 체불하는 하도급자 입장에서는 병의 원인은 알려고 하지도 않으면서 무조건 하도급자에게만 화살을 돌리니 참으로 안타까운 현실이다. 물론 단지 억울하다는 이유로 책임을 면제해줘야 한다거나 임금을 주지 못하는 현실을 당연하게 받아들여야 한다는 뜻은 결코 아니다. 원도급자와 하도급자 간에 발생되는 불법 불공정 문제들은 당사자의 문제로서 항상 두 주체 간에 은밀하게 이루어지기 때문에 세상에 잘 알려지기가 어렵다. 그래서 이해관계자, 국민, 정부, 언론 등은 그 이면을 정확히 모르는 상태에서 겉만 보고 평가하기 십상이다.

대한전문건설협회의 임금체불 원인조사 결과에 따르면 "하도급자가 임금체불을 하게 되는 원인 중 94%가 원도급자의 공사대금 미지급 때문"이라고 답했다. 구체적으로 원도급자의 부도, 초저가하도급과 계속되는 감액에 따른 공사비 부족, 물건으로 공사대금 지급함에 따른 유동성 악화, 장기어음지급 등이라고 답했다. 하도급업체가 계속기업(Going Concern)으로서 회사운영을 계속할 의사가 있는 정상적인 업체라면 자금이 있으면서도 고의로 임금을 지급하지 않고 고발까지 당하는 어리석은 짓을 하지는 않을 것이다. 임금을 지급할 돈이 부족하여 지급을 못하는 경우가 대부분이란 얘기다.

　일을 시켰으면 인건비를 주어야 하듯이 공사를 하면 공사비를 지급해야 한다. 인건비를 지급해야 하는데 받을 공사비가 당장 입금되지 않는 것이 건설업의 특성이다. 건설산업은 발주자가 원도급자에게 공사를 도급주고 하도급자에게 재도급을 준다. 원도급자가 발주자로부터 공사비를 받아서 하도급자에게 지급하기 때문에 하도급법에서 하도급공사대금 지급기한을 60일까지 여유를 주고 있다. 따라서 임금지급 시기와 공사대금을 받는 시기가 근본적으로 맞지 않게 된다. 하도급자가 지급하여야 할 임금은 당장의 문제인 것이다. 이 시차로 인하여 하도급자에게 현금, 유동성 문제가 발생하는 것이다.

　물론 원도급자가 월 1회 공사대금을 지급하지만 돈은 항상 모자라고 부족하게 준다. 원도급자가 유보금을 10~30%까지 공제하고 지급하면 어려움은 훨씬 배가된다. 인건비, 자재비, 건설기계임대료 등 여러 비용을 지급해야 할 하도급자 입장에선 부족한 돈을 가지고 비목별로 감액 조정하여 지급할 수밖에 없다. 부족한 금액은 차입 등 외부조달을 통하여 해결해나가지만 그것도 한계에 이르면 일부는 지급하지 못하는 상황을 초래한다. 공사대금 수령도, 자체 자금도, 외부조달도 모두가 꽉 막히면 임금체불이 발생된다. 물론 남아 있는 미수 공사대금을 원도급자가 일부라도 지급해준다면 체불은 막을 수가 있다. 그러나 원도급자도 추가지급이 어렵다고 거절하면 결국 하도급자의 임금체불이 발생되는 것이다. 공사대금을 모두 지급하였는데도 하도급자가 임금을 체불했다면 그것은 두말할 필요도 없다.

　임금체불의 1차 책임은 하도급자에게 있는 것이 당연하다. 임금체불이 되면 사회적으로 부도덕한 사업주로, 나쁜 건설업자로 낙인을 찍는다. 언론에선 웬 건이냐는 듯 대서특필한다. 물론 언론에 발표되는 체불업자 중에는 원도급자에게서 받을 돈 다 받고도 상습적으로 임금을 지급하지 않는 악덕 사업주들도 많다. 그러나 지금 이야기는 상습 악덕사업주와는 다른 정상적인 하도급자들의 일상적인 현장상황을 말하자는 것이다. 하도급자들은 매우 억울해한다. 분명 원도급자와는 차별화되어야 할 문제임에도 불구하고 한통속으로 몰아넣어 지탄하기 때문이다.

원도급자는 공사가 끝날 때까지 공사대금을 가급적 적게, 늦게 주려고 노력한다. 공사가 준공된 이후까지 미지급 공사비가 많이 남아있는 것이 이런 이유에서다. 원도급자가 자금사정이 어려워지면 하도급대금 지급이 제일 먼저 후순위로 밀린다. 물론 하도급자도 유동성 문제로 부도위기에 처하면 역시 임금지급을 후순위로 미루게 될 것이다. 누구나 그 입장에 서면 대부분 마찬가지일 것이다.

원도급자가 하도급자에게 공사비를 모두 지급했다고 다 끝난 일이 아니다. 아파트나 상가 등 물건으로 공사대금을 받으면 최악이다. 1년간 매매금지 조건이라도 붙으면 인건비마련은 고사하고 회사의 존립에까지 영향을 준다. 3~6개월짜리 장기어음을 받으면 높은 할인료를 지급하고 현금화한다. 금융기관의 할인한도 초과나 할인이 불가능한 경우엔 마찬가지로 현금을 만들기가 어려워진다. 이처럼 하도급자의 임금체불은 원도급자의 공사비 지급내용에 따라 좌우된다.

대한건설협회 경기도회 하용환 회장은 건설경제 기고문(2017년 8월 22일)에서 "수직적 건설 생산구조에서 발주자와 원도급자 간의 불공정거래 폐해는 원·하도급자 간, 하도급자·2차 협력자 간 대금체불을 발생시키는 근본적인 원인"이라고 하여 임금체불의 근본적 책임자가 원도급자임을 스스로 인정하고 있다. 이러한 앞뒤 정황을 뻔히 알면서도 원도급자들은 하도급자들이 원도급자들보다 임금체불을 많이 하고 있다고 서울시 통계를 만방에 고하고 함께 손가락질하면서 욕하는 것을 보고 있노라면 참으로 기가 막힌다. 원인의 94%가 원도급자 자신들에 의해서 체불된 것은 내 몰라라 하고 본인들을 대신해서 척후병처럼 앞에서 혼자 모든 비난과 욕설, 처벌까지 받고 사투를 벌이고 있는 하도급자에게 손가락질하며 욕을 하고 있다니 인면수심人面獸心이 따로 있겠는가. 원인을 제공한 동병상련임을 스스로 느끼고 도와주진 못할망정 적어도 동조와 비난은 하지 말아야 한다.

원도급자의 불법 불공정 행위는 근로자에게 임금체불뿐만 아니라 근로환경 자체까지 불안하게 만든다. 한국고용노사관계학회가 〈노동시장 구조개선 관련 국민의식조사〉를 실시한 결과(2014년 12월 16일), 노동시장의 문제점으로 일자리 부족, 임금 및 근로조건 격차, 대립적 노사관계, 사회안전망의 미흡 등 4가지를 제시하면서, 이러한 문제점의 원인으로 29.8%가 '원·하도급자 간 불공정한 거래관계'를 꼽았다. 이것은 하도급자가 근로자를 고용하는 사용주이고, 원도급자가 이윤극대화를 위해 불법 불공정한 방법으로 하도급자의 수익성을 착취하고 미래를 매우 불안하게 만들기 때문이다.

원도급자는 하도급자의 임금체불 비율이 높기 때문에 발주자가 하도급대금을 직접 지급하는 제도가 효과도 없고 부작용이 크다고 주장한다. 공사비를 하도급자에게 직접 지급을 해도 임금체불이 증가하는 등 별 효과가 없으니 직접지급제도를 폐지시키자는 속셈이 저변에 깔려 있는 것이다. 호시탐탐 기회만 되면 이윤극대화를 위한 이기적인 주장과 공격을 서슴지 않는 습성에서 나오는 억지다. 원도급자들 스스로가 제공한 원인은 먼 나라 남의 일처럼 망각된 지 오래이고, 이윤극대화를 위한 그들의 불법 불공정한 행위는 당연한 것이 되어버렸다. 이런 마음을 가진 친구가 옆에 있다면 과연 믿음이 가고 인생을 논할만한 친구라고 생각하겠는가. 이런 마음가짐으로 서로를 위한 상생이 가능하겠는가. 그러기에 지금까지 겉도는 상생만 하고 헛바퀴만 돌 수밖에 없었던 것이다.

　몇년 전 중간 규모의 하도급업체가 미국 건설회사 벡텔사社의 공사를 끝낸 이후 1년여가 지났는데 갑자기 공사비를 덜 준 것이 있으니 추가지급을 위한 서류를 제출하라는 연락을 받았다는 얘기를 들은 적 있다. 그 업체는 놀랍다고 하면서 싱글벙글했다. 세계 1위 건설사다운 얘기다. 세계 1위가 되기까지는 그냥 되는 것이 아니다. 가장 큰 원동력은 벡텔사 내부의 윤리규정이라고도 한다. 세계 어느 곳에서 언제 무엇을 하든 투명하고 깨끗하게 운영될 수 있는 시스템을 갖추고 있기에 1위가 가능하다. 물론 이를 위한 주주나 사업주의 경영이념과 철학은 더 중요한 바탕이 된다. 한국의 하도급 풍토에서 가히 상상이나 할 수 있는 얘기인가. 눈만 감으면 코라도 베어갈 상황에서 참으로 부럽기도 하고 화가 나기도 한다.

　반복되고 늘어만 가는 임금체불 문제. 뻥 뚫린 마음으로 함께 고민하여 개선할 부분은 과감하게 고쳐보자. 우리 후손들의 미래에는 임금체불이 사라지고 좀 더 나은, 좀 더 행복한 건설산업이 되어야 하지 않겠는가, 희망을 가져본다. 머지않아 우리나라의 원도급 종합건설업계도 희망찬 미래를 위하여 새롭게 혁신된 모습을 보여줄 것이다. 그리고 벡텔사 수준의 훌륭한 업체들이 계속해서 많이 나오리라고 굳게 믿는다. 우리 국민은 한번 마음만 먹으면 결국 해내고야 마는 불굴의 민족이지 않은가.

- 대한민국, 건설이 국가의 미래다
- 원도급, 종합건설의 어젠다Agenda는 이제 글로벌Global이다
- 하도급자, 선제방어가 최선이다
- 시장실패에 대한 국가의 책무
- 정부의 엄중한 역할을 기대한다
- 하도급대금 지급기한 단축이 시급
- 중소기업과 소상공인에게 치명적인 '어음제도 폐지'
- 강자에 편향된 혁신방안, 산업과 국가의 퇴보다
  - 종합·전문의 업역·업종 통폐합 문제
  - 직접시공의무제 확대문제
  - 원·하도급자 간의 상생문제(불법 불공정 하도급 문제)

제3장
건설, 더 큰 세계를 지향한다

■ 대한민국, 건설이 국가의 미래다

소수만이 아닌 함께 상생하며 공존하는 행복시대를 열어가야 한다

지금은 유비쿼터스 시티Ubiquitous City를 지나 스마트시티Smart City 시대다. 첨단 정보통신기술(ICT)을 이용해 주요 도시의 공공기능을 네트워크화한 똑똑한 도시, 스마트 시대가 도래한 것이다. 건설이 단순한 토목·건축공사만 하던 시절은 옛날 얘기다. 우리는 2000년경 삶의 질과 도시경쟁력 향상을 위해 초고속·광대역 통합정보통신망 등 유비쿼터스 도시기술을 활용해 언제 어디서나 전기, 가스 등 다양한 서비스를 원격제어하는 홈 네트워크 시스템을 경험했다.

이제 사물인터넷(Internet of Things: 인터넷에 연결된 사물끼리 인간의 도움없이 정보를 나누며 대화를 나누는 기술) 등 첨단 컴퓨터기술을 바탕으로 한 스마트홈, 스마트시티 등 4차 산업혁명의 정점인 전 도시의 스마트시티화(化)를 향해 가고 있다. 스마트시티로는 인천 송도국제도시, 경기 동탄2신도시, 판교신도시 등이 있고, 제로에너지 단지로는 서울 노원구, 에너지신사업으로는 제주 스마트그리드, 친환경 물산업으로는 경북 고령 스마트워터 등이 각 분야별로 급속히 첨단화된 사례들이다.

김현미 국토부장관은 "스마트시티는 지속가능하고 포용력 있는 도시를 만들기 위한 핵심 수단이자 4차 산업혁명을 이끄는 자율주행차, 공간정보, 스마트홈 등 다양한 신기술을 도시라는 공간에 담는 플랫폼"이라 했다. 이러한 최

스마트시티를 대표하는 '미래도시'로 불리며
국제도시로 거듭나고 있는 송도 국제신도시

송도 국제신도시

국내 대표적인 스마트시티, 인천 송도. 2003년부터 대규모 계획도시로 설계된 인천 송도는 인천공항을 비롯, 약 40조 원의 민간자본 조달로 지어지고 있는 세계 최대 규모의 민간도시 개발사업이다. 2020년까지 인천광역시 연수구와 남동구 해안에 서울 여의도의 17배에 해당하는 55km²정도를 매립, 간척지 위에 도시를 개발하고 있다. 현재도 간척은 진행 중이며 10만 명 이상이 거주하는 도시로 성장, 인근의 영종, 청라까지 3개 신도시를 네트워크로 연결해 송도 스마트시티 거주민들에게 상하수도, 전기시설, 도로교통 등의 관련정보를 주고 있다. 건물의 50% 정도가 위험요소가 감지되는 IOT, 빅데이터 등 ICT 기술에 기반한 시스템이 가동, 건물과 도시의 시스템 자체가 자동 센서에 의해 작동하는 그야말로 스마트시티로 대표하는 '미래도시'로 불리며 국제도시로 거듭나고 있다. (사진출처_한국 관광공사)

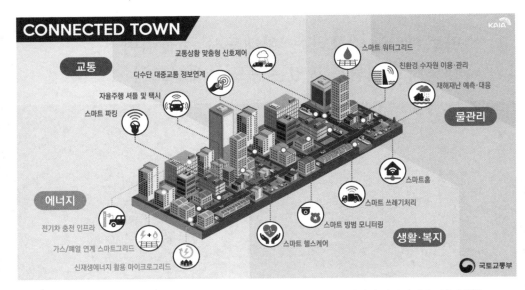

스마트시티의 개념도 2017년 신성장동력의 핵심플랫폼으로 선정되어 대통령 직속 4차산업혁명 특별위원회에 별도의 특위가 구성되었다.(사진출처_국토교통부)

첨단화는 모두가 고객의 만족과 행복을 위한 도구다. 모든 산업은 인간의 행복을 증진시키고자 지속적으로 노력, 발전해오고 있다. 건설산업의 핵심 키워드는 역시 '사람의 행복' 이다.

그렇다고 미래가 장밋빛만으로 가득 찬 것만은 아니다. 우리는 경제 저성장 시대에 살고 있다. 세계경제가 저성장, 불확실성 시대로 접어들었다고 경제학자들은 이구동성으로 말한다. 2008년 리먼 브러더스 사태로 시작된 금융위기는 세계경제를 저성장의 늪에 빠져 헤어나지 못하게 만들었다. 경제규모도 작고 무역의존도가 84%에 달해 수출로 먹고사는 우리나라는 세계 경제흐름에서 자유로울 수가 없다.

이러한 세계적 불황 속에서도, 우리는 저성장과 장기간의 경기침체를 극복하고 희망찬 미래를 조성해가야 한다. 이를 위해 대기업의 역할은 매우 중요하다. 2016년 5대 그룹의 매출액이 국내총생산(GDP)의 46%를 점했다. 삼성그룹의 2017년 매출액은 239조6천억 원으로 우리나라 GDP 1,730조 원의 약 14%를 점했다. 포르투갈, 뉴질랜드 등 웬만한 국가의 GDP보다 크다. 우리 대기업들은 과거 먹을 것 없던 보릿고개 시절의 어려움을 극복하는 데도 큰 역할을 하였고, 경제수준과 산업 그리고 1인당 GNP 등을 성장시키는 데 크게 기여했다. 외국여행을 하다보면 타국의 공항과 거리에서 우리나라 기업들의 광고판을 흔히 발견하게 되는데, 얼마나 뿌듯한 생각이 드는지 모른다. 이렇게 되기까지 대기업이 일정 부분 기여했음에 이의를 제기할 사람은 없을 것이다.

건설 원도급자인 종합건설업체들은 그동안 축적된 기술력과 자금, 정부의 지원 등을 바탕으로 세계 4위에 오를 정도로 대외 신인도 등이 상승되었으며, 연간 700억 불의 해외공사를 달성하는 수준까지 이르러 명실상부한 세계적 기업이 되었다.

중동, 동남아 등 세계 각국에서 한국의 신도시 모델을 배우고, 자국에 신모델을 이식해달라는 요청도 쇄도하고 있다. LH는 쿠웨이트와 스마트시티 수출 1호로 분당신도시 세 배 규모(2400만㎡)인 4조4,000억 원의 신도시 건설을 진행 중이고, 베트남 하노이 인근에 1조2000억 원이 투입되는 3000만㎡ 규모의 스마트시티 건설 프로젝트도 진행 중이다. 우리의 대기업들은 다가오는 새로운 시대를 맞아 넉넉히 대응할 수 있는 역량을 갖추고 있어 든든한 마음 그지없다. 바라건대 현재 세계 건설시장의 약 1% 정도를 점유하고 있는 우리 기업들이 앞으로 3~4%를 회복하고 10%, 20% 이상까지 확대되기를 힘차게 응원한다.

건설대기업들이 이렇게 성장하는 동안 하도급업체들은 얼마나 성장했을지 궁금하다. 하도급업체들의 해외 진출실적은 너무나 초라하다. 5만6천여 하도급 전문건설업체 중 해외실적이 있는 업체는 300여 사 정도인데, 참여내용을 보면 대부분이 인력파견이고 몇몇 플랜트와 국내 일부기업들의 해외지점개설 인테리어공사가 전부다. 기술력을 바탕으로 한 전문성 있는 역할이라기보다는 단순히 인력송출 수준의 복덕방 역할에 불과하다. 건설회사가 해외에 진출하려면 적어도 몇 가지 조건이 충족되어야 가능한데 자금력, 인력, 기술력, 시공경험 등이 그것이다. 시공경험과 인력은 어느 정도 보유하고 있으나 자금력은 거의 전무하고 기술력도 국내용에 불과하다. 자금력이 있어야 충분한 인력을 양성하고 기술을 개발할 수 있다는 사실은 누구나 아는 일이다. 매달 운영자금을 걱정해야 하는 궁핍한 상황에서 인력과 기술력 개발에 투자할 여력이 있었겠는가. 해외에 나갈 엄두가 나겠는가. 불가능한 일이다. 이익을 독점한 대기업이야 자금력을 바탕으로 크게 성장할 수 있겠지만 돈이 없는 하도급업체는 쪼그라들 수밖에 없는 일이다.

이처럼 수십 년 동안 경제성장을 이루어오면서 대기업의 성장은 비약적인 발전을 거듭해왔지만, 이러한 이익을 내는 데 협력자 역할을 해온 하도급자의 존재감은 드러나지 않는다. "대기업에 가려 경제의 허리가 없다"고 말하듯 대기업의 이윤극대화 속에 가려진 하도급 기업은 육성되지 못하고 결국 자생적 성장마저 막혀버린 것이다. 기업은 크든 작든 돈으로 성장하는 것인데 이윤이 적으면 성장도 작거나 정체, 퇴보될 수밖에 없다.

원도급자들이 해외공사 하도급을 아예 외국업체로 대체한다고 생각하면 간단할 수도 있다. 그러나 외국 하도급업체를 사용할 경우엔 그 나라의 법을 준수해야 하고 하도급자도 최소한의 이윤이 확보되어야 일을 하려고 할 것이다. 자기나라 공사를 하면서 적자까지 감수하며 일해줄 외국의 하도급자가 있겠는가. 이는 우리나라에서나 통할 얘기다. 결국 줄 것 다 주면서 일을 시켜야 한다는 얘기다. 그런 조건에서 원도급자의 경쟁력이 얼마나 성장할 수 있을지 하는 의문이 든다.

중소기업은 전체기업 중 99%를 차지하고, 전체근로자 중 88%를 고용하고 있기 때문에 '경제의 근간'이라고도 한다. 많은 숫자를 보유하고 있다는 것은 기업의 생산성과 경쟁력, 국내소비, 국가의 경제력 등에 직접적인 영향을 주고 있다는 의미다. 중소기업에서 일하는 근로자가 행복해지면 총 근로자 중 88%가 우선 행복해진다는 뜻이다. 건설산업에 종사하는 근로자 150만 명 중 하도급종사자는 대략 100만 명 정도이며 가족과 함께 연관산업을 포함하면 5~6백만 명은 족히 넘을 것이다. 건설로 먹고사는 5~6백만 명 대다수가 행복한 시대가 와야 한다. 극소수만 행복하고 나머지 대다수가 불행하다면 건설산업은 행복한 산업이 아니다. 건설산업을 육성, 발전시키는 사람들은 이에 종사하는 근로자들이 함께 행복해질 수 있도록 치열한 고민을 해야 한다.

국민의 더 큰 행복을 위하여 대기업의 강력한 경쟁력은 매우 중요한 요소다. 그러나 대기업의 경쟁력은 혼자만의 힘으로 이루어지는 게 아니다. 글로벌시장에서 대기업이 경쟁력을 키우기 위해선 독일이나 일본처럼 대기업과 중소기업이 함께 상생하는 건강하고 창조적인 기업생태계가 구축되어야 한다. 원·하도급자 간 상호보완적 생태관계가 건강하지 못하면 대기업의 발전도 한계에 부딪힐 수밖에 없다. 생산성과 기술력이 탄탄한 하도급자를 키워야 하는 이유가 여기에 있다.

하도급자에게 적정한 기여이윤이 확보된다면 100만 근로자는 더 행복해질 수 있다. 임금체불이 대폭 줄어들고, 산재사고도 줄 것이다. 건설일터가 더 질좋은 일자리로 굳어지면 청년들도 중소기업 입사를 희망하게 된다. 중소기업 업체수가 많아지며 청년실업도 대폭 해소될 수 있다. 수입이 안정되면 소박한 결혼계획도 세우고 미래를 설계할 수 있게 된다. 국가의 고민, 우리 사회의 걱정거리인 질 좋은 일자리, 청년실업과 저출산, 사교육비까지 한꺼번에 해결될 수 있는 방안이다. 이것은 픽션Fiction이 아닌 실현가능한 팩트Fact다.

사물인터넷 등을 바탕으로 한 스마트홈, 스마트시티 등
4차 산업혁명의 정점인 스마트시티화(化)를 향해 질주하는 지금
돌에 부리를 쪼고 발톱을 돌에 쳐서 고통을 감내하며
40년 미래를 준비하는 솔개처럼
원·하도급자 간에 함께 손잡고
살이 에이고 뼈를 깎는 '자기반성과 혁신'을 통해
선진화된 건설산업을 만들어내야 한다.
'세계와 혁신'이라는 핵심키워드로
세계를 향하여 함께 전진!

균형이 깨진 시장경제를 바로잡기 위한 정부의 역할은 절대적이다. 그동안 정부의 노력에 의한 성과가 크지만 아직 우리 시장에 남아 있는 우월적 불법문제는 여전히 산재해 있다. 그동안 하도급산업에 종사하는 사람들은 업종을 불문하고 너나 할 것 없이 불행의 늪에서 허덕이고 있다. GDP가 아무리 높아도 소득 불평등이 심화된다면 행복한 나라라고 할 수 없다. 정부가 이러한 하도급 해결에 우물쭈물할수록 수많은 하도급자와 근로자들이 더 많은 고통 속에 처하게 된다. 정부는 국민의 행복지수를 높이고, 국민 골고루 행복하게 잘 사는 나라를 만들어야 할 책무가 있다. 원도급자 혼자가 아닌 하도급자와 근로자 모두가 함께 웃을 수 있는 행복한 국가를 만들어야 한다. 이제는 나만, 강한 소수만 살기 좋은 나라가 아닌 함께 상생하며 공존하는 행복시대를 열어가야 한다.

　우리나라만으론 너무 좁다. 이 좁은 땅에서 원·하도급자 간에 골목싸움이나 하기엔 세상이 너무 넓다. 더 이상 땅따먹기 식의 제로 섬(Zero Sum: 사회의 시스템이나 이익이 일정하여 한쪽이 득을 보면 다른 한쪽은 반드시 손해를 보는 상태) 싸움은 그만해야 한다. 우월적 불법 행태를 더 이상 세계가 기다려주지도 않을 뿐더러, 우리의 국민 모두가 더 이상 용납하지 않을 것이기 때문이다. 하도급자의 신음소리가 끊이지 않고 건설사고, 담합, 임금체불, 비자금 등 건설업의 불명예스러운 작태가 지금처럼 계속 횡행하며 세상에 회자膾炙되어선 희망이 없다. 건설산업이 국민과 정부, 언론 등 여기저기서 외면당하고 있는 이유가 무엇인지 이제라도 제대로 깨달아야 한다.

　현대 건설역사 60여 년이다. 솔개는 보통 80년을 산다고 한다. 40년쯤 되면, 앞으로 남은 40년을 준비하기 위해 스스로의 고통을 감내하면서 부리를 돌에 쪼고 발톱을 돌에 쳐서 새것으로 갈고 몸부림을 쳐서 깃털도 갈아버린다고 한다. 그 고통이 얼마나 극심하겠는가. 미물인 동물도 더 나은 미래를 위하여 스스로를 고통 속에 내던지고 감내하며 미래를 준비한다. 지금의 건설산업은 아마도 40년쯤 된 솔개와 같지 않나 싶다.

건설인 앞에 놓여 있는 미래는 밝고 희망차다. 준비가 안 된 사람에겐 아무리 좋은 기회가 온다 해도 내 것으로 만들 수가 없다. 이제 건설산업은 더 큰 도약을 위하여 준비해야 한다. 밝은 미래를 우리 모두의 것으로 만들기 위하여 원·하도급자 간에 함께 손잡고 착실하게 미래를 준비해야 한다. 살이 에이고 뼈를 깎는 '자기반성과 혁신'을 통하여 우리는 한 단계 올라선 선진화된 건설산업을 만들어내야 한다. 앞선 더 큰 목표달성을 위해 건설산업은 '세계와 혁신'이라는 핵심키워드를 가지고 세계를 향하여 다시 한 번 크게 기지개를 펴야 한다.

2018년 10월 5일 충북 음성 전문건설공제조합 기술교육원에서 열린 '제26회 건설기능경기대회'에 참가한 여성 기능인들이 그동안 갈고 닦은 기량을 뽐내고 있다.(사진_건설경제)

■ 원도급, 종합건설의 어젠다Agenda는 이제 글로벌Global이다

독일, 싱가포르 등 세계 1, 2위 중소기업 국가의 경영철학, 제도를 벤치마킹,

하도급과 상생의 길 열어라

"우리나라 건설업체들은 외국에 나가면 잘하는데 국내만 들어오면 엉망이다"는 말을 흔히 한다. 외국에선 법도 잘 지키고 우월적 행위도 안 하고 품질도 좋은데 국내에만 들어오면 처음부터 끝까지 불법행위와 우월적 행위 등이 무성하다는 얘기다. 담합, 비자금 조성, 산재사고, 부실시공, 로비에 뇌물, 민원 등 불미스런 일들이 끝없이 이어지고 있다. 특히 하도급자에 대한 원도급자의 행위는 가혹성을 지나 사기, 강압, 협박에 준하는 일들로 난무한다.

기업의 이윤극대화라는 자유권의 발동은 법과 상도덕, 윤리를 벗어나지 않는 범위에서 허락된 권리다. 이러한 범위를 준수하는 것은 의무다. 자유는 그보다 더 막중한 책임과 의무를 전제로 한다. 자유라는 권리아래 의무가 매몰되어서는 안 된다. 그래서 책임을 저버린 자유는 망종이라고 말하는 것이다. 이제 수백 만 하도급 가족들에게 계속해서 그저 "몹쓸 기업으로 남겨져야 할 것인가"라는 물음이 원도급자에게 중요한 화두가 되어야 한다.

원도급자는 비대한 공룡이 되어가는데 하도급자는 도롱뇽 수준에서 더 이상 성장을 멈추었다. 원도급자들이 그렇게 우월적 지위를 만끽하며 지금까지 호식호생好食好生하는 동안 건설산업의 생태계는 퇴행하고 썩을 대로 썩어버렸다. 스스로 살아갈 능력이 없어지면 더 이상 희망도 없어지게 되는 법이다.

자생력이 없는 생태계는 소멸로 갈 뿐이다. 원도급자들이 공사를 주겠다고 해도 하도급자 측에서 제발 이번만은 **빼**달라고 하소연하는 사태까지 왔다면 더 이상 물러설 여지가 없는 막장단계에 와 있다는 뜻이다. 물론 지금은 극히 일부에서 이러한 사태가 빚어지고 있지만, 이러한 추세는 앞으로도 계속 더욱 넓게 확산되어갈 조짐이다.

건설은 기획조사에서부터 마지막 하자이행, 유지보수까지 수많은 단계를 거쳐 이루어진다. 그 중에서 가장 중요한 단계는 역시 시공품을 실현시키는 실제 시공과정이라 할 수 있다. 시공과정의 70~80%는 하도급자에 의해 만들어진다. 그렇다면 건설시공의 대부분을 하도급자가 직접 시공한다는 뜻이고, 하도급자 없는 건설시공은 상상할 수도 없다. 한마디로 하도급자는 건설과정의 중요한 필수축이다. 그런데도 원도급자들은 하도급자를 그저 비용절감의 대상, 언제든 교체할 수 있는 부속품 정도로 취급해왔다. 이제 그러기에는 하도급자들이 하는 일들이 너무 중요하고 많아졌다.

기업에게 적정한 수익이 유지되어야 하는 것은 당연하다. 근래 들어 원도급자들은 공공공사의 수익성이 떨어지니까 정부에게 "수익성이 없어서 안전관리 비용을 투입하기조차 어렵다"고까지 말한다. 물론 수익성이 낮고 적자를 보는 공공공사는 당연히 있다. 그러나 적자가 날 정도의 공사는 극히 일부다. 원도급자들은 최근 수년간 조금만 수익성이 떨어져도 죽는 것처럼 난리를 피워댄다. 건설인들이 정부에 탄원서를 제출하고, 거리로 나와 "공사비를 현실화해달라" "SOC투자를 확대해달라"고 외쳐댄다(전국 건설인 대국민 호소대회 개최 2018. 5. 31). 아무리 외쳐도 메아리조차 없다. 쓸데없이 돈만 낭비하는 일이고, 미움만 더 살 일이다. 국민들은 쳐다보지도 않고 외면한다. 왜 그리 무관심한지 원도급자들은 그 이유를 아직도 잘 모르고 있는 것 같다. 원도급자들은 다음과 같은 점에서 각성이 필요하다.

첫째, 무엇보다 종합건설 스스로 '통렬한 자기반성'과 '행동으로 보여줘야' 한다.

원도급 종합건설은 반성이 없다. 반성은커녕 오히려 모두 남의 탓으로 돌려왔다. 문제가 터지면 형식적인 반성 퍼포먼스나 하고 무심히 지나친 지가 그동안 얼마였던가. 건설산업은 현재 4무無에 빠져 있다. 무반성 → 무책임 → 무행동 → 무희망인 것이다. 돌아선 민심, 국민이 다시 따뜻한 시선으로 바라볼 수 있도록 모든 면에서 확 바뀌어야 하는데 스스로 개과천선하는 모습은커녕 점점 더 막다른 방향으로 가고 있다. 만연된 불공정하도급 행위, 비자금, 담합, 사고, 뇌물, 부실시공 등 끊이지 않는 문제들에 대한 반성과 행동은 전혀 없고 오히려 공공공사가 적자가 난다고 거리에까지 나서 아우성치는 오만함까지 보이니 어찌 어여쁘게 보겠는가. 정부에서 아무런 반응이 없자 "정부가 공사비 부족 현상에 대한 인식이 부족한 것 같다"고 말하는 원도급자도 있다. 세상이 건설업을 어떻게 바라보고 있는지, 뭐가 어떻게 돌아가는지도 전혀 모르고 있다. 수신제가치국평천하修身齊家治國平天下라 했다. 스스로를 먼저 돌아보고 가다듬어야 한다. 자기반성조차 없는 사람을 누가 어여삐 보고 도와주려 하겠는가.

원도급자들은 잠시 조금만 불편해도 그렇게 못 견뎌하면서 어찌 하도급자에겐 60여 년을 그렇게 매몰차게 대해왔는지 묻고 싶다. 적정한 기여이윤을 지급하기는 고사하고, 허구한 날 불법행위와 착취로 하도급자를 적자와 부도로 내몰아왔지 않는가. "내가 하면 로맨스고 네가 하면 불륜"이던가. 원도급자는 단 며칠 동안 조금의 적자가 났다고 해서 죽을 지경처럼 난리이고, 하도급자는 60여 년을 생사의 기로에 내몰려도 당연한 것처럼 여기는 것이다. 이미 원·하도급자 간의 신뢰와 희망이 사라진 지 오래다. 상호 신뢰가 무너지고 서로가 헐뜯고 아웅다웅하며 적대관계를 유지해온 지가 얼마던가.

집안에서는 허구한 날 동생과 쌈박질이나 하고, 밖에 나가서 온갖 불법행위

서울 여의도에서 5월 31일 대한건설단체총연합회 단체들과 소속 건설인들 7000여 명이 모인 가운데 '전국 건설인 대국민호소대회'를 열고 있는 모습. 이 대회에 앞서 정부에 탄원서를 제출하고, 건설인들이 일제히 거리로 나와 "공사비를 현실화해달라" "SOC투자를 확대해달라"고 외치고 있다. (사진출처_건설경제)

와 문제나 계속 일으키는 형을 상상해보라. 그 가정이 행복하겠는가. 도와줄 마음이 생기겠는가. 가족 간에 우애가 있고 함께 행복한 가정과 싸움과 이기심이 난무하는 가정, 이웃들이 볼 때 어느 가정에 따뜻한 눈길이 가겠는가. 행복과 불행의 선택은 오로지 우월적 지위에 있는 강자, 종합건설만이 할 수 있는 권한이며 그 해결할 수 있는 열쇠 또한 쥐고 있다.

원가를 부풀리고 이익을 독식하고, 분식회계를 하면서 이러한 사실을 아무도 눈치채지 못할 거란 어리석은 생각은 이제 버려야 한다. 그것을 누가 모르겠는가. 손바닥으로 하늘을 가리려는 우스운 행동에 불과한 코미디다. 정부도 국민도 하도급자도 다 알고 있고 이제 원도급자의 그 어떤 행동도 믿지 않는다. 그동안 알면서도 눈감고 참고 지나간 세월이 얼마던가. 이제는 원도급자 혼자 불법행위로 독식하고 오만함으로 버티기에는 그 비리가 너무 많고, 너무 오래 지속되었으며 이를 매섭게 지켜보는 눈들도 많아졌다.

2017년 11월 2일 한국개발연구원(KDI)의 조사결과에 따르면, 88.1%가 "한국

경제가 여전히 냄비 속 개구리 같다"●고 발표했다. 또 "한국경제가 냄비 속을 탈출할 시간이 얼마나 남았느냐"는 질문에 대해선 63.3%가 1~3년, 27.1%는 4~5년이라고 응답했고, 5.6%는 "이미 지났다"는 반응을 나타냈다. 이 자료를 보면서 우리나라 건설하도급 산업의 운명이 이와 다를 바 없다는 생각을 지울 수가 없었다. 종합건설업계는 더 이상 눈앞의 달콤함에 취해 따뜻함을 향유하고 즐기고 있을 단계가 아니다. 우리는 냄비 아래에 불이 있다는 것도, 더 이상 늦으면 죽을 수 있다는 것도 알고 있다. 주변에서 어떻게 바라보고 있는지, 그런 시선들이 향후 5~10년 후엔 어떻게 변할지 잘 살펴야 한다. 그리고 행동해야 한다. 비록 바깥세상이 지금의 따뜻함보다 더 못한 거친 상황일지라도 과감한 혁신이 필요하다.

잘못된 것을 인정하고 개선하려는 용기가 필요하다. 정직하지 못한 경영, 불법행위, 독식 관행을 과감히 바꾸어야 한다. 핵심 키워드는 '변화'다. 원도급자는 과감한 '혁신'을 해야 한다. 눈앞에 보이는 작은 이익에 집착하면 혁신과 상생은 불가능하다. 작은 이익과 우월적인 권리에 연연할 거라면 혁신은 아예 포기해야 한다. 사업을 함께 해가는 파트너로 생각을 확 바꿔야 한다. 원도급자들에게 부여된 시간은 그리 많지 않다. 이미 지나가고 있다. 늦기 전에 냄비를 탈출해야 한다.

둘째, '하도급자도 기여한만큼 이윤을 받아야한다'는 인식전환이 필수다.

이것이 자본주의의 기본원리이고 의무이다. 누구든 무엇을 하든 기여한 만큼의 소득이 따라야 한다. 따라서 하도급금액도 적정한 기여이윤이 포함된 적

● 냄비 속 뜨거운 물에 개구리를 넣으면 순간적으로 위기를 느끼고 금방 튀어 나오지만, 개구리를 물에 넣고 아주 서서히 열을 가하면 개구리는 따뜻한 물에 위기를 느끼지 못하고 꾸물거리다가 결국 죽고 만다는 우화.

정한 수준으로 계약되어야 한다. 적정한 하도급금액은 상생의 첫발이 되어야 하고 상생의 핵심키워드가 되어야 한다. 대기업의 수많은 상생방안 중 하도급 금액을 적정수준으로 주겠다고 시원하게 약속한 곳은 한 곳도 없다. 하도급금 액은 최저가로 하여 이윤은 챙기고, 후에 돈이 안 드는 작은 상생 보상책들은 의미가 없다. 간식과 같은 상생부스러기로는 허기진 배를 채울 수가 없는 것이다. 적정한 기여분 보상으로 적정한 이윤이 지속적으로 뒷받침될 때 중소기업의 성장이 가능한 것이다.

원도급자는 동네골목에서 코흘리개 동생들의 과자나 빼앗는 소인배 기업으로 계속 남아 있어서는 곤란하다. 받을 것은 받고, 줄 것은 주는 떳떳한 페어플레이를 할 줄 아는 글로벌 기업이 되어야 한다. 하도급금액의 적정선 회복이 없는 상생은 일찌감치 그만두는 게 낫다. 각자 기여한 만큼 과실을 나누는 변화가 절대적으로 필요하다. 하도급자만 잘 먹고 잘 살게 하자는 얘기가 아니다. 원도급자의 잘못을 지탄하고 매도하자는 뜻도 아니다. 60여 년간 혼자만 독식해온 잘못된 관행을 타파하고 하도급자의 적정한 기여이익을 원래 주인에게 되돌려주어야 한다는 뜻이다.

적정이윤의 나눔을 통해서 원·하도급자가 더 큰 시너지를 만들어 함께 성장하고 더불어 행복한 건설세계를 만들어갈 수 있다. 크게 키운 경쟁력을 바탕으로 5대양 7대주를 향해 바쁜 걸음을 재촉해야 한다. 더 이상 후진국형 건설문화 속에 빠져 작은 이익에 안주하려는 타성에서 탈피하여 맑고 선명한 선진국형 건설문화를 만들어가야 한다. 무엇보다 선진 건설문화의 실현은 원도급자의 독식과 우월적 독재에 있는 게 아니라 원래주인인 하도급자에게 그들의 몫을 되돌려주는 것에서 출발해야 한다.

셋째, '추가·변경 공사는 정산지급' 하고 '불법적인 감액행위를 하지 말아야' 한다.

아무리 하도급금액을 적정수준으로 주었다고 하더라도 시행과정에서 추가금액을 안 주고, 감액행위가 발생하면 하도급금액을 적정선으로 준 의미가 사라진다. 추가·재공사 등에 따른 추가비용 미지급, 설계변경·물가변동에 따른 추가금액 미지급, 산재·민원·대물지급 등의 비용 떠넘기기 등 공사진행 과정에서의 불법적인 감액행위는 이루 헤아릴 수 없다.

상기 두 가지가 이루어지면 불법 불공정 하도급행위의 99%가 해결된다. 길게 얘기할 것이 없다. 업종과 산업을 불문하고 이 두 가지가 해소되지 않은 상생방안은 수박 겉핥기식의 정책에 불과하다. 나머지는 곁가지에 불과하다. 그동안 주로 두 가지 방법으로 하도급자를 착취해왔기에 원도급자로서 가장 떨치기 어려운 유혹들이다.

혼자 독식하면서 무사통과하는 시대는 이미 지나갔다. 건설산업의 덩치만 믿고 밀어붙이거나, 어쩔 것이냐 할 테면 해보라는 객기나, 건설산업이 아니면 국가경제가 어떻게 돌아가는지 보자는 식의 만용이 통하던 시대도 이미 지나갔다. 다른 산업이 그만큼 성장했고 선택지가 다양해졌기 때문이다. 원도급자들은 시대의 흐름을 분명히 읽어야 한다. 국민과 정부, 언론 모두가 건설업을 외면하고 있는 것을 원도급자들이 계속해서 모른 척하고 간다면 건설산업은 망조로 갈 수밖에 없다. 건설산업이 이대로 가다간 아무도 거들떠보지 않는 망망대해의 외로운 돛단배 신세가 될 것이다. 이제라도 신뢰와 희망이 있는 듬직한 과거의 건설산업으로 돌아가야 한다. 주변을 두루 살필 줄 아는 혜안을 가져야 한다.

넷째, 종합건설의 어젠다Agenda는 '세계시장' 이 되어야 한다.

원도급자에게 지금 가장 중요한 어젠다Agenda는 무엇보다 '세계시장' 이 되어야 한다. 세계시장만이 우리의 건설산업이 살 길이다. 점유율이 1% 미만으로 떨어진 해외시장에 종합건설업계는 총력으로 매진해야 한다. SOC 예산이 감소된 것에 연연하고, 영세한 하도급자들이 먹고사는 하도급 업종이나 넘보는 좁은 소견에서 종합건설사들은 과감히 탈피해야 한다. 해외건설의 적자를 국내 하도급업체의 고혈을 짜서 메워가는 비열함도 버려야 한다. 독일이나 싱가포르와 같은 세계 1, 2위 국가를 벤치마킹하고, 외국 건설기업의 모범을 본받아 좋은 관습, 좋은 경영철학, 좋은 제도라고 판단되면 과감히 이를 채택하는 대인의 자세가 필요하다. 원도급자들은 훨씬 더 크고 광대한 이윤이 창출되는 세계시장을 위하여 현재의 '넛 크래커Nut Cracker* 상황도 타파해야 한다. 이를 타파하기 위하여 강력한 경쟁력을 만들어줄 파트너인 하도급자와 함께 어떤 어울림으로 어떻게 상생하여 만들어갈지 크게 고민해야 한다.

훌륭한 제도를 도입하려고 시도하면서 눈앞의 이익이나 반대를 위한 이유에 빠져 한 번도 제대로 성과를 이루어내지 못한 것이 과거의 어리석음이었다. 종합건설사들은 큰 길을 찾아 떠나야 한다. 더 이상 작은 미로에서 헤매고 있을 시간이 없다. 대인의 자세로 먼 장래를 내다보는 결단이 필요하다. 본연의 모습으로 돌아가 세상을 아름답게 만들고 국민을 행복하게 만들고 더불어 행복한 일터를 만들어가는 대인이 되어야 한다. 건설업계의 장자방 역할을 더 이상 포기해선 안 된다.

• 호두처럼 껍질이 딱딱한 것을 깨는 집게를 말함. 우리나라의 건설산업이 설계나 엔지니어링 같은 기술분야에서는 선진업체들에 뒤지고 단순시공 분야는 중국 등 개도국에 뒤지고 있는 현상을 비유한 말

■ 하도급자, 선제방어가 최선이다
불공정 행위에 맞서 하도급업체 간 공동방어하는 '미투' 운동의 확산이 절실

하도급을 주로 하는 전문건설업체는 연간 약 111조 원 내외의 공사●를 수행한다. 이 중에서 32%인 약 35조 원을 원도급으로, 약 68%인 약 76조 원을 하도급으로 계약하여 시공하고 있다. 원도급으로 계약한 공사는 일부를 다시 하도급하게 된다. 이 과정에서 불법 불공정행위가 발생한다. 그러니까 전문건설업체가 발주자로부터 계약한 공사는 원도급자가 되고, 원도급자로부터 하도급받은 공사는 하도급자가 된다. 수주방법에 따라 두 가지 역할을 다하게 된다.

2008년에 폐지된 '시공참여자제도' ●●가 아직도 건설현장에서 많이 활용되고 있다. 시공참여자인 일명 '반장' ●●● 이 건설근로자들의 일당에서 일정금액을 일명 '똥 떼기'로 중간착취한다고 해서 폐지했다. '똥 떼기' 하는 방법은, 근로자들의 통장을 업체관리자가 관리하면서 일부분을 떼고 지급하는 방식, 줬다가 다시 현찰로 돌려받는 방식, 반장이 받아서 자기 몫을 일부 떼고 지급하는 방식 등이 있다. 그외 현장에서는 근로계약서 미작성, 이중작성, 반복갱신,

● 전문건설업 총 29개 업종 중 24개 업종의 통계
●● 시공참여자 제도는 원도급 또는 하도급 받은 전문건설사업자와 건설업 면허가 없는 개인, 개인사업자, 건설기계 사업자 등의 시공참여자와 하도급 관계를 허용하는 것. 2008년 1월 1일 폐지됨.
●●● 건설현장에서 일정 공사부분을 맡아서 근로자 여러 명을 관리·시공하는 중간관리자. 팀장, 작업반장, 십장, 실행소장, 오야지라고도 한다.

임금체불, 근로기간을 단기로 쪼개기, 포괄임금 근로계약 남용 등 하도급자의 부당 노동행위들이 많다. 원도급을 받은 공사나, 하도급을 받은 공사나 부당한 노동행위는 마찬가지로 발생한다. 이러한 하도급자의 불법행위들은 적발되어 언론에 보도되기도 하고 정부로부터 처벌을 받기도 한다.

이러한 불법행위들은 그동안 하도급자가 원도급자로부터 받아온 불법 불공정행위와 대부분 유사하다. 그러니까 원도급업체로부터 받아온 설움을 그대로 하도급업체와 근로자들에게 불법행위를 자행하고 있는 것이다. 과거 군내무반에서 선임병으로부터 받은 얼차려 관행을 그대로 후임병에게 답습하는 것과 다를 바 없다. 나쁜 관습을 그대로 전수한다는 것은 후진국형 유형이다. 윗물이 맑아야 아랫물도 맑아진다. 윗물이 흙탕물인데 아랫물이 맑아질 리가 없다. 물론 하도급공사의 경우 하도급자 선에서 흙탕물을 정수하여 내보내면 맑은 물이 될 수도 있다. 하도급자가 정수능력을 키우려면 추가로 돈이 들고 시간이 필요하다. 그래서 하도급공사는 정수가 쉽지 않은 상태다.

첫째, 원도급 받은 공사의 불공정한 하도급행위를 하지 말아야 한다.

원도급 받은 공사는 발주자로부터 직접 받은 공사대금을 마음대로 할 수 있기에 마음만 고쳐먹으면 불법행위의 많은 부분을 스스로 개선할 수 있다. 원도급 받은 공사의 불법행위는 핑계 댈 이유도 없고 책임을 다른 사람에게 전가시킬 수도 없다. 꼼짝없이 원도급 받은 전문건설업체의 몫이 된다. 따라서 연간 약 35조 원 규모에서 발생하는 전문건설업체들의 불법 불공정 하도급행위는 스스로가 책임지고 개선하려고 마음만 먹으면 얼마든지 가능하다는 얘기다. 내 뜻대로 조절할 수 없는 종합건설사의 불법행위는 어쩔 수 없다 하더라도, 하도급자 스스로 할 수 있는 일은 먼저 개선해야 한다.

그동안 하도급자로서 받은 설움이 뼈에 사무친다면, 원도급자 입장에서 더 이상 불공정 부도덕한 행위를 하지 말아야 한다. 내가 하는 불법행위는 개선하지 않고, 내가 받은 불법행위만 탓한다면 설득력이 없다. 그런 이유에서 원도급 공사에서 전문건설은 하도급자와 근로자를 적법하고 정당하게 사용해야 하고, 전국적으로 운동을 벌여서라도 준법운동을 적극적으로 확산시켜 나가야 한다. 깃대를 꽂고 선두주자로 나서야 뭔가가 개선될 수 있다. 가만히 있어선 결코 아무것도 이루어질 수 없다. 스스로 할 수 있는 원도급 받은 35조 원의 시장을 정의로운 시장으로 먼저 만든다면 종합건설도 당연히 따라올 수밖에 없다.

둘째, 원도급자의 불공정행위에 동조하지 말아야 하고, 신의성실로 시공해야 한다.

원도급자의 불법 불공정 하도급행위는 원도급자 혼자 하는 일이 아니다. 상대인 하도급자가 응해야 가능하다. 그렇기 때문에 하도급자 또한 그 죄에서 완전히 자유로울 수는 없다. 어쩔 수 없다는 상황을 인정하더라도 불법행위에 동조하고 그와 함께 작은 이윤이라도 공유하며 먹고 살아왔다는 사실을 부인할 수는 없다. 때로는 원도급자의 불법행위를 악의적으로 역이용하는 사례도 많았다. 부실공사와 임금체불, 산재, 부도덕한 경영주 등 무엇인들 하도급자의 책임에서 자유로울 수 있겠는가. 불법행위에 대한 최소한의 방어노력이 부족한 상태에서 그 모든 책임을 오로지 원도급자에게 돌려서는 곤란하다. 원도급자 탓으로 돌리기엔 하도급자 스스로의 문제도 많기 때문이다.

예컨대 고의로 갑자기 공사를 중단하고 아무런 말도 없이 가버린 경우도 있고 장비대금, 노임, 식대, 숙소대 등의 비용을 지급하지 않고 도주한 경우도 있다. 또한 돈 되는 공사만 하고 도주하는 업체, 불법인 일괄하도급으로 받은 후 이를 빌미로 원도급을 협박하는 경우 등 부도덕한 하도급자 행태도 많다. 이런 업체들은 일벌백계로 처벌하고 퇴출시켜야 건설업계가 깨끗해지고 건전하게 발전할 수 있다. 이러한 불법행위를 저지르는 하도급업체는 사실 전체 중 1～2%의 한계기업들이다. 부도선상에 와 있는 회사 또는 회사를 언제 정리할지 모르는 마지막 단계에 와 있는 업체들이 이에 해당한다. 계속기업(Going Concern)으로서 정상적인 사고를 갖고 있는 회사라면 하도급자로서 그렇게 막가파식으로 행동할 수 있는 업체는 단 1개도 있을 수 없기 때문이다.

이러한 일부 한계기업들의 문제는 어느 산업 어느 업종이나 존재하는 문제이고 시장을 혼탁하게 만드는 장본인이기도 하다. 대다수의 문제는 아니고 극히 일부 한계기업들에 국한된 문제이므로 크게 우려할 만한 일은 아니다. 원도급자가 원가이하 초저가로 하도급자를 선택하다보면 성실하지 못하고 막가는 페이퍼 컴퍼니 같은 하도급업체를 선정하게 되는 경우가 많은데, 여기에 근본적 원인도 내재되어 있다. 반면 원도급 종합건설의 불공정 행위는 반대로 대다수가 불법행위를 저지르고 있다는 점에서 이와는 차원이 다른 문제가 된다.

하도급공사 연간 약 76조 원(발주 전 약 122조 원 규모●)의 불공정문제는 오로지 원도급자의 결단에 달려 있는 문제다. 시장실패 하에서 우월적인 원도급자와는 달리 약자인 하도급자가 불공정행위를 개선한다는 것은 근본적으로 불가능한 얘기다. 하도급자가 개선노력을 시도하는 것만으로도 많은 손해와 위험을 감수해야 하기 때문이다. 따라서 하도급자 입장에서 원도급자의 불공정 관행개선은 지켜보기만 할 뿐 뾰족한 해결방안도 없다. 그래서 그렇게 속수무책 당하고 지내온 것이다.

원도급자 종합건설에게 60여 년이란 기나긴 세월 동안 개과천선의 시간이 주어졌으나 그들의 불법적 불공정 하도급행위는 여전하다. 이대로 원도급자

● 연간 하도급 계약금액 76조 원은 전문건설업 24개 업종의 통계. 평균 약 60% 내외의 금액으로 하도급을 주었다고 추정하면, 원도급자가 발주자로부터 수주한 내역금액은 대략 122조 원 정도로 추산됨. 이런 의미에서 건설 하도급시장은 원래 122조 원 규모로 보는 것이 타당함.

의 횡포가 계속된다면 하도급자들은 어떻게 해야 할 것인가. 앞으로 10년, 20년 후도 지금처럼 숨도 제대로 못 쉬면서 적자선상에서 허덕이며 계속 갈 것인가, 하도급자는 이제 심각하게 판단해야 할 시점에 와 있다. 정상적인 사고를 한다면 당연히 '노No'라고 답해야 하고 이미 많은 하도급자들이 '노'라고 하기 시작했다. 그러나 이렇게 '노'라고 고집한 하도급공사는 여전히 '예스Yes'라고 한 다른 하도급자가 공사를 수주받은 가운데 고통 속에서 어렵게 일을 하고 있다. 이런 과도기적 현상이 당분간 반복된다 하더라도 끝까지 가야 한다. 중도 포기하면 그동안 '노'라고 거부한 선구자적인 하도급업체들만 손해를 보게 되고 불법문제는 영원히 개선될 수 없기 때문이다.

여성들의 미투Me Too 운동을 보고 있노라면 그 용기와 결단에 놀라지 않을 수 없다. 본인의 얼굴이 매스컴을 통해 널리 알려짐에도 불구하고 자신의 성적 치부를 적나라하게 드러낸다는 것은 진정한 용기 없이는 불가능한 것이다. 여성에게 성적 수치심은 공개적으로 드러내기 어려운 자존심과도 같은 문제인데 그들은 용감하게 행동했다. 무엇 때문이겠는가. 일차적으로 성적 모욕감을 준 상대에 대한 복수심도 작용했겠지만, 무엇보다 다시는 이런 일이 되풀이되어선 안 된다는, 또 다른 피해자가 속출하지 않길 바라는 간절한 마음에서 비롯되었을 것이다. 얼마나 대견한 일인가. 그런데 건설업계는 어떠한가. 60년 간 계속되어온 원도급자의 불법 불공정 행위에 맞서, 그 핍박에서 벗어나기 위한 하도급자의 '미투' 운동은 언제쯤 확산될 것인가.

물론 하도급자를 위한 법적 보호·구제 장치는 매우 잘 마련되어 있고 계속하여 보완 중에 있다. 하도급법, 건설산업기본법, 지방계약법 등에서 원도급자의 우월적 행위를 예방·처벌하는 규정들은 혼탁한 시장을 정화하는 데 많은 기여를 해왔다. 그러나 그 효과는 일정수준에 머물러 더 이상 진전되지 못하고 있다. 그 이유 중 중요한 한 가지는 하도급자의 적극적인 방어노력과 고발이 없어서다. 하도급자가 말을 하지 않으면 불법행위가 있었는지조차도 모르는 것이 현실이다. 정부의 처벌로 개선하는 데도 한계가 있다. 침묵하고 있으면 정부의 노력도 효과가 없다. 불법행위를 거부하고, 고발하고, 건설현장의 준법과 진실을 알리는 데 하도급자들이 꼼짝을 하지 않기 때문이다. 이렇게 입을 다물고 있는 이유는 모두가 충분히 알고 있다. 그렇다고 이를 핑계로 계속 이대로 갈 수만은 없지 않은가.

하도급업계도 미투 운동과 같은 바람이 불어야 한다. 한두 사람만 나선다면 그들만 손해보고 말겠지만 여러 사람이 힘을 합쳐 나서기 시작한다면 문제가 쉽게 해결될 수도 있다. 하도급자들은 지역별로 업종별로 똘똘 뭉쳐 공동으로 대응해나가야 한다. KDI(한국개발연구원)의 보고서(2013. 3. 12)에 따르면, 하도급자들이 부당행위에 대응하는 방법으로 '특수한 기술, 특화된 시공방법 등을 보유한 기업 간 대등한 분업집단을 조성하는 방안'을 제시했다. 담합이 아닌 원도급의 불법행위를 공동방어하는 것이다.

잘못된 것을 고치려는 것은 당연한 요구이고 시대의 흐름이다. 계속 혼자만 알고 숨기고 가면 아무도 모르고 혼자만 당한다. 하도급자만 잘 살아보자는 얘기도 아니고, 원도급자의 몫을 빼앗아오자는 것 또한 아니다. 정당한 하도급자의 몫을 찾아오자는 얘기다. 내 몫을 되돌려달라는 요구인데 누가 뭐라고 할 것인가. 더 이상 방관하여서는 안 된다. '법 위에 잠자는 자'가 아닌 '권리를 찾아 노력하는 자'가 되어야 한다. 자신의 문제이므로 스스로 나서야 한다. 하도급자는 스스로 책임을 져야 할 때가 왔다. 하도급자의 침묵은 이제 끝났다.

■ 시장실패에 대한 국가의 책무

'사적 침해' 등을 핑계로 불법을 저지르고도 책임회피 하는 원도급자,
정부의 단호한 처벌이 급선무

국가의 책무는 실로 크고 많다. 선진국으로 판단하는 기준은 다양하겠지만, 일반적으로 선진국이라면 국가의 책무 중 많은 부분을 책임 있게 이행하는 나라다. 후진국일수록 국가의 책무이행 수준이 떨어지는 것이 일반적이다. 무엇보다 돈이 많이 들어가고 시간이 많이 소요되기 때문이다. 물론 큰돈을 들이지 않고도 이행할 수 있는 책무도 있다. 의지와 신념으로 가능한 정책들은 마음만 먹으면 실천 가능한 분야로서 의외로 손쉽고 빠르게 큰 효과를 거둘 수도 있다.

대한민국 헌법 제10조에서 "모든 국민은 인간으로서의 존엄과 가치를 가지며, 행복을 추구할 권리를 가진다. 국가는 개인이 가지는 불가침의 기본적 인권을 확인하고 이를 보장할 의무를 진다"고 정하고 있다. 남녀노소, 잘난 사람, 못난 사람, 대기업, 중소기업 등 국민이라면 누구나 행복권이 있고 국가는 이를 보장해주어야 한다. 개인이든 대기업이든 각자의 존엄과 가치가 있으며 행복권도 있다. 어떤 불법행위를 저질렀다고 하여 이것저것 몽땅 싸잡아 매도해서도 안 된다. 잘못한 문제는 책임지게 하고 처벌하면 그뿐이다. 이를 확대하여 상대를 옥죄고 인민재판을 하듯 처단한다면 그것 또한 헌법 제10조에 위배되는 행위다. 모두가 각자의 역할이 있고 저마다 존중받아야 할 인격체이기 때문

이다.

당연히 존중받아야 할 존재인데 이것이 상실되었을 때 문제가 발생한다. 시장에서의 존중이란 각자의 기능과 역할이 아무런 제한없이 자연스럽게 순환되도록 놔두는 것이다. 어떠한 제한없이 자유경쟁을 통하여 수요와 공급의 거래가 원활히 이루어질 때 이를 두고 완전한 경쟁시장이라고 한다. 반대로 어떤 제한 등으로 자유경쟁이 이루어지지 못하는 시장을 '시장실패'라고 한다. 실패한 시장은 강자의 우월적 힘이나 독·과점 등에 의해서 이루어지는 경우가 대부분이다. 수요와 공급이 물 흐르듯 자정작용이 안 되면 시장경제에 고장이 나서 가격형성이 왜곡된다. 결국 거래과정에서 부가가치를 창출하는 중간생산자와 최종 소비자가 피해를 떠안게 된다.

독점·과점의 시장은 스스로 정화되기가 어렵다. 그러므로 이러한 시장실패의 흐름이 정상화되도록 정부가 중간에서 그 역할을 조정해야 하는 것이다. 따라서 정부는 헌법 제119조 제2항에 따라 시장의 지배와 경제력의 남용을 방지하고, 원·하도급자 등 경제주체 간의 조화를 통한 경제의 민주화가 정착되도록 본연의 책무를 다해야 하는 것이다. 경제력 남용이나 경제주체 간의 부조화가 불법적인 요소에 기인한다면 그것은 경제문제 이전에 개인적, 사회적으로 더 큰 문제를 야기하기 때문이다.

대기업과 중소기업 간 경영성과의 과실격차가 지금처럼 계속된다면 중소기업의 미래에 행복은 없다. 경영성과의 격차는 당연히 임금격차를 가져온다. 청년은 임금이 적고 희망이 없는 중소기업을 기피하게 되고 중소기업은 인력난을 겪는다. 청년실업은 양산될 수밖에 없고 직장이 없으면 결혼을 기피하거나 출산도 꺼리게 된다. 대기업 입사를 위해 좋은 대학에 가려고 사교육에 집중투자도 한다. 이렇듯이 중소기업의 문제는 우리사회의 걱정거리인 청년실업, 인력난, 저출산, 사교육 문제와도 직결되는 것이라 할 수 있다. KDI(한국개발연구원)도 2013년 3월 12일 발표한 〈제조업부문 중소기업의 일자리창출 제고와 기업 간 분업관계의 개선〉 보고서에서, "중소기업 일자리가 대기업의 단가인하 압박 탓에 질이 떨어졌다"고 지적했다.

독일의 경우 강력한 중소기업(Mittelstand) 370만 개가 국가경제를 떠받치고 있으며, 중소기업의 생태계가 대단히 건강한 나라다. 국가경제에서 중소기업의 역할이 얼마나 중요한지는 독일, 일본 등 세계 여러나라에서 충분히 확인할 수 있다. 교육과학기술부와 한국직업능력개발원이 발간한 〈미래의 직업세계(직업편) 2011〉에 따르면 2008~2018년까지 10년간 일자리가 가장 많이 증가할 산업평가에서 전문직별 공사업(사업시설관리, 조경서비스업 등 대부분이 중소기업인 하도급업종)이 빠르게 일자리 성장이 예상되는 산업 20위로 꼽힌 바 있다. 이렇듯이 중소기업의 수익성과 경영상태가 안정적으로 자리 잡힌다면 청년실업이나 저출산, 사교육 등 우리사회의 어려운 문제가 일거에 해소될 수도 있다.

우리나라 경제발전 시기에는 어쩔 수 없는 상황이었다 하더라도, 현재 국민소득 3만 불 수준에서 원도급자의 불법적인 우월적 하도급행위는 더 이상 미룰 문제가 아니다. 소수집단의 불법 우월행위가 대다수의 국민을 불행하게 만드는 원인을 정부가 더 이상 우유부단하게 대충 용납하고 지나간다면 그것은 직무유기이고 공범이 된다. 대다수의 하도급거래에서 불법행위가 난무하는 현 상황으로는 국민소득 4만 불 시대를 여는 국가를 기대하기 어렵다. 우리 정부는 국민소득 4만 불, 5만 불의 행복한 나라로 가기 위한 미래를 준비해야 한다.

원도급자들은 "정부가 기업의 사적私的 영역에 간섭하여 불공정 하도급에 대하여 처벌을 강화하게 되면 기업활동이 위축되어 경제에 악영향을 준다"고 반대한다. 한마디로 웃기는 얘기다. 독식 폭리에 대해 간섭하지 말고 그냥 놔두라는 얘기다. 죄를 지은 자는 그런 말을 할 자격과 명분도 없다. 하도급법뿐만

이 아니라 민법, 형법 등 어떠한 법이든 위반하면 불법인 것이다. 불법을 저지른 자는 스스로 자숙하고 송구해해야 함에도 불구하고, 거꾸로 '기업활동 위축' 등의 핑계를 대면서 책임회피에 급급해하고 있다. 한마디로 죄의식조차 없는 것이다. 어떠한 영향이 온다고 해도 불법행위에 대한 처벌은 우선되어야 하고 그 대상이 누구인가 또한 불문이어야 한다. 또 더 큰 경제발전을 위한 한 두 걸음의 후퇴는 얼마든지 감수해야 밝은 미래가 보장된다.

지난 날 수없이 말로만 해왔던 상생, 양극화 해소, 동반성장, 글로벌화 등을 부르짖어 보았자 그 결과는 헛수고다. 불공정행위 근절을 위한 종래의 국가정책 패턴으로는 어림도 없다. 정부의 하도급정책에 새로운 변화, 새로운 혁신이 절대적으로 필요하다. 기업만이 혁신이 요구되는 것이 아니다. 기업을 선도하려면 무엇보다 정부가 먼저 혁신적 사고와 과단한 선제적 결행을 해야 한다. 이를 위해 실제로 상생이 될 수 있는 핵심방안이 무엇인지 올바로 파악하고, 실제로 효과를 볼 수 있는 정책을 제대로 펴야 한다. 무엇보다 지도자의 강력한 의지는 절대적이다. 공무원의 끈질긴 노력도 요청된다. 얼마만큼 지속적으로 강력하게 집행을 하느냐는 더욱 중요하다. 많이 늦었지만 지금이라도 시작하면 늦지 않는다. 이제는 중소 기업인들도 함께 행복해져야 한다. 정부와 우리 국민에게 좋은 기회가 항상 오는 것은 아니다. 서둘러야 한다.

■ 정부의 엄중한 역할을 기대한다

우리나라의 불법 불공정 하도급행위는 세계 1위권, 원도급자 손아귀에서
하도급자를 벗어나게 하라

대략 15년 전쯤 독일을 방문하였을 때 얘기다. 정부기관, 기술훈련원 등 독일의
건설산업과 관련된 기관들을 두루 둘러보았다. 일정 중 독일의 건설 하도급회
사 대표와 만날 수 있는 기회가 되어 그에게 질문했다. "불공정한 하도급행위를
당하면 어떻게 대응합니까?" 그의 답변은 "불공정한 하도급행위라는 게 뭡니
까? 불공정행위가 무슨 뜻이죠?" 하며 오히려 되묻는다. 갑자기 말문이 막혔다.

얘기인 즉, 하도급과정에서 불공정행위는 거의 없으며, 대부분 공정하게 거
래가 이루어진다는 얘기고, 혹시 발생된다면 우리나라의 민법과 같은 법에 소
송하면 엄청난 배상을 해줘야 하고, 사기·강압강박 등의 혐의까지 있으면 추
가하여 형법상 엄하게 처벌을 받는다고 한다. 한 번 걸리면 처벌이 워낙 강해서
위법하는 경우도 드물다는 것이다. 더 이상 물어볼 말이 없어서 얘기를 대충 끝
내버렸다. 그 하도급사대표의 말이 백퍼센트 다 맞지 않는 부분이 있을 수도 있
다. 그러나 독일의 하도급 환경만큼은 정확하게 확인할 수 있었다.

우리나라의 불법 불공정 하도급행위는 단연 세계 1위권에 있다. 최악의 수준
이다. 하도급환경이 우리나라보다 더 나쁜 나라가 있다는 말은 들어본 적이 없
다. 세계적으로 하도급법이 별도로 마련된 국가도 많지 않을 뿐더러 우리나라

의 하도급법만큼 광범위하고 구체적으로 규정하고 있는 나라도 없다. 법이란 그 사회의 수요에 따라 제정된다. 만연되고 있는 불공정 하도급실태가 하도급법을 요구했던 것이다. 우리는 이러한 중소기업 환경 하에서 그저 운명이려니 여기고 받아들이며 수십 년을 살아왔다. 그러기에 독일과 같은 중소기업들이 나올 수가 없었고, 청년들이 중소기업을 외면하고, 근로자의 행복감도 낮을 수밖에 없었던 것이다. 중소기업 스스로 성장할 수 없는 최악의 환경이 오늘의 초라한 중소기업 실태를 만들어왔다.

정부는 그동안 중소기업을 자생력 있고 튼튼한 기업으로 육성하려고 부단한 노력을 기울여왔다. 많은 예산도 투입했고 이런저런 법적·제도적 장치를 마련하기도 했다. 그 결과는 그렇게 좋은 평가를 받지 못하고 있다. 대기업과 중소기업 간의 부익부 빈익빈 현상이 갈수록 커지고 있고, 임금의 양극화, 중소기업의 인재난 등이 그것을 입증해주고 있다. 이것저것 다 해보아도 해결되지 않는다. 특별한 해결방안도 없이 모두가 답답해하고만 있다. 어떻게 해야 할 것인가.

국가적 난제인 중소기업의 육성문제는 의외로 간단한 곳에서 찾아볼 수도 있다. 왜 육성이 되지 못하는 것일까. 돈이 없어서다. 수익성이 없어 중소기업이 성장을 못하는 것이다. 기업은 돈으로 육성되는 것이다. 그러니까 거꾸로 적정한 수익이 확보되면 성장할 수 있다는 얘기다. 전체 중소기업 340만 개사 중 하도급으로 먹고사는 업체는 대략 70% 정도인 240만 개 사社이다. 나머지 100만 개 사는 스스로 수익을 창출해가는 개인 업종들이다. 그러니 하도급을 하는 240만 개 정도만이라도 수익이 적정선으로 유지된다면 대다수의 중소기업이 안정적으로 성장할 수 있게 되는 것이다. 결론적으로, 70% 기업의 하도급금액이 적정선으로 유지만 된다면 모두가 해결될 수 있는 문제다. 물론 초저가 하도급문제는 그렇게 쉽게 해결될 문제는 아니지만 불법 불공정 하도급행위를 근절한다면 어렵지 않게 해소될 수도 있다.

공정거래위원회가 1984년에 하도급법을 만들어 불공정 하도급행위를 근절하기 위하여 그동안 수많은 노력을 해왔다. 그러나 아직도 불공정행위는 전국 도처에 만연하고 있어 적정한 하도급대금을 받기란 쉽지가 않다. 지난 34년 여간 당근책도 써보고, 스스로 개선하도록 기회도 주어보고, 처벌도 조금씩 강화해보았으나 결국 해결되지 못하고 있다. 해답은 간단하고 이미 나와 있다. 처벌이 약해서이다. 불법의 이익이 준법의 이익보다 수십, 수백 배 많은 상태에서는 법을 지킬 이유가 없다. 고발되어 처벌을 받아보았자 벌점 몇 점 올라가고, 벌금 몇 백만 원 정도면 끝이다. 이러함에 누군들 불법의 길로 가지 않겠는가. 더구나 고발되는 건수는 기껏해야 전체 중 1%도 채 안 된다. 적발될 확률이 1%도 안 되는 위험감수는 얼마든지 좋다. 이러니 누군들 법을 올바로 지킬 마음이 생기겠는가. 그러기에 불법행위들이 사라질 수 없는 구조가 되는 것이다. 그렇다면 정부는 어떻게 해야 할 것인가.

원도급의 불법 불공정 행위에 대해 강력한 조치를 취하여 하도급자를 원도급자의 손아귀에서 벗어나도록 도와주어야 한다. 구체적으로 다음에서 짚어보겠다.

첫째, 불법행위에 대한 처벌은 매우 강력하게 강화되어야 한다.

한 번 걸리면 회사의 운영 자체까지 위협받을 정도로 강력하게 강화해야 한다. 예를 들어, 크든 작든 모든 불공정행위에 '징벌적 보상제도' 와 '과징금 부과제도' 를 도입하고, 가장 약한 처벌은 손해금액의 3배, 가장 강한 처벌은 10배 정도로 차등하여 강화시키는 것이다. 이 정도는 되어야 60년 된 한국의 불공정관행을 뿌리째 뽑아낼 수 있다. 잘못하면 회사의 운명을 걸어야 하기 때문에 무서워서도 못하게 된다. 싱가포르의 경우, 무단횡단은 1,000달러 벌금

(우리나라 3만 원의 33배) 또는 3개월 징역, 재범하면 2,000달러 벌금(우리나라의 66배)에 6개월 징역이다. 그 결과 지금의 싱가포르 도로질서가 어떻게 변하였는가. 강력한 처벌을 도입하면 머지않아 중소기업의 생태계가 건강해지고 중소기업의 수익성도 나아질 수 있다. 자연스럽게 예산을 들이지 않고도 여러 가지 효과를 볼 수 있다.

공정위에 접수·처리된 불공정행위는 2013~2015년 간 3년 평균 1,733건이다. 이 중 고발, 과징금, 시정명령으로 처벌받은 건은 불과 5~10%에 불과하다. 60%는 자진시정 또는 조정, 30~35%는 무혐의 등으로 종결처리되었다. 처벌이 약하기에 고발된들 요리저리 빠져나갈 수 있고, 준법의지 또한 없는 것이다. 그러므로 현재의 처벌수준으로 불공정행위를 근절한다는 것은 원도급자 입장에서 보면 우스운 얘기다. 반면, 정부의 불법행위 근절의지가 그 이상 없다는 얘기가 된다.

필리핀 두테르테 대통령은 다바오 시장시절 '무범죄 도시'로 만들기 위해 바가지요금 택시를 즉시 퇴출시키고, 부패공무원을 곧바로 처벌하는 등 강력한 정책을 추진하여 범죄율이 대폭 감소되었다고 한다. 대통령선거 중 "난 중간이 없는 사람이다. 너희 마약사범이 죽거나 내가 죽거나 둘 중의 하나다."라고 약속을 했고, 취임 후 그대로 시행하여 수천 년간 마약천국인 필리핀을 청정국가로 변모시켜가고 있다. 싱가포르의 경우 '부패척결이 곧 국가발전'이라는 지도자의 확고한 신념을 바탕으로 총리 직속 '부패행위조사국'을 만들어 독립적인 조사권을 주고 민간부문까지 강력하게 조사·처벌하여 결국 세계 최고의 투명국가, 국가경쟁력 2위의 나라가 되지 않았는가.

KDI(한국개발연구원)가 발표(2012년 12월 3일)한〈하도급거래의 공정성 제고를 위한 제도개선과제〉에서 "하도급거래의 공정성을 제고하는 방안으로 '원도급자의 불공정거래행위에 대한 처벌규정을 강화'하고 협동조합이 조합원의 납품단가 조정과정에서 적극적인 역할을 수행할 수 있도록 제도적 기반을 마련하는 방안"을 제안하고 있다. 처벌규정을 강화하는 방안으로는 '징벌적 손해배상제도의 확대'와 '적발된 원사업자에 대한 정부조달 참여기회 제한' 등을 제시했다. 동 연구원은 또한 2013년 3월 12일 발표한 〈제조업부문 중소기업의 일자리 창출제고와 기업 간 분업관계의 개선〉 보고서에서 "중소기업 일자리의 질을 높이려면 대기업의 '단가 후려치기'와 같은 부당 하도급거래를 근절시키도록 정부의 감시기능을 강화해야 한다"고 했다.

전체기업 중 중소기업이 99%이고, 총 근로자 중 88%가 중소기업에 종사한다. 중소기업의 근로자가 행복해지면 우리 국민 중 대다수가 행복해지는 것이다. 특히 건설업은 대표적인 내수산업이자 중소·중견기업들로 구성된 서민중심 업종이기에 더욱 그렇다. 원도급자들은 "처벌만이 능사가 아니다" "처벌이 강하면 기업활동이 위축된다" "강한 처벌을 받으면 국가경제에도 문제가 될 수 있다" "해외시장에서도 좋지 않다" 등 불법행위를 해놓고도 항상 이런저런 이유를 대어왔다. 불법행위에 대한 미안함이나 사죄하는 마음보다는 어떻게 하면 빠져나갈 수 있는가 궁리하는 뻔뻔함의 연속이었다. 처벌이 억울하다면 불법행위를 하지 않으면 되지 않겠는가. 그러기엔 막대한 이윤포기가 아깝다는 얘기다. 불법행위에는 이유가 필요 없다. 정부가 수십 년 동안 왜 이리 우물쭈물하는지 도대체 알 수가 없다. 우리는 이미 정답을 알고 있으면서도 못하고 있다. 정답은 항상 용케도 피해간다. 그러니 온 나라가 불법행위로 만신창이가 되고 중소기업들이 요모양 요꼴이지 않은가.

국민들이 행복해지려면 여러 가지 방법이 있을 것이다. 마음만으로도 행복해질 수 있다고도 한다. 또한 "돈이면 90% 이상이 해결된다"고도 말한다. 자식을 키우고 교육을 시키는 일상적인 생활인에게 무엇보다 앞서는 것은 역시 돈이다. 보통 국민들의 일터인 중소기업들이 정상적인 이윤을 확보할 수 있도록 건강한 생태계를 만들어가는 일은 많은 국민을 행복하게 만드는 일이다. 원도급자만의 독식은 더 이상 안 된다. 강력한 처벌만이 유일한 답이다.

둘째, 하도급자를 원도급자의 손아귀에서 벗어나게 해야 한다.

원도급자의 손에만 넘어가면 하도급과정은 온통 불법과 착취로 범벅이 되어간다. 국가적 암덩어리인 임금체불, 산재사고, 비자금조성, 부실시공 등의 모든 원인을 제공한다. 하도급공사를 원도급자의 호주머니에서 꺼내 탈출시켜야 해결이 가능하다. 다른 방법은 없다. 다 해보았다. 원도급자 손에 맡겨도 보았지만 백년하청이다. 건설공사든 제조업, 광고업, 유통 등 어느 산업이든 마찬가지다. 이러한 모든 문제를 하도급에서 한방에 날려버리는 방안이 바로 하도급공사를 떼어서 분리 발주하는 것이다.

원도급자의 일은 원도급자에게, 하도급자의 일은 하도급자에게 발주자가 직접 발주하여 계약을 체결하고 공사대금을 직접주면 사회적 모든 암덩어리가 한방에 해결되는 것이다. 원도급자가 중간에서 취하는 중간이익도 사라져 실제공사비에 투입되므로 부실공사 근절에도 좋고, 공사대금을 받고도 하도급대금을 제때에 주지 않아 발생하는 임금체불도 대폭 사라지게 된다. 안전관리에 투입할 자금여유가 생겨 산재사고 발생도 대폭 감소될 수 있다.

KDI(한국개발연구원)가 발표(2016년 4월 18일)한 〈건설공사 참여자 간 불공정 거래 관행 개선방안 보고〉에 따르면, 불공정행위를 유발하는 데 끼치는 영향력 1위(70.8점)가 '부족한 공사비'이고 2위가 수직적 건설생산체계, 3위가 '설계비 변동 등 공사비 증액의 제약'이었다. 하도급자의 공사비 부족문제가 불공정 행위유발에 절대적으로 영향을 준다고 지적했다.

동 연구원이 발표(2013년 3월 12일)한 〈제조업부문 중소기업의 일자리 창출 제고와 기업 간 분업관계의 개선〉 보고서에서 "하위계층의 하도급자도 상위계층 원도급자와 (선택) 거래할 수 있도록 분업구조를 개방적(상호 선택할 수 있는 양방향)으로 바꿔야 한다"고 정부에 제언했다. 한마디로 '분리발주를 권고' 한 것이다. 독일, 미국 등 서구국가의 대부분이 중소 건설업체를 위한 배려로서 분리·분할 발주방식을 활용하고 있고, 가까운 일본도 분리발주 방식을 운영하고 있다.•

일본 및 서구국가의 지역 · 중소기업 보호관련 제도

구분	한국	일본	서구국가
유형	–	○ 간접지원 – 분리·분할발주 – 관공수법	○ 간접지원 – 분리·분할 발주 – 프로젝트별 지역·중소건설업 활용도 심사평가

자료) 건설교통부, 공동도급계약제도 개선에 관한 연구, 국토연구원, 2003. 11. 108쪽

근데 이렇게 훌륭한 제도를 반대하는 사람이 딱 한 사람 있다. 바로 원도급자다. 분리발주를 할 경우 그동안 자신들이 향유해왔던 그 많은 중간 착취이익이 순간적으로 사라지기 때문이다. 원도급자들이 반대로 내세우는 가장 큰 이유는 전체적인 조정관리가 잘 안 되어 공사의 품질과 진행 등에 문제가 발생할 수 있다는 것이다. 원도급자들의 반대 우려는 이미 시범운영 등을 통하여 별문제가 없음이 입증되었다. 원도급자들이 반대하는 이유들이 일부 일리가 있다고 백 번 양보를 한다고 하더라도, 원도급자가 착취함에 따라 발생하는 중소기업 문제, 국가적·사회적 손실 등이 비교할 수 없을 만큼 훨씬 더 크기 때문에 설득력이 없다.

행정자치부가 분리발주 형태인 '주계약자 공동도급제도' 를 '1년 간 시범실시' 하고 그 추진결과를 발표(2010년 1월 12일)했다. 요약하면, ① 인건비, 장비임

• 건설교통부, 공동도급계약제도 개선에 관한 연구, 국토연구원, 2003. 11. 107쪽

2017년 새정부 출범과 함께 중소기업과 국민들의 기대가 커진 가운데 정부의 엄중한 역할을 기대한다. 사진은 공정거래위원회 전경

대료 등의 체불사례, 어음지급 사례가 사라짐 ② 불공정 하도급행위가 줄고, 하도급자 선정과정의 부정, 비리 등이 해소됨 ③ 원도급자의 중간이익이 사라짐으로써 공사품질 향상, 생산성 향상, 부실시공이 방지됨 ④ 전문건설업자의 시공능력까지 평가하여 선정함으로써 시공품질 향상을 도모함 ⑤ 하도급자가 원도급자로 지위가 변경되어 영세업체 보호에 기여함 등이다.

이렇게 정답이 코앞에 있음에도 정부는 원도급자들이 반대한다고, 일부의 문제가 있다고 이 제도를 도입하지도 못하고 있다. 이윤을 빼앗기지 않으려는 속셈을 감추고 이유 같지 않은 이유를 들어 반대하는 것을 그냥 받아주고 있는 것이다.

부당한 강자의 길은 항상 이렇게 당당해왔다. 우리가 툭하면 선진국의 좋은 점을 배우자고 하는 것도 말뿐이다. 국책 연구기관이 아무리 정답을 제안한들 무슨 소용이 있단 말인가. 항상 지적은 지적으로 끝나고 가는 길은 따로 있는데 말이다. 정답이 눈앞에 있어도 실행을 못하고 있다. 그렇기 때문에 우리 중소기업들은 앞으로도 계속 이 험하고 거친 길을 가야 할지도 모른다. 이것이 우리 국민의 숙명이려니 하고 말이다.

■ 하도급대금 지급기한 단축이 시급

하도급대금은 현행 60일을 깨고 '수령 후 5일, 미수령 시 30일'로 단축하라

하도급법에서 원도급자가 발주자로부터 공사대금을 수령하였을 때에는 수령 후 15일 이내에, 받지 못한 경우에는 60일 이내에 지급하도록 규정하고 있다. 이것은 건설공사가 도급산업이라는 점을 감안한 제도다. 원도급자는 발주자로부터 공사대금을 받아서 하도급대금을 주고, 받지 못하면 늦어도 60일까지는 줘도 된다는 순차적 단계를 고려한 시간여유인 것이다. 하도급법은 1984년 12월에 만들어졌다. 34년 여간 세상의 모든 환경들이 급변하면서 건설환경 역시 크게 변모했다.

정부 및 공공기관들이 공사대금을 지급하는 방식도 과거의 권위주의적 관행에서 벗어나 요즘엔 기업중심의 형태로 크게 변모했다. 임금체불 방지와 건설업체의 원활한 자금운영 등을 위하여 공사기성 요청접수 후 7일 이내에 지급하던 것을 3일 내에 단축지급을 한다든지, 하도급공사대금을 직접 은행계좌로 송금한다든지, 선급금 지급규모도 기업이 희망하는 대로 지급하거나, 지급시기도 기업의 편의에 맞춰 유연하게 시행되고 있다. 따라서 공사대금 지급기한도 변화된 환경에 맞추어 현실화시켜야 한다.

세계적으로 우리나라보다 하도급대금 지급기한이 더 긴 나라도 극히 일부가 있다. 이러한 나라를 살피는 것은 별 의미가 없기에 발전적 측면에서 지급기한

이 짧은 선진국의 예를 들어보겠다. 미국의 경우는 주정부에 따라 하도급자가 대금을 청구한 후 발주자가 원도급자에게 대금을 지급한 경우에는 10~30일 이내, 지급하지 않은 경우엔 7~30일 이내로 운영되고 있다. 미국 연방정부와 주정부를 전체적으로 보면 발주자가 지급하지 않은 경우 평균 지급기한은 35 ~45일이다. 영국은 발주자로부터 수령 후 7일 이내, 미수령 시 30일 이내, 호주 는 미수령 시 10일 이내, 뉴질랜드는 미수령 시 20일 이내로 운영되고 있다. 독 일은 하도급대금 지급요청이 오면 즉시 지급해야 한다. 하도급계약서에 가령 '납품 후 1개월, 2개월 후에 지급한다'* 라는 조항이 있다면 모두 무효가 된다.

(표2) 외국의 하도급대금 지급기한 사례

국가별		발주자가 지급한 경우	발주자가 미지급한 경우
미국	애리조나 주	–	7일 이내
	캔서스 주	30일 이내	7일 이내
	네바다 주	10일 이내	30일 이내
영 국		7일 이내	30일 이내
호 주		–	10일 이내
뉴질랜드		–	20일 이내
독일 주**		–	요청 시 즉시지급

대부분 발주자가 지급한 경우에는 7~10일 이내, 미지급한 경우에는 7~30 일 이내로 지급하고 있다. 발주자가 지급한 경우에는 우리나라보다 평균 5~ 8일이 빠르고, 미지급한 경우에는 30~53일이 빠르다. 독일의 경우에는 하도 급자가 신청하면 즉시 지급하도록 하고, 1일이라도 늦게 지급하는 것을 허용

- 김관보, 선진국의 위·수탁 계약에 관한 연구, 공정거래위원회, 2015. 12. 21
- 김관보, 선진국의 위·수탁 계약에 관한 연구, 공정거래위원회, 2015. 12. 21

하지 않는다. 독일은 하도급대금 지급현실만 살펴보더라도 역시 단연 세계 제 1위 중소기업제도 국가로서 손색이 없으며 중소기업 육성모델 1등국가라 할 수 있다.

하도급대금을 최대 53일이나 빠르게 받는다는 것은 영세한 하도급 업체들에게는 엄청난 혜택이다. 아마도 53일 사이에 지급해야 할 임금, 임대료, 자재비, 4대보험 등을 위하여 자금을 조달하던 외부차입금, 어음할인료 등의 금융비용 절감액 한 가지만 보더라도 하도급업체에게는 대단히 큰 도움이 아닐 수 없다.

최운열 국회의원이 '하도급대금 지급기일을 단축' 하는 의원입법을 발의(2016년 12월 9일)했다. 발주자 지급 후 현행 15일을 7일로 8일 단축하고, 발주자 지급 전 60일을 45일 이내로 15일 단축하는 내용이었으나 미심의로 폐기되었다. 공정거래위원회가 발표(2015년 12월 21일)한 연구용역 〈선진국의 위·수탁 계약에 관한 연구〉 중 하도급대금 지급기한은 '발주자 지급 후 현행 15일을 7일 이내로, 지급 전 60일을 45일 이내로 기간을 단축' 하는 의견을 냈다. 이처럼 '지급기한 단축' 이 본격적으로 논의되고 있다는 것은 때늦은 감은 있지만 매우 다행한 일이다.

대한전문건설협회가 발표(2017년 12월)한 〈전문건설업 실태조사 분석보고서〉에 따르면, 임금 등을 지급하기 위한 자금조달 부분의 애로사항이 20.6%로 두 번째 큰 애로사항이었다. 자금사정이 악화되는 요인으로 공사대금 지급지연 등 원도급자의 원인이 23.0%로 공사수주 부진에 이어 두 번째다. 영세한 하도급자들은 평상시 현금 2~3천만 원 정도의 여유자금을 가지고 있는 기업도 거의 없다. 공사를 계속 수주하여 어음을 받든 늦게 받든 고정운영비 등 자금을 순환시켜야 한다. 그렇지 않으면 회사의 존립 자체가 어려워지므로 적자가 발생될 것이 뻔히 보여도 어쩔 수 없이 계약하게 되는 악순환이 거듭되는 것이다.

국회 정무위원회 최운열 의원은 하도급 대금 지급기한을 사안별로 60일에서 45 일로, 15일에서 7일로 각각 단축하는 것으로 골자로 한 '하도급거래 공정화에 관한 법률 일부개정법률안'을 2016년 11월 15 일 대표 발의했다.

하도급자들이 지난 34년 여간 60일 이라는 공사대금 지급시한으로 인하여 경영상 많은 어려움을 겪어왔다. 공공기관 등 발주자들의 공사대금 지급 기한도 짧아졌고 선진국들의 하도급 대금 지급기한도 우리나라보다 매우 짧게 운영하고 있다. 이제 우리나라도 늦었지만 서둘러 단축 변경해야 한다.

하도급대금은 적어도 '수령 후 5일 과 미수령 시 30일' 정도로 단축되어야 한다. 현행 60일 규정은 과거 은행업 무 시간에 은행으로 가야만 송금이 가능했던 시절의 규정이다. 현재 송금방식은 모두 온라인화되어 인터넷으로 24시간 입출금이 가능하다. 발주자로부터 공사대금을 수령한 후 군이 7일까지 갈 필요가 없어졌다. 발주자로부터 공사대금을 수령하지 못한 경우에도 45일까지 갈 이유가 무엇인가. 본질적으로 하도급대금은 원도급자가 발주자로부터 공사대금을 받는 문제와는 별개의 의무다. 따라서 공사가 납품되면 적어도 30일 이내에는 지급이 되어야 한다. 원도급자가 시간이 많이 걸리는 업무가 있다면 미리 작성, 검토해놓으면 될 것이다. 선진국은 7일, 10일, 20일 이내에 지급하는 나라도 많다.

또한 뉴욕 주처럼, 하도급계약 체결 시에 원도급자는 공사대금 지급일정에 대해 의무적으로 공개하고 하도급자에게 알리도록 의무화해야 한다. 만일 이를 알리지 않은 경우 설령 상위업자로부터 공사대금을 받지 못했다 하더라도 공사대금은 당초 계획된 날에 지급하여야 한다.* 그렇게 되면 하도급자는 공사 시작부터 끝날 때까지의 자금운용 계획을 철저하게 세울 수 있을 것이고 그에 따라 임금체불, 임대료 미지급 등과 같은 사회문제도 대폭 감소될 수 있을 것이다.

　지급기한 단축문제는 근본적으로 원칙에 얼마나 접근할 것인가, 하도급자를 얼마나 배려할 것인가의 문제다. 원도급자의 경쟁력을 더 크게 만들어주고 함께 공생하는 협력업체라는 기본적인 상생의 마음만 있다면 지급일자 며칠 줄이는 일쯤은 아무것도 아닐 것이다. 나만의 독식이 아닌 함께 나누려는 긍정적인 마음만 있다면 쉬운 문제다.

* 김관보, 선진국의 위·수탁 계약에 관한 연구, 공정거래위원회, 2015. 12. 21

어음폐지에 대한 나의 제언!
왜, 어음제도는 반드시 폐지되어야 하는가?
부도처리 위기에 놓인 약 50% 정도의 업체가 문 닫지 않아도 된다
근로자들이 해고되지 않고 다니던 직장에서 최소한 소득을 올리면서
가족해체만은 면할 수 있다
그렇다고 어음폐지 대안으로
하도급자를 은행채무자로 전락시키는 '상환청구권'은 금물!
원도급자가 금융회사에서 돈을 빌려서라도
반드시 하도급에게 돈을 지급케 하는
'원도급자의 책임제도'를 만들어야 한다
정부가 적극 어음제도 폐지에 나서
대기업, 중기업, 소상공인 모두가 상생하는
결제시스템이 끝까지 잘 마련되길 바란다!

■ 중소기업과 소상공인에게 치명적인 '어음제도 폐지'

부도가 나면 연간 수십만 명이 길거리로 내몰리며, 노숙자가 증가하고,
가족해체 위기에 처한다

어음은 12세기경 이탈리아 및 지중해 연안의 피렌체, 베네치아 등 상업과 무역이 활발하던 도시국가에서 발생했다. 우리나라는 조선조 태종 때(1401년)부터 시작되었다고 전해진다. 서구의 경우 은행이 설립되면서 어음제도가 20세기 이전에 완전히 사라져버렸지만 우리나라와 일본에서는 여전히 운영되고 있다. 현재 어음제도를 활용하는 나라는 거의 우리나라밖에 없다.

어음은 기업이 은행과 당좌거래를 약정하고 상거래 등을 위해 발행하는 약속어음이나 당좌수표 등의 지급을 은행에 위탁하는 제도이다. 수표와 어음에 명시된 지급일자에 현금으로 지급하지 못하면 부도처리가 된다. 어음제도는 기업들이 납품대금 지급과 자금융통 등으로 많이 활용되며 2015년 기업 간 대금결제는 현금 65.2%, 어음 21.8%, 현금성 결제 13.0%로 어음결제가 여전히 큰 비중을 차지하고 있다.[●]

어음은 거시경제 측면에서 통화량을 2~3% 늘려주고 이로 인해 자금흐름이 원활하게 되고 이자율 하락효과와 국가 경제규모를 증가시키며 1% 이상

● 윤병섭 교수, 어음제도 시급히 폐지돼야 한다, 서울벤처대학원대학교, 2016. 8. 29

의 경제성장까지 가져오는 효과도 있다. 반면 은행의 지급거절로 인한 부도, 연쇄부도 위험성, 어음결제 기간의 장기화 등으로 대부분 중소기업과 소상공인에게 매우 치명적인 환경을 만들어주는 요인이 되어왔다. 어음을 발행한 대기업이 도산하면 하도급자가 아무리 좋은 경영성과를 창출하고 있더라도 일시적 자금곤경으로 유동성 위기를 겪거나 흑자도산 위험에 노출된다. 어음 만기일이 장기일수록 중소기업은 운영자금 고갈로 유동성 곤경에 처할 수 있다. 금융비용 부담에 따른 채산성 악화로 재무 건전성을 해치는 잠재적 불안 요인도 되고 있다.

2012년 12월 말경 지방의 M토공사 하도급업체가 부도났다. 연평균 600억 원 정도의 매출을 올리고 있고 재무구조가 탄탄한 회사로 소문이 난 업체였기에 지방경제계에서 큰 이슈가 되었다. 자금을 예비용까지 준비했지만 갑작스런 변동으로 유동성이 막혀 어음대금 3억 원 정도를 결제하지 못하여 부도 처리된 것이다. 회사의 부채보다 자산이 많은 건실한 회사의 흑자부도였다. 많은 사람이 안타까워했지만 이미 되돌릴 수 없는 상황이었다. 이로 인하여 대표는 하루아침에 부도업체 사장이 되어 일감이 떨어지고 금융기관 대출뿐만 아니라 일반 사금융마저도 외면하자 하루아침에 거지가 된 것 같다고 얘기했다. 지금은 별도 법인을 설립하여 과거와 같이 성실하게 일한 결과, 재기에 성공하여 연간 500억 원 정도의 매출을 올리는 회사로 거듭났다. 재기하기까지 지나온 과정은 매순간 순간 정말로 눈물겨운 시간들이었다고 회고했다. 어음발행으로 인해 발생된 일이었다.

상기 회사처럼 부도 이후에 재기에 성공한 회사는 극소수다. 부도로 인하여 다시 복귀하지 못하고 영원히 퇴출된 회사가 대부분이다. 자산보다 부채가 훨씬 많거나 장래성이 없는 등 한계기업 상태에 있는 기업들은 건강한 기업생태계를 위하여 퇴출되는 것이 맞다. 그러나 이익을 내고 있는 기업들, 재무건전성이 좋은 기업들, 발전가능성이 많은 기업들이 순간적인 유동성 문제로 흑자부도가 되어 갑자기 회사 문을 닫게 되는 안타까운 경우가 많다.

부도의 형태는 경영자의 경영능력 부족이나 무리한 투자, 거래처의 부실 등그 원인이 다양하다. 그 중에서 운영자금의 일시적 부족으로 인한 부도가 평균50%를 상회한다. 이 경우 어느 정도 시간이 지나면 자금유입으로 해결될 가능성도 얼마든지 있다. 어음을 발행하지 않았더라면 약속한 날에 돈을 지급하지않는 이유로 회사가 문닫는 일은 없다. 다소 지연지급될 뿐이고 신용상 약간의흠집이 난다는 결점이 있을 뿐이다. 회사가 단번에 폐업하는 사태는 발생하지않는다. 일시적인 유동성 문제는 그 고비만 넘기면 얼마든지 회사가 크게 성장할 수도 있는 것이다.

혈당측정기로 유명업체인 인포피아는 제어계측공학을 전공한 배병우 회장이 1996년 창업했다. 서울 양재동 지하사무실에서 어렵게 시작할 무렵IMF 경제위기를 맞으면서 부도직전까지 몰렸다. 고리사채를 쓰고 납품업체사장들로부터 매일 쓴소리를 듣고 직원들 봉급이 1년 정도까지 밀리면서도부도가 나지 않은 것은 어음을 발행하지 않았기 때문이었다. 어려운 고비를넘긴 이 회사는 이후 성장하여 생산제품의 92%를 미국 유럽 남미 등 100여개 국가에 수출하고 연간 매출액 600억 원의 기업으로 성장했다.

훌륭한 아이템을 가지고 있는 유망기업이 단지 어음금액을 막지 못했다고해서 폐업이 된다는 것은 개인과 산업, 국가경제면에서도 큰 손실이고 바람직하지 않다. 단지 일시적인 유동성 문제로 많은 기업들이 엄청난 고통을 받아야한다는 것은 어느 면으로 보나 타당성을 인정받기가 어렵다. 경제에서 자금의흐름은 흐르다가 막히는 경우도 있다. 자금흐름이 막힐 때는 해결방안을 찾아운영해가는 것이 경제다. 자금흐름에 있어서 기회를 주지 않는 어음제도는 그래서 부당한 제도다.

따라서 어음제도는 특히 중소기업과 소상공인들을 위해서 신속히 폐지되어야 한다. 1997년 IMF(국제통화기금)는 우리나라에 금융을 지원하면서 '어음 중심의 결제제도를 시정' 하도록 권고한 바도 있다. 중소기업중앙회가 2016년 8월 어음거래를 하는 중소기업 500곳을 대상으로 〈어음제도 폐지에 대한 중소기업 의견조사〉를 실시한 결과, 70%가 폐지를 찬성했다. 공정위에 접수된 19년 간 사건 중 47.4%가 어음을 주면서 할인료를 지급하지 않은 사건이다. 어음기간 동안의 금융부담을 모두 하도급자에게 떠넘긴 것이다.

(표3) 하도급법 위반유형 및 시정실적

(단위 : 건)

연도	대금미지급	대금지연지급	어음할인료미지급	서면미교부	부당감액	선급금미지급	수령거부	지연이자미지급	기타	계
2016 구성(%)	153 14.8	13	299 28.9	28 2.7	14	9	5	292 28.2	222	1,035
2015 구성(%)	371 27.3	10	266 19.6	214 15.8	20	5	23	200 14.7	249	1,358
2013 구성(%)	552 50.9	4	64 5.9	237 21.8	16	7	18	43 4.0	144	1,085
2012 구성(%)	438 39.8	3	122 11.1	257 23.4	12	19	9	66 6.0	174	1,100
19년 (98–16) 구성(%)	4,779 19.6	137 0.6	11,559 47.4	1,086 4.5	254 1.0	464 1.9	144 0.6	3,573 14.6	2,396 9.8	24,392 100

※ 자료 : 공정거래위원회, 통계연보, 2016년도

　　한국은행에 따르면 어음수표 이용률이 2010년 43.0%에서 2014년 27.1%로 현저히 감소했다. 그런데도 어음부도율(전자결제분 포함)은 2010년부터 2014년까지 0.02%를 그대로 유지하고 있다. 이용률이 감소하는데 부도율이 변함이 없다면 부도율이 증가되었다는 의미다. 부도율이 증가될수록 길거리로 내몰리는 근로자들이 많아진다. 그 중엔 노숙자가 되는 사람도 있고 가족은 해체 위기를 맞이한다. 언제까지 그 인고의 세월을 견뎌내야 할지 기약할 수도 없다. 수천, 수만 가구 수십만 명이 고통 속에 살아야 하는 것이다. 이런 안타까운 모습들은 우리 주변에서 얼마든지 볼 수 있는 현상들이다.

어음제도가 폐지된다면, 운영자금의 일시적 부족으로 부도처리 위기에 놓인 대략 50% 정도의 업체가 문을 닫지 않고 영업을 계속할 수 있을 것이며, 해당 근로자들은 직장을 유지하고 최소한의 소득을 올리면서 가족해체만은 면할 수 있을 것이다. 그간의 경험과 노하우를 활용하여 산업과 국가경제에도 오히려 더 큰 시너지가 될 수도 있다. 경쟁력이 없는 한계기업들은 영업부진에 따른 손실증대 등으로 스스로 폐업의 길로 갈 수밖에 없어 그리 걱정할 일은 아니다.

어음제도 폐지로 발생될 수 있는 거시경제 측면에서의 통화량 감소문제, 자금흐름 경색문제, 이자율상승 우려문제, 경제성장률 저하문제 등은 시간을 가지고 단계적으로 폐지를 한다든지 등 충격을 완화하는 방안을 강구한다면 크게 문제될 일이 아니다. 설령 일부 문제가 된다고 하더라도 폐지함에 따른 이득이 손실보다 훨씬 크기 때문에 명분이 더 크다.

어음제도 폐지로 인하여 납품대금 지급 등 결제수단에서 발생될 수 있는 애로사항은 별도의 합리적인 상품을 구성하면 된다. 기존에 운영되고 있는 어음 대체 수단처럼 하도급자에게 대출형식으로 공사대금을 지급하는 결제상품은 최악으로 금물이다. 하도급자 입장에서 공사대금을 받아야 할 채권이 공사대금을 받으면서 동 금액만큼 은행채무자로 전락하는 상환청구권● 같은 우스운 제도의 적용은 다시는 답습하지 말아야 한다. 상환청구권 때문에 하도급자가 연쇄부도가 나서 채권자가 부도를 맞는 웃지 못하는 촌극도 발생하기 때문이다.

● 상환청구권은 어음할인이나 매출채권 등의 위험을 줄이기 위하여 원도급자의 부도나 파산 시 하도급자에게 대출금에 대한 책임을 지우는 제도

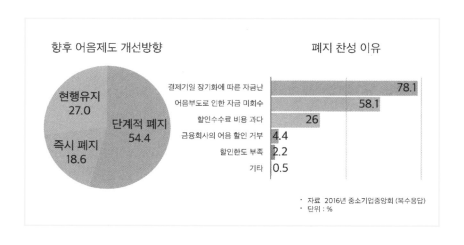

향후 어음제도 개선방향

현행유지
27.0

단계적 폐지
54.4

즉시 폐지
18.6

폐지 찬성 이유

결제기일 장기화에 따른 자금난	78.1
어음부도로 인한 자금 미회수	58.1
할인수수료 비용 과다	26
금융회사의 어음 할인 거부	4.4
할인한도 부족	2.2
기타	0.5

• 자료 2016년 중소기업중앙회 (복수응답)
• 단위 : %

원도급자가 금융회사에서 직접 대금을 빌려 하도급대금을 지급하고 후에 원도급자가 갚는 등 원도급자의 책임제도로 만들어져야 할 것이다. 예컨대 물건을 산 사람이 책임지고 물건 값을 지급하는 식의 가장 보편적인 상식을 적용하자는 것이다.

현재 정부가 '어음제도 폐지'를 적극 추진하고 있어 다행이다. 경제제도는 누구를 위한 것이 아니다. 기업과 산업, 경제가 물 흐르듯 흐르도록 만들어주어야 한다. 어느 한쪽에 몰리게 해서도 안 되며, 제도를 개선할 때는 올바른 방식에 의해 만들어야 한다. 어정쩡하게 만들어 이것도 저것도 아닌 적이 한두 번이 아니었다. 그에 따른 개인과 산업, 국가의 손해와 희생이 보통 큰 것이 아니었다. 개선안을 만들 때는 담당 공무원의 영혼도 살아 있어야 한다.

모처럼의 시도인 만큼 대기업, 중기업, 소상공인 모두가 만족하고 서로가 원-윈Win-Win할 수 있는 결제시스템이 끝까지 잘 마련되길 바란다. 그동안 금융권과 대기업이 주도해 약자에게 불리하게 만들어진 폐쇄적 금융결제시스템에서 하루빨리 벗어나 원칙이 준수되고, 돈 받을 사람의 권리가 보장되는 사방이 뻥 뚫린 시원한 제도로 하루 빨리 만들어지길 기대한다.

■ 건설산업의 혁신, 분업효율의 극대화가 최고의 경쟁력이다
직접시공 확대, 원도급자의 이윤만 극대화! 불법·불공정 행위에 대한 근절대책 없다

국토교통부는 국토연구원의 용역을 통하여 '건설산업 혁신방안'을 발표(2018. 9. 5)했다. 그런데 아무리 내용을 뜯어보아도 중·장기적 종합적인 혁신방안으로서 정책적 의지가 너무 빈약하다. 제시된 방안들은 건설산업의 일부 귀퉁이를 조금 나아지게 할 뿐 근원적인 문제점을 근절하기 위한 방안으로는 어림도 없다. 무엇에 그리 쫓기는지 충분히 고민한 흔적을 발견하기 어렵다. 그 문제점에 대해 네 가지로 지적해보겠다. 첫째, 무엇보다 가장 중요한 불법·불공정 하도급 근절방안이 전혀 반영되지 않았다. 둘째, 직접시공 확대는 건설산업기본법의 원칙에 위배, 불법적 위장하도급만 조장한다. 셋째, 종합과 전문을 함께 경쟁시키는 것은 불평등·불공정 방안이다. 넷째, 혁신위원회 등 추진주체는 공평·공정하게 구성되어야 한다. 이 네 가지 문제점에 대해 좀더 구체적으로 설명해보면 다음과 같다.

● 불법·불공정 하도급 근절방안이 전혀 반영되지 않았다

'건설산업 혁신방안'은 다음과 같은 사항을 기준으로 불공정행위를 근절하겠다고 제안했다.

　① 하도급 필수정보 공개

　② 저가하도급기준 상향

③ 간접비포함여부 심사

④ 하도급대금지급보증 면제범위 축소

어림도 없는 방안들이다. 하도급현장의 불법실태를 몰라도 너무 모른다. 이를 알고 있다면 철저히 무시하고 넘어간 것이다. 아니면 강자 원도급자의 편에 유리한 안을 만들었거나. 하도급현장의 불법문제가 얼마나 만연되어 있고 얼마나 많은 사회문제를 야기하고 있는지 전혀 감각도 의지도 없다고 생각할 수밖에 없다.

건설하도급시장은 약 120조 원● 이상이다. 결코 작은 시장이 아니다. 120조 원의 하도급시장에서 음성적으로 이루어지는 착취와 감액, 미지급 등 불공정 하도급행위로 인하여 150만 하도급 종사자들은 부도와 적자, 임금체불증가, 산재증가, 저소득 등 수많은 고통에 시달려왔다. 이 책 본문에 처음부터 끝까지 건설현장에서 발생되고 있는 불법행위들에 관한 내용으로 꽉 채워도 지면이 부족할 지경이다. 또 하도급시장은 99%가 중소 영세업체들이기에 국민의 산업이고 서민의 직장들이다. 국가경제가 중소기업의 뒷받침으로 성장한다는 것은 더 강조할 필요도 없다. 중소기업이 육성되지 못하여 발생하는 우리 사회의 폐해는 너무도 많다. 우선 종사자들이 저소득층으로 떨어지고, 중소기업이 성장하지 못하고, 더 큰 생산성·경쟁력을 만들어내지 못하고, 수입이 적어 국내소비가 줄어들고, 미래보장이 안 되어 기피업종이 되고, 청년실업자를 유인할 수 없고, 양질의 고정수입이 없어 결혼이 미뤄지고, 자녀 낳을 계획도 세우지 못하고, 결과적으로 국가경제가 저성장 늪에 빠지는 등 수많은 문제가 쳇바퀴 돌듯 반복되어왔다.

발표된 개혁안은, 지난 60여 년간 하도급시장에서 고질적으로 만연되어온 불법·불공정 하도급행위를 개선하려는 의지가 전혀 보이질 않는다. 하도급법

• 전문 24개 업종의 하도급규모, 약 60%로 하도급한다고 가정한 원도급가액 추정치

이 만들어진 이후 지난 30여 년처럼 솜방망이 처벌로는 어림도 없다. 불법·불공정 행위의 근절 없이는 하도급자들의 성장은 불가능하다. 이제는 하도급자도 좀 더 행복해져야 한다. 이를 위해, 혁신방안은 전적으로 종합건설업계의 철저한 자기반성에서부터 시작되어야 한다. 불법·불공정 행위의 당사자가 자기반성과 양보도 없이 도출되는 혁신방안은 지난 세월의 독선과 불합리, 불법을 그대로 숨긴 채 그냥 가자는 얘기와 같다. 말로만, 글로만 반성할 뿐 그동안 단한 번도 진실된 반성과 실행이 없었다. 실천을 하지 않고 돌아서면 그대로고 언제 그랬냐는 듯 과거와 같은 행동을 되풀이하기에 혁신과 선진화가 될 수 없었던 것이다. 건설업계를 이렇게 만신창이로 만들어놓은 불법·불공정 문제를 발본하려는 노력 없이 이번에도 건성으로 지나간다면, 이번 혁신프로세스 역시 그저 한 번 스쳐지나가는 의식에 불과할 뿐이다.

정말로 중요한 해답은 이미 다 나와 있고 모두가 알고 있다. 그럼에도 혁신안에는 전혀 반영되지 않고 있다. 종합건설사의 불법행위로 전국 건설현장에서 신음하고 있는 하도급현장의 고질적 문제들을 묻어두고 마련한 개선책들은 끝내 성공을 거둘 수 없다. 뿌리 깊은 불법적 착취행위에 대한 반성과 실질적인 조치가 있어야 한다. 철저한 자기반성이 있을 때만이 발전적인 해답이 나올 수 있다. 그렇게 나온 해답이 바로 혁신방안의 주요 골격이 되어야 한다. 앞으로 논의과정에서 반드시 보완되길 기대한다. 불법행위를 근절하기 위한 확실한 방안은 이미 앞부분에서 충분히 서술했지만, 다음 두 가지로 요약해본다.

첫째, 불법·불공정 행위에 대한 처벌을 보다 강화하고 철저히 시행해야 한다.
현재의 불합리한 현실을 과감히 탈피하여 불법이익에 대한 처벌을 강화해야 한다. 지난 30여 년간 기회도 주어보았고 할 것 다해 보았지만, 더 이상 양보하고 지체할 시간이 없다.

둘째, 하도급공사를 원도급자 손아귀에서 벗어나게 해야 한다. 원도급 대기업의 손에만 들어가면 이윤극대화를 위한 불법행위로 뒤범벅되기 때문이다. 부실시공, 산재사고 증가, 임금체불 증가 등 사회문제의 근본적 원인도 제공하고 있다. 발주자가 원도급공사와 하도급공사를 분리하여 발주하는 것이 최선의 방안이다. 이것은 밥그릇 문제가 아닌 고질적인 수많은 사회문제를 해결하는 유일한 대안인 것이다.

● 직접시공 확대는 불법적 위장하도급만 조장, 건산법의 원칙에도 위배된다

직접시공 의무제도는 실제로 공사 시공능력이 없는 '서류상 회사(Paper company)'인 종합건설업자를 퇴출하기 위하여 2004년 12월에 도입된 제도다. 근데 현재는 본래의 취지는 오간 데 없고 불법이 난무하는 제도로 변모한 가운데 원도급자들의 이윤증대를 위한 방패막이로 변질되었다. 국토교통부에 따르면 "'외주화로 인한 효율' 보다 '위험·손실의 외주화'를 경계하는 측면에서 직접시공제도를 확대해야 한다"고 했다. 우선 현재 직접시공제도가 현장에서 어떻게 운영되고 있고 어떤 문제가 있는지를 제대로 알고 있는지 묻고 싶다. 현재까지 직접시공제도를 확대 시행해왔지만, 변칙적으로 잘못 운영되고 있는 것은 감사원의 감사결과나 현장실태조사 결과 등으로 수없이 입증되고 있다.

일부가 아닌 대부분의 종합건설업체가 이윤을 극대화하고, 직접시공 실적을 채우기 위해서 반장에게 하도급을 주고 직원인 것처럼 위장하거나, 전문건설업체에게 하도급계약서 없이 시공하여 달라는 등 불법적으로 운영되고 있다. 제도가 명분 따로, 현장 따로 겉돌고 형식적으로 운영되고 있다. 위장직영은 정상적으로 하도급하는 것보다 이윤을 더 많이 낼 수 있다는 것도 모두가 다알고 있는 사실이다. 이러한 '불법적인 위장하도급은 위험·손실의 외주'가 아닌가. 어느 것이 더 나은 외주인가. 어차피 하도급되는 공사인데, 적법한 하도급과 불법적 위장하도급 중 어느 방안이 더 경쟁력을 강화시키는 방안이겠는가. 지금까지 대부분이 이렇게 불법적으로 운영되어 왔음에도 정부는 불감증에 빠져 으레 있어왔던 불법행위 중 하나로 대수롭지 않게 여기며 미온적으로 방치해왔다. 그런데 문제는 이러한 불법행위를 더 확대시킨다는 것이다. 불법행위에 대한 강력한 근절방안은 전혀 없이 그냥 확대한다고 한다.

현행 건산법상 종합건설업은 종합적인 계획·관리·조정 역할을 하는 업종이다. 시공은 전문건설업이 하도록 되어 있다. 종합건설이 직접 시공한다는 것은 종합건설이기를 포기한 것이다. 또 종합적인 역할을 하도록 되어 있는 건산법의 기본원칙을 위배하는 것이다. 종합건설 전체공사 중 80% 이상을 수행하는 대형 종합건설업체들을 기준하여 생산체계 정책이 마련되어야 한다. 영세한 종합업체를 기준으로 개선안을 만들었기에 종합적인 기능을 포기하고 작은 전문건설과 경쟁하도록 한 것이다. 대형업체들에게 직접 시공하라고 하면 매우 곤혹스러운 일이다. 그러기에 직접시공 의무량을 채우기 위하여 대부분 불법인 '위장하도급'으로 채우고 있는 것이다.

직접시공제도를 확대할 실익이 없는 또 다른 이유는, 과거에 존재하던 '의무하도급제도'가 2008년부터 폐지되었기 때문이다. 따라서 지금은 원도급자가 자유롭게 하도급물량을 정할 수 있다. 일정량을 의무적으로 하도급했던 의무하도급제도를 폐지한 배경은 '부실시공 방지'였다. 의무하도급과 직접시공에 따른 부실시공 우려문제는 같은 맥락이다. 직접시공량을 강제로 의무화시키는 것은 불필요한 규제다. 자유롭게 결정할 수 있도록 현행법을 유지하는 것이 시장원리에 맞다. 그럼에도 불구하고 대부분 불법적으로 변칙 운영되고 있고, 부실우려를 증폭시키는 직접시공제도를 정부가 왜 굳이 확대하려고 하는지 그 실제이유를 도대체 모르겠다. 이같은 문제점들의 보완을 위해서는, 다음처럼 잘못된 정책을 바로잡아야 한다.

첫째, 직접시공을 확대하려면, 건산법상 종합건설업의 종합적인 계획·관리· 조정 역할을 삭제하거나 업역을 조정한 이후에 실시해야 한다. 현행 법에 종합적인 기능을 하는 업종으로 존치시키면서, 실제시공을 확대 하는 것은 맞지 않는 거꾸로 가는 정책이다.

둘째, 직접시공을 확대하려면, 현재의 '위장직영' 문제점을 근절할 수 있는 강력하고 실효성이 있는 방안과 함께 제안되어야 한다. 불법행위가 만연되고 있음을 알면서도 축소하여 알면서 모른 척하고 무작정 확대 하는 것은 더더욱 잘못된 정책이다.

● 종합과 전문을 함께 경쟁시키는 것은 불평등·불공정한 방안이다

싸움이나 경쟁은 비슷한 부류끼리 해야 한다. 월등히 큰사람을 작은 사람과 싸 우게 한다면 그건 경쟁이 아니라 일방적 폭행이 된다. 한쪽만 실컷 두들겨 맞 고 끝나는 게임이 된다. 종합건설과 전문건설이 함께 경쟁하도록 한다는 것은 잘못된 불공정한 정책이다. 함께 경쟁을 시키려면 등록요건을 비슷하게 조정 한 이후, 또는 다른 방법을 강구한 이후에 해야 한다. 전문건설업의 등록기준을 보면, 대부분 자본금이 2억 원이고 기술자는 2인 이상이다. 종합건설업은 자본 금이 최하 5억 원에 기술자 5명 이상이다. 아무리 작은 종합건설업체라 하더라 도 기본적으로 자본금과 기술인력 모두에서 전문건설보다 2.5배 더 크다. 등 록기준이 2.5배가 큰 기업과 대등하게 입찰경쟁을 시킨다는 것은 불평등하고 불공정한 정책이다. 복싱에서도 동일체급끼리 경쟁을 시킨다. 라이트급(57~ 60kg 미만)에게 1.5배 더 큰 헤비급(81~91kg 미만)과 싸우라고 하지 않는다. 통합 챔피언을 뽑아보는 특별한 이벤트 시에나 가능한 이야기다. 2.5배 차이가 나는 종합과 전문을 경쟁시키는 것은 1.5배 차이 나는 라이트급과 헤비급을 붙여놓 는 것보다 더 잔인하다. 규모가 큰 대기업 입장에서 보면 도토리 키재기처럼 별

문제 있겠느냐고 대수롭지 않게 여길 수도 있겠지만, 현실은 그게 아니다. 약자 입장에선 치명적인, 죽고 사는 문제이기 때문이다.

정부의 면허제도 변경과 적격심사제도의 출현 등으로 종합건설업체들이 양산되어 과거 3,000~4,000여 사가 현재는 12,545사(2018. 9. 19 현재)로 대폭 증가되었다. 대책없이 증가된 소규모 종합건설업들은 일거리 부족에 시달리며 영세한 종합건설사로 전락되어 살아남기가 어려운 지경에 이르렀다. 부실화되고 영세한 종합건설사의 호구지책 문제를 해결하기 위하여 영업범위가 전혀 다른 전문건설 업역과 통합시켜 보려는 의도는 본질적으로 잘못된 시도이다. 건설산업은 원·하도급자 간에 협업이 절대적으로 필요한 산업이다. 각자의 기능을 극대화시켜도 부족한 마당에 통합이라니, 급한 불을 끄는 땜질수준의 정책으로는 건설산업의 혁신은 불가능하다. 그러므로 다음 세 가지 점에서 정책을 시정하길 바란다.

첫째, 종합건설은 본연의 종합적인 계획·관리·조정 기능을, 전문건설은 직접시공자로서 특화된 역할을 강화하는 데 초점이 맞춰져야 한다.

종합건설은 종합적인 기능을 강화하여 더 크게 성장할 틀을 마련하는 데 목표를 두어야 한다. 종합적인 기능을 해야 할 업종을 기능이 전혀 다른 전문건설업으로 하향시켜 함께 경쟁시키고자 하는 것은 건산법의 기본원칙을 무너뜨리는 것이고 후진적·축소적 생산체계로 가고자 함이다. 이러한 방향은 혁신방안이 아니라 퇴보방안이다. 종합건설이 종합기능 이외에 시공까지 모두 다 하겠다는 것은 기능상 불가능한 일이고 비효율적인 일이다. 일부 영세한 종합건설의 먹거리문제 해결을 위하여 종합건설의 고유기능인 종합적인 계획·관리·조정 기능을 스스로 포기하는 우를 범해서는 안 된다.

둘째, 중소 종합건설사들의 호구지책 문제를 들어 하도급 전문공사를 종합건설의 호주머니에 넣고자 해서도 안 된다.

종합·전문 통합논리들은 결과적으로 종합건설의 이윤극대화를 위한 방패이유에 불과하다. 종합건설업계의 업역폐지 집착은 수십 년 전부터 집요하고 끈질기게 이어져왔다. 왜 그토록 집요한지 아는가. 돈에 눈이 어두워 건설산업의 발전은 뒷전이고 종합건설 고유의 종합적인 기능마저 내팽개치려고 하는 것이다. 종합건설의 고유역할 문제와 영세한 중소 종합건설업체들의 호구지책 문제조차 구분을 하지 못하고 있는 것이다. 영세한 중소 종합건설사들의 문제는 예를 들어 등록유지 요건으로 최소실적 수준을 강화하거나, 다른 등록요건을 강화한다든지, 한계기업은 퇴출시키는 등 원래의 종합적인 계획관리 기능을 되찾아 강화하도록 역량을 키워나가야 한다. 종합적인 계획관리 기능도 내 것이고, 전문 하도급공사도 내 것이고 이것저것 모두 내 호주머니에 넣고자 하는 포식적 욕망을 버리지 않고서는 아무것도 안 된다.

셋째, 분업적 특화로 건설산업의 경쟁력을 강화해야 한다. 건설업은 원·하도급 간의 역할로 이루어지는 산업이기 때문이다.

분업화, 전문화는 기술이 첨단화 고도화 될수록 더욱 필요한 요소이다. 따라서 모든 산업이 분업화 전문화 특화될수록 업종별 영업구분이 확실해지고 범위 또한 명료하게 존재하는 것이다. 시대가 바뀌고 아무리 첨단화된다고 해도 건설산업이 하도급에 의해 시공되어야 한다는 것은 불변의 철칙이다. 하도급자를 제외시키고 원도급자가 모두 직접 시공한다는 것은 불가능한 일이다. 따라서 원·하도급자 간의 역할이 구분될 수밖에 없다. 원·하도급 업역칸막이 때문에 생산성이 저하된다는 논리는 종합건설의 아전인수 논리일 뿐이다.

첨단산업 등 다른 업종들은 분업된 업역 구분으로 잘 발전되어 가는데 왜 건설업만 안 된다는 말인가. 건설업종을 구분하고 원·하도급 체계를 유지하면서 세계 최고의 생산성을 유지하는 선진국가도 많다. 공종별 하도급에 의존하여 대부분 시공해야 하는 건설업으로서 종합과 전문의 영업범위 칸막이 때문에 능률이 저해된다고 말하는 것은 어떠한 이유든 타당치가 않다. 또 칸막이가 되었다고 무조건 나쁜 것으로 몰아가며 두루뭉술하게 밀어붙일 문제가 아니다. 정말로 칸막이업종 영업범위로 인하여 시공상 비효율적인 부분이 있다면 당연히 개선해야 한다. 원·하도급자의 각자 기능을 극대화시켜 승수효과로 생산성과 경쟁력을 강화할 수 있는 방안을 찾으면 된다. 원·하도급 기능을 뭉뚱그려 통합시켜 경쟁에 붙일 문제가 아니며, 이는 너무 무책임한 방안이다.

영세한 종합건설사 문제를 해결해야 한다면 별도의 방법으로 접근, 해결해야 한다. 종합적인 기능을 강화·향상시켜 명실상부한 원래의 종합건설로 키워간다든지, 매출액 등을 강화하여 기준미달 한계업체는 퇴출시켜 간다든지, 영세한 영역의 업체들은 종합건설을 포기하고 새로운 전문면허 구역을 만들어 상위권 전문건설업체와 경쟁하게 하는 등 종합과 전문, 원래의 각자 기능을 극대화할 수 있는 틀로 만들어줘야 한다. 5억, 10억 원 같은 작은 공사에 연연하는 종합건설은 이미 종합건설이 아니다. 전문건설업체와 다를 바 없기 때문이다. 5~10억 원 내외의 공사에 종합적인 계획·관리·조정 역할이 얼마나 필요하겠는가.

종합과 전문이 하나로 묶여지면 각자의 고유 기능발전이 어렵다. 종합건설은 종합적인 계획·관리·조정 기능으로 강화시키고, 전문은 업종별로 특화를 강화해야 강력한 산업경쟁력을 갖출 수 있다. 세상이 아무리 어떻게 바뀌어도 건설산업은 하도급 없이 종합이 혼자 다 할 수 없다. 이것도 저것도 아닌 복합적 기능으로는 능률에 한계가 있고 비효율적이다. 업종 간 장벽을 아무리 통폐합한다고 해도 건설업에서 원도급과 하도급의 생산시스템은 어쩔 수 없이 함께 가야 할 불가분의 관계다. 경쟁력을 만들어내는 협업자의 시스템, 함께 가는 중요한 파트너로서의 혁신방안을 만들어내야 한다. 건설 하도급자를 원도급자의 호주머니에 넣고 제 멋대로 다루기 편한 소품으로 만들어서는 절대 안 된다.

넷째, 역량이 성장한 전문건설업체는 더 크게 성장할 수 있도록 길을 열어주어야 한다.

전문건설업체는 단일공종 하도급 그 이상으로 이미 성장했다. 성장한 전문건설업체를 이대로 묶어두어선 안 된다. 그에 맞는 옷을 입혀야 한다. 맞지 않는 옷을 계속 입으라고 강요하면 하도급산업은 더 이상 발전할 수가 없다. 이들을 육성시키기 위한 방안으로, 일정규모 이하 복합공사는 여러 업종을 보유한 전문건설업체가 입찰이 가능하도록 한다든지, 여러 업종을 보유한 전문건설업체 간 복합공사의 공동도급을 허용한다든지 등등 양방향 사고로 포괄적으로 접근하여 효율적인 생산체계를 도출해내야 한다. 영세한 종합건설의 먹거리 문제 때문에 능력이 성장된 전문건설업체들의 영업범위를 계속 현재대로 묶어두려고 해서도 곤란하다. 설계·전기·통신 업종의 분리발주 등 여타 다른 분야의 개선방안도 마찬가지다. 나는 되고 너는 안 된다는 도그마Dogma적 사고로는 해답이 없다.

● 혁신위원회 등 핵심주체는 공평·공정하게 구성되어야 한다

한국보건사회연구원의 연구결과(2018년 5월 21일)에 따르면, 한국사회의 의사결정이 이뤄지는 절차에 대해 3,839명에게 질문한 결과 "외부압력이나 백, 특정집단의 이익에 따라 좌우된다"는 답변이 3.99점으로 가장 높게 나타났다. 의사결정이 한쪽으로 매우 편중되어 이루어지고 있다는 국민인식과 함께 우리사회의 병폐라고 지적했다. 건설산업의 선진화 논의는 그동안 여러 번에 걸쳐 이루어졌다. 그때마다 업종 간 이해문제 등으로 논의 자체가 중단되거나 논의결과에 대한 반대에 부딪혀 아무런 결실을 맺지 못하고, 업종 간 불신과 감정의 골만 깊어져가곤 했다. 그동안의 선진화 논의는 강자를 위한 리그에 불과했다. 선진화위원회 등 리더그룹이 대부분 강자 측의 사람들로 구성되어, 논의의 흐름도 결과도 강자가 원하는 방향으로 갈 수밖에 없었고 논의과정은 형식에 불과한 수단일 뿐이었다. 약자의 참여는 충분히 의견수렴을 했다는 명분만 제공해주는 들러리에 불과했다.

희망컨대 이번 혁신방안 추진만큼은 특정 강자집단의 이익에 따라 좌우되는 일이 없기를 바란다. 이를 위해 위원회는 이해관계자들이 항상 동수로 구성해야 하고, 과거에 강자입장에서 일한 사람은 완전 배제해야 한다. 팔은 안으로 굽지 절대로 밖으로 굽을 수가 없기 때문이다.

건설산업의 첨단화, 4차산업, 점증하는 고객의 욕구(Needs), 급변하는 건설환경 등의 여건 하에서 미래를 선도할 수 있는 유연한 생산체계를 만들기 위해서는 쌍방향 사고에서 접근하여야 한다. 또 잘못된 점에 대한 진실된 자기반성과 함께, 진정한 파트너로서 함께 고민하고 양보하고 고통도 함께 나누며 함께 기뻐할 수 있는 산물을 만들어내야 한다. 그래야 성공할 수 있다. 김일평 국토교통부 건설정책국장은 "'건설은 공정하지 않고 갑질이 많아 신뢰할 수 없다'는 국민들의 인식을 바꿀 수 있을 만큼의 혁신이 필요하다"며 "이번 혁신방안 논의가 건설문화를 바꾸는 초석이 되길 기대한다"고 말한 언론기사가 있었다. 이번 혁신이 거꾸로 가는 혁신이 아니라 진정한 혁신이 될 수 있도록 확 바꿔지길 기대한다. 한번 잘못 만들어진 제도는 30~40년간 적어도 600만 명 이상의 약자 하도급관계자들을 고통 속에 몰아넣는다. '건설 100년 대계大計' 한번 지으면 100년은 가도록 지어야 한다는 뜻이다. 이번만큼은 현장의 문제점을 있는 그대로 가감없이 반영하여 100년을 내다보는 정의롭고 올바른 그림이 반드시 마련되길 기대한다.

하도급계약상 분쟁이 발생할 경우
'부당한 특약'을 강요할 경우
어떻게 하면 공사대금을 떼이지 않을 것인가……
65가지 다양한 사례를 [법조문 요약]과 함께 꼼꼼히 짚어드립니다

제4장
불공정 하도급문제 솔루션(사례별 대처방안)

(어떻게 대처할 것인가, 해결방안 제시)

■ 하도급계약 단계에서 분쟁이 발생할 경우

저가 하도급계약을 유도하는 경우

하도급계약 금액은 원도급자와 하도급자 모두에게 이익 또는 손해를 결정짓는 가장 중요한 문제이고 출발점이다. 따라서 원도급자는 이윤극대화를 위하여 하도급계약금액을 최대한 낮추기 위한 방법을 총 동원하고 불법적인 행동까지 서슴지 않는다. 원도급자 현장소장은 본사에서 정해준 공종별 실행금액을 초과하기가 어렵다. 그래야 본사가 정해놓은 목표이익을 실현시키는 역할을 다할 수 있기 때문이다. 그러므로 원도급자를 설득하여 하도급금액을 높인다는 것은 결코 쉬운 일이 아니다. 제시된 계약금액을 하도급자가 받아들일 것인가의 선택만 남는 경우가 대부분이다.

1. 낮은 계약금액은 적자공사로 이어질 가능성이 매우 크므로 하도급 실행내역 작성 시 세밀히 철저하게 반복 분석하여 작성한다. 원도급자가 제시한 금액으로 공사를 마칠 수 있을지 충분히 검토해보고, 어렵다고 판단이 된다면 쉽지 않은 일이지만 일단 일부라도 계약금액 상향을 요구해야 한다. 공사를 진행하다 보면, 공사비 상승요인(추가공사, 재공사, 선행공사 지연, 산재사고, 민원, 공기 지연, 돌관공사 등)이 당연히 발생한다. 결국 공사원가가

당초 계획보다 훨씬 증가되는 경우가 대부분이므로 증가될 여러 변수들까지 감안하여 신중하게 산정하고 판단하여야 한다.

2. 하도급자는 입찰할 때 '최저 수익률' 또는 '계약금액 하한선'을 미리 정해놓고 그 선 이하의 계약은 아예 쳐다보지도 않는다는 경영방침을 정해놓는 것이 좋다. '적자공사는 절대로 안 한다'는 회사방침을 정하는 것은 기업을 계속 유지해나가는 데 필요한 경영철학이다. 그러한 경영방침이 있는 하도급업체만이 부도가 나지 않고 오래 장수할 수 있다.

3. 적자가 나더라도 공사를 꼭 해야 할 입장이라면 어쩔 수가 없다. 위험을 스스로 감수하면서까지 공사를 해야 한다면 누가 막을 것인가. 그러나 도저히 할 수 없는 금액이라고 판단되거나, 적자상태로 더 이상 버틸 수 없는 한계점에 이르렀다고 판단되면 반드시 포기해야 한다. 아깝더라도 포기하고 다른 공사를 찾아야 한다. 공사를 하는 것도 중요하지만 포기할 줄도 알아야 한다. 회사가 부도나지 않고 오래 지속될 수 있기 위해서는 경영자로서 그것이 더 현명한 경영능력이다. 잘못하면 한 건 공사로 회사가 통째로 날아갈 수도 있기 때문이다.

4. 그래도 공사를 하게 될 경우에는 내역서, 계약서 내용까지 세심하게 검토하여 더 큰 손해가 나지 않도록 문서로 계약한다. 부당한 저가 강요는 불법이므로 원도급자의 부당한 제안내용, 제안방법 등 자세한 내용을 서면, 녹음, 카톡 등의 객관성 있는 자료를 확보해두고 이를 기록, 정리해두어야 한다. 후일 상황이 어떻게 변화될지 모르기 때문에 항상 법적으로 대응할 준비를 하는 마음으로 미리미리 관련 증거를 챙겨야 손실을 줄일 수 있다. 저가공사 계약 등에 관한 사항은 계약분야 등에서 별도로 서술한다.

하도급법(제4조)은 영세한 하도급 업체들의 건실화를 위하여 부당한 하도급 계약금액 결정금지 사례를 세부적으로 규정하여 예방 및 처벌하고 있다.

1. 원도급자는 하도급자에게 제조 등의 계약을 하는 경우 부당하게 목적물 등과 같거나 유사한 것에 대하여 일반적으로 지급되는 대가보다 낮은 수준으로 하도급대금을 결정하거나 하도급 받도록 강요하여서는 아니 된다.

2. 다음 각호의 어느 하나에 해당하는 원도급자의 행위는 부당한 하도급대금의 결정으로 본다.

   ① 정당한 사유없이 일률적인 비율로 단가를 인하하여 하도급대금을 결정하는 행위

   ② 협조요청 등 어떠한 명목으로든 일방적으로 일정 금액을 할당한 후 그 금액을 빼고 하도급대금을 결정하는 행위

   ③ 정당한 사유 없이 특정 하도급자를 차별 취급하여 하도급대금을 결정하는 행위

   ④ 하도급자에게 발주량 등 거래조건에 대하여 착오를 일으키게 하거나 다른 사업자의 견적 또는 거짓 견적을 내보이는 등의 방법으로 하도급자를 속이고 이를 이용하여 하도급대금을 결정하는 행위

   ⑤ 원도급자가 일방적으로 낮은 단가에 의하여 하도급대금을 결정하는 행위

   ⑥ 수의계약으로 하도급계약을 체결할 때 정당한 사유 없이 대통령령으로 정하는 바에 따른 직접공사비 항목의 값을 합한 금액보다 낮은 금액으로 하도급대금을 결정하는 행위

   ⑦ 경쟁입찰에 의하여 하도급계약을 체결할 때 정당한 사유 없이 최저가로 입찰한 금액보다 낮은 금액으로 하도급대금을 결정하는 행위

⑧ 계속적 거래계약에서 원도급자의 경영적자, 판매가격 인하 등 하도급자의 책임으로 돌릴 수 없는 사유로 하도급자에게 불리하게 하도급대금을 결정하는 행위

공정위는 하도급대금을 부당하게 결정하여 1회라도 적발된 경우에는 벌점을 5점으로 높여 공공공사 입찰에 참여하지 못하도록 '원스트라이크 아웃제도'를 도입한 하도급법 시행령 개정안을 2018년 10월 8일 국무회의에서 의결하여 처벌을 대폭 강화했다.

(법조문 요약)

◇ 영 제7조(부당한 하도급대금 결정 금지)

① 법 제4조 제2항 제6호에서 "대통령령으로 정하는 바에 따른 직접공사비 항목의 값을 합한 금액"이란 원도급자의 도급내역상의 재료비, 직접노무비 및 경비의 합계를 말한다. 다만, 경비 중 원도급자와 하도급자가 합의하여 원도급자가 부담하기로 한 비목(費目) 및 원도급자가 부담하여야 하는 법정경비는 제외한다.

② 법 제4조 제2항 제6호에 따른 정당한 사유는 공사현장여건, 수급사업자의 시공능력 등을 고려하여 판단하되, 다음 각호의 어느 하나에 해당되는 경우에는 하도급대금의 결정에 정당한 사유가 있는 것으로 추정한다.

1. 하도급자가 특허공법 등 지식재산권을 보유하여 기술력이 우수한 경우
2. 「건설산업기본법」 제31조에 따라 발주자가 하도급 계약의 적정성을 심사하여 그 계약의 내용 등이 적정한 것으로 인정한 경우

하도급계약서를 안 써주는 경우

원도급자 현장소장에게서 전화가 왔다. "어이, 난데, 내일아침에 저 현장으로 포크레인 3대하고 덤프 6대를 투입해. 단가는 먼저처럼 루베(m3, 일본식 명칭)당 얼마에 하고." "예, 알겠습니다."

 그렇게 공사는 시작됐다. 월말 기성청구 전에 계약서 작성을 한 번 더 얘기했더니, "알았어, 이따가 봐!" 하고는 끝이다. 그렇게 한 달이 지나면 계약서 작성은 또 물 건너간 거다. 자주 있는 일이라서 별다른 느낌도 없다. 이런 관행으로 아직도 전국에서 하도급계약서를 작성하지 않는 사례가 연간 약 18만여 건 중 약 27%인 약 5만여 건● 정도가 된다.

 모든 거래에 있어 가장 기본이 되는 출발서류가 계약서다. 계약서는 납품하고 돈을 안 줄 때 청구하기 위한 증거력으로 최고다. 하도급자들은 원도급자의 눈치를 보다가 결국 이렇게 계약서 없는 공사를 하게 되고, 일이 터졌을 때 아무런 대책도 없이 허둥지둥하기가 일쑤다.

1. 이미 시작된 공사라면 계약서가 없어도 하도급거래는 이미 성립이 된 것이다. 계약서를 안 써준 원도급자가 불법이다. 계약서가 없으면 돈 받을 근거가 없어서 불안한 입장이다. 우선, 구두계약 내용을 건설산업지식정보시스템(Kiscon, 키스콘)에 등록하여 공공기관 기록에 근거를 남긴다. 또한, 공사 시작과 함께 직원상호간 친목과 스킨십 등 다양한 방법으로 유대를 강화하고, 대화와 타협을 통해 계약서를 작성하도록 최대한 노력한다.

● 전문건설업 총 29개 업종 중 21개 업종의 통계임

2. 현장에서 이어지는 재작업 추가작업 등 모든 작업은 반드시 작업지시서를 서면으로 받도록 한다. 서면으로 해주지 않으면 현장에서 작업지시에 대한 원도급자 직원의 서명이라도 받아야 한다. 어떠한 방법이든 원도급자의 서류나 사인 등 객관적인 근거를 남겨 증거력을 확보한다.

3. 그래도 안 되면 어쩔 수 없이 법대로 해야 한다. '하도급계약 추정제도'(법 제3조 제5항)를 활용한다. 구두로 계약한 내용을 6하원칙(누가, 언제, 어디서, 무엇을, 어떻게, 왜)에 따라 구두로 계약한 내용을 문서로 작성하고, 동 문서를 원도급자 측에 내용증명으로 보낸다. 그 문서를 받은 원도급자가 15일 이내에 '그런 적이 없다'고 부정하지 않으면 그 문서를 계약서로 추정해 인정해준다. 내용증명으로 보내기가 껄끄러우면 이메일로 보내면 된다. 증거력으로 충분하다. 하도급계약 추정제도는 구두지시에 대항할 수 있는 하도급자의 무기이자 방패다. 하도급자들이 계약서 없이 공사를 먼저 시작함으로써 발생될 수 있는 위험성을 줄이고자 배려한 제도다. 최대한 활용하여 계약서 없는 공사의 위험성을 제거해야 한다.

4. 이 방법도 어렵다면, 현장 회의자료, 문자, 카톡, 녹음 등을 활용해서라도 근거를 남겨야 한다. 반감을 주지 않도록 원도급자의 지시내용을 묻거나 질문하는 대화형식 등을 통하여 스스로 작업을 지시했다는 근거를 만들어가야 한다.

5. 작업일지는 반드시 작성해야 한다. 작업일지에는 계약사항, 지시사항, 추가공사 배경과 원인, 재료비, 노무비, 간접비 등 가급적 자세히 기록해야 한다. 원도급자 직원의 서명을 받아두면 증거력이 더욱 확실해진다.

6. 착공이후 가급적 1개월을 넘기지 말고 계약서에 관한 조치를 취하는 것이 좋다. 2~3개월 너무 늦으면 계약내용에 상호 이견과 혼동이 생길 수 있고, 원도급자 측에서 "뭐, 이제 와서 뭐하자는 거야" 하고 더 불쾌해할 수도 있기에 이를 피하자는 것이다.

7. 하도급계약서는 적어도 착공 전에 작성하도록 의무화(법 제3조) 되어 있다. 하도급자 입장에서 계약서 작성요구는 당연한 권리이므로 반드시 계약서를 작성한다는 의지와 노력이 절대적으로 필요하다. 누구도 대신해줄 수 없는 하도급자 본인만이 할 수 있는 일이다. 비가 올 것을 미리 대비하는 것이 손해나지 않는 최상의 방어다.

(법조문 요약)

◇ **법 제3조**(서면의 발급 및 서류의 보존)

① 원도급자가 하도급자에게 제조 등의 위탁을 하는 경우 및 제조 등의 위탁을 한 이후에 해당 계약내역에 없는 제조 등의 위탁 또는 계약내역을 변경하는 위탁을 하는 경우에는 제2항의 사항을 적은 서면(전자문서를 포함한다)을 다음 각호의 구분에 따른 기한까지 하도급자에게 발급하여야 한다.

3. 건설위탁의 경우 : 하도급자가 제조 등의 위탁 및 추가·변경위탁에 따른 계약공사를 착공하기 전

4. 용역위탁의 경우 : 하도급자가 제조 등의 위탁 및 추가·변경위탁에 따른 용역수행행위를 시작하기 전

⑤ 원도급자가 제조 등의 위탁을 하면서 제2항의 사항을 적은 서면(제3항에 따라 일부 사항을 적지 아니한 서면을 포함한다)을 발급하지 아니한 경우에는 하도급자는 위탁받은 작업의 내용, 하도급대금 등 대통령령으로 정하는 사항을 원도급자에게 서면으로 통지하여 위탁내용의 확인을 요청할 수 있다.

⑥ 원도급자는 제5항의 통지를 받은 날부터 15일 이내에 그 내용에 대한 인정 또는 부인(否認)의 의사를 하도급자에게 서면으로 회신을 발송하여야 하며, 이 기간 내에 회신을 발송하지 아니한 경우에는 원래 하도급자가 통지한 내용대로 위탁이 있었던 것으로 추정한다. 다만, 천재나 그밖의 사변으로 회신이 불가능한 경우에는 그러하지 아니하다.

⑦ 제5항의 통지에는 하도급자가, 제6항의 회신에는 원사업자가 서명 또는 기명날인하여야 한다.

⑧ 제5항의 통지 및 제6항의 회신과 관련하여 필요한 사항은 대통령령으로 정한다.

◇ 영 제3조(서면 기재사항)

법 제3조 제2항에서 "하도급대금의 조정요건, 방법 및 절차 등 대통령령으로 정하는 사항"이란 다음 각호의 사항을 말한다.

1. 계약일과 하도급자가 위탁받은 것(이하 "목적물 등"이라 한다)의 내용

2. 목적물 등을 원도급자에게 납품·인도 또는 제공하는 시기 및 장소

3. 목적물 등의 검사의 방법 및 시기

4. 하도급대금(하도급대금을 조정한 경우에는 그 조정된 금액 포함)과 그 지급방법 및 지급기일

5. 원도급자가 하도급자에게 목적물 등의 제조·수리·시공 또는 용역수행행위에 필요한 원재료 등을 제공하려는 경우에는 그 원재료 등의 품명·수량·제공일·대가 및 대가의 지급방법과 지급기일

6. 목적물 등의 제조·수리·시공 또는 용역수행행위를 위탁한 후 원재료 등의 가격변동 등에 따른 하도급대금 조정의 요건, 방법 및 절차

◇ **영 제4조(위탁내용의 확인)**

법 제3조 제5항에서 "위탁받은 작업의 내용, 하도급대금 등 대통령령으로 정하는 사항"이란 다음 각호의 사항을 말한다.

1. 원도급자로부터 위탁받은 작업의 내용

2. 하도급대금

3. 원도급자로부터 위탁받은 일시

4. 원도급자와 하도급자의 사업자명과 주소

   (법인 등기사항증명서상 주소, 사업장 주소를 포함한다. 이하 같다)

5. 그밖에 원도급자가 위탁한 내용

◇ **영 제5조(통지 및 회신의 방법 등)**

① 법 제3조 제5항 및 제6항에 따른 통지 및 회신은 다음 각호의 어느 하나에 해당하는 방법으로 한다.

　1. 내용증명우편

　2 「전자문서 및 전자거래 기본법」 제2조 제1호에 따른 전자문서로서 다음 각 목의 어느 하나에 해당하는 요건을 갖춘 것

　　가. 「전자서명법」 제2조 제3호에 따른 공인전자서명이 있을 것

　　나. 「전자문서 및 전자거래 기본법」 제2조 제8호에 따른 공인전자주소를 이용할 것

　3. 그밖에 통지와 회신의 내용 및 수신 여부를 객관적으로 확인할 수 있는 방법

② 제1항에 따른 통지와 회신은 원도급자와 하도급자의 주소(전자우편주소 또는 제1항 제2호 나목에 따른 공인전자주소를 포함한다)로 한다.

③ 공정거래위원회는 제1항에 따른 통지와 회신에 필요한 양식을 정하여 보급할 수 있다.

발주자가 건설공사계약서를 안 써주는 경우

종합건설업체, 전문건설업체가 발주자(특히 민간발주 공사)로부터 직접 공사를 원도급으로 수주한 경우다. 공공공사는 크게 걱정할 일이 없지만 민간공사의 경우에는 발주자가 공사계약서를 작성하지 않고 차일피일 미루는 경우가 종종 발생하여 건설사 입장에선 공사대금 수령에 불안감을 갖게 된다. 계약서가 없는 경우에는 사안별로 세부 증거서류를 남겨야 한다.

1. 우선 공사 착공 전·후에 계약서를 작성하도록 지속적으로 대화와 타협을 시도한다. 공사 착공계 제출서류로 계약서가 반드시 필요한 서류라는 점을 활용하여 계약서를 작성하도록 유도하는 방법도 좋다. 상호 합의되지 못한 내용이 있어 계약서작성이 미루어지는 경우에는 그 문제만 별도로 논의키로 명기하고 계약서를 우선 작성하도록 유도한다. 또, 구두계약 내용을 건설산업지식정보시스템(Kiscon, 키스콘)에 등록하여 공공기관의 기록에 근거를 남긴다.

2. 계약서 작성을 계속 거부한다면 법에 따른 준비를 해야 한다. 구두로 협의된 계약내용을 6하원칙에 따라 문서로 작성하고, 동 문서를 발주자 측에 내용증명으로 보낸다. 딱딱하게 내용증명을 보내기가 그렇다면 역시 이메일, 문자, 카톡 등으로라도 보내고 회의자료, 업무수첩 내용 등 모든 증거자료를 미리 확보해야 계약서를 대신한 증거로 활용할 수 있다.

3. 작업일지는 반드시 작성해야 한다. 계약 세부내용, 발주자 요구사항, 추가

공사, 변경작업 등 세부사항을 자세히 기록한다. 발주자 요구사항의 경우에는 서면으로 받고 발주자의 서명을 받아두면 계약서를 대신한 증거력으로서 배가된다.

4. 민간발주 공사의 경우, 건설업자가 발주자에게 공사대금 지급보증 또는 담보를 요구할 수 있도록 보장한 권리를[*] 최대한 활용하여 계약서 없는 공사의 위험에 대비한다.

사례4

원도급자가 10%를 초과하는 계약이행보증을 요구하는 경우

하도급법과 건산법에서, 하도급자의 계약이행보증은 하도급계약금액의 10%로 되어 있다. 만약 원도급자가 20%의 보증서를 요구한다면 법에 위반되는 것일까. 하도급법에서 10%라는 것은 계약이행보증을 의무화한 율이다. 10%를 초과하여 요구한다 해도 법에 위반되지는 않는다. 공사별 특성, 하도급자의 낮은 신용도 등에 따라 10%를 초과하여 이행보증서가 요구되는 경우도 있을 수 있다. 그러므로 10% 이상을 요구한다고 해서 무조건 하도급법 위반이라고 보기는 어렵다.

　다만, 사회통념상 지나치게 많은 비율을 요구하는 것은 공정거래법상 지위 남용 등으로 법에 위반될 수 있다.[**] 따라서, 지나친 요청을 할 경우에는 의무

• 건설산업기본법 제22조의2 제1항 : 수급인이 발주자에게 계약의 이행을 보증하는 때에는 수급인도 발주자에게 공사대금의 지급 보증 또는 담보를 요구할 수 있다.
•• 정종채, 하도급법 해설과 쟁점, 삼일인포마인, 2018. 2. 12. 232쪽

율 10%를 준수해줄 것을 요청하고, 적정한 선에서 타협점을 찾도록 노력하는 것이 바람직하다. 하도급자의 지혜로운 대처능력이 필요한 부분이다.

지급보증의무가 면제된 원도급자가 계약이행보증을 요구할 경우

원도급자의 하도급대금 지급보증 의무가 면제된 공사는 하도급자의 계약이행 보증 의무도 면제된다. 이 경우 원도급자가 하도급자에게 이행보증을 요구했 다면 하도급법 위반이 되는 것일까? 위반이 아니다. 원도급자의 지급보증 의무 가 면제되었다 하더라도 하도급자에게 이행보증을 요구할 수 있다.

왜냐하면, 동시이행관계는 지급보증 의무를 다하지 않고는 이행보증의무를 요구할 수 없다는 의미일 뿐이므로, 원도급자가 법령요건에 따라 지급보증 의 무를 부담하지 않게 되었다 하더라도 하도급자에게 이행보증을 요구할 수 없 다고 볼 근거는 없기 때문이다.[•] 따라서 원도급자가 계약이행증권을 요구할 경우에는 거절하기가 쉽지 않은 문제이므로, 하도급자의 신용입증 등 이해의 폭을 넓히고, 발주자와의 협의를 포함하여 당사자 간에 상호 대화와 협상을 통 하여 적정한 해결방법을 찾는 것이 최선이다.

• 정종채, 앞의 책, 163쪽

사례6

제안서를 작성해준 경우의 하도급계약

실내건축, 시설물유지관리, 수중공사 등 전문성이 요구되는 여러 전문건설 업종에서 원도급자의 요청으로 설계도를 포함한● 사업 또는 시공 제안서를 작성해주는 경우가 있다. 제안서 제공 이후 하도급계약이 성립되면 당연히 내역에 제안서 비용이 포함되겠지만, 계약이 성립되지 않은 경우에 제안서 작성비용 등은 보상받을 수가 있겠는가.

1. 제안서 작성 역시 하도급법(제2조 제12항 제3호)의 의한 하도급계약이다. 따라서 계약서도 작성해야 하고 제안서 작성비용을 요구할 수 있다. 계약서를 작성하지 않았다면 하도급계약서 미작성으로 법위반이 되며 당연히 계약서 작성을 요구할 수 있다. 작성된 제안서의 제출 이후 계약이 체결되지 않은 경우에는 원도급자는 제안서 작성에 소요된 정당한 비용을 하도급자에게 지급하여야 한다. 지급하지 않은 경우에는 하도급대금 미지급으로 하도급법 위반이다.●●

2. 원도급자가 끝까지 계약서를 작성해주지 않거나, 하도급자가 제안서 비용을 반드시 받고자 한다면, '계약추정제도'를 활용하여 원도급자가 제안서 작성을 요구한 내용을 자세히 적어 내용증명, 이메일 등으로 보내어 계약이 있었다는 근거자료를 확보한다.

● 공정거래위원회 고시 '용역위탁 중 지식·정보성과물의 범위'에 의한 설계도, 편집물 등
●● 정종채, 앞의 책. 163쪽

3. 제안서 작성비용 산출 근거는 제안서 작성 시 직원들의 업무시간, 인원, 비용 등 자세한 내용을 기록한 업무일지 등을 작성하는 것은 미지급시, 정산 시 등에 대비하여 반드시 필요하다. 이 모두가 원도급자와 다툼이 생겼을 경우 하도급대금을 받을 수 있는 중요한 증거자료가 되기 때문이다.

표준하도급계약서를 사용하지 않는 경우

공정위는 하도급법(제3조의2)에 의거 표준하도급계약서를 제정하여 사용을 권장하고 있다. 어디까지나 권장사항이기 때문에 사용하지 않는다고 해서 처벌받을 일도 없다. 그럼에도 표준하도급계약서를 사용하는 경우가 대략 70%가 넘는 것은 표준하도급계약서를 사용한 경우 하도급법 위반벌점을 2점 경감해주는 등 혜택을 주기 때문인 것으로 해석된다.

하도급자의 거래상 지위는 원도급자와 하도급자 간의 수직적 종속관계로 하도급자의 거래상 지위는 '갑을甲乙관계'의 열등한 위치에 있다. 표준계약서는 열위에 있는 하도급업체가 불이익을 당하지 않도록 기본적인 거래조건들을 공정하게 만들어놓은 것이다. 물론 원·하도급 당사자는 표준계약서의 기본 틀과 내용을 유지하는 범위 이내에서 필요에 따라 내용을 추가·삭제를 할 수도 있다.

일반적으로 표준하도급계약서 내용은 현행법을 준수하는 내용들로 구성되어 있어서 그 내용을 수정하는 것이 부담되어 수정하는 경우는 그리 많지 않다. 내용을 추가하고자 할 때에는 계약서와는 별도로 특약사항들을 작성하여 계약서에 첨부하는 방법을 많이 활용한다.

원도급자가 표준하도급계약서를 사용하지 않고 별도로 작성한 계약서를 사용할 경우에는, 계약내용에 표준계약서 내용을 모두 다 담기란 쉽지 않다. 따라서 임의로 작성한 계약서인 경우 현행법에 위반되는 불법적인 요소들을 걸러내기가 쉽지 않아 약자위치에 있는 하도급자에게 불리한 내용이 많은 계약서가 될 가능성이 매우 높다.

그러므로 가급적 표준계약서를 활용하여 작성하도록 원도급자와 협의를 끝내는 것이 좋다. 만약 끝까지 거부를 한다면 표준계약서 내용과 비교하여 검토를 끝내고 문제점, 불법적인 요소, 누락사항 등이 있는지를 하나하나 검토한 후에 다시 한 번 재차 꼼꼼히 챙긴 후 계약하여야 한다. 계약서는 권리의무관계에 있어 가장 중요한 서류이므로 서두르지 말고 충분한 시간을 가지고 검토에 검토를 거치는 것이 중요하다.

(법조문 요약)

◇ **법 제3조의2**(표준하도급계약서의 작성 및 사용) 공정거래위원회는 이 법의 적용대상이 되는 사업자 또는 사업자단체에 표준하도급계약서의 작성 및 사용을 권장할 수 있다.

이중계약서 작성을 요구하는 경우

이중계약서란 실제로 작성된 계약서 외에 계약금액을 높여서 또 다른 거짓 계약서(명목 계약서)를 만드는 것이다. 실제금액보다 10~30% 더 많은 금액으로 하도급계약을 했다고 거짓으로 계약서를 만드는 경우가 대부분이다. 거짓 계약서는 '원도급 금액의 82%이상으로 하도급을 주었다'는 증거로 발주처에 제출하기 위하여 주로 작성한다.

원도급자는 그 차액만큼 하도급자에게 줬다가 다시 받아가 비자금을 만들거나 이익을 증액시키기도 한다. 전형적인 착취유형이다. 하도급자 중 21.3%가 이중계약서 작성을 강요받은 경험이 있다고 답했다. 원도급자가 이중계약서를 작성하는 이유 중 저가하도급 은폐와 발주처에 제출하기 위하여가 66.1%로 가장 많고, 원도급자의 비자금 조성이 30.5%였다. 96.6%가 원도급자의 불법적인 목적에서 이중계약서 작성을 강요하는 것이다.•

이중계약서 작성요청을 하도급자가 거부한다고 해서 하도급금액을 82%이상 등으로 인상시켜 계약해줄 가능성은 거의 없다. 하도급자 입장에서 괘씸죄에 걸릴 각오를 하면서까지 이중계약서 작성을 거부할 실익이 크지 않다는 얘기다. 이중계약서 작성 금지제도가 유명무실화 된다거나 불법적인 비자금 조성, 그에 따른 법인세 등의 추가분을 미지급한다든지 등의 문제들은 후에 따질 별개의 문제다.

1. 이중계약서 작성 강요는 불법이므로 당연히 거절하여야 한다. 그러나 불

• 대한건설정책연구원, 전문건설업실태조사 분석보고서, 2017. 12. 127쪽

법을 뻔히 알면서도 제안된 실제 계약금액으로라도 공사를 따야 하는 상황이라면 어떻게 할 방법이 없다. 피할 수 없이 요청을 받아들여야 한다면, ① 이중계약서 작성으로 추가되는 세금이 올바로 지급되는지, ② 후에 세무서 등의 조사에 대비하여 비용증빙 처리가 가능한 수준인지 등을 잘 검토하고 대응하여야 한다.

2. 충분치 않다면 공사를 포기하더라도 단호히 거절하는 용기가 필요하다. 또 ③ 후일을 위해 이중계약서 작성 배경, 과정, 돈을 전달한 장소, 방법 등 객관적인 증거자료들을 충분히 확보해두어야 하도급자가 조사 등에 의해 손해를 보지 않는다. 후에 이러한 증거가 없거나 부족하여 검찰 및 세무서 조사를 받고 많은 고액의 법인세 등을 추가납부하고 처벌까지 받은 사례가 많다. 일이 터지면 원도급자는 흔히 현장 임직원의 개인비리로 돌리고 빠져나가기 때문이다.

사례9

추가공사비, 돌관 공사비를 안 주는 경우

건설공사의 특성상 추가공사, 재공사, 돌관공사● 는 현장에서 그야말로 다반사다. 착공부터 준공, 하자이행 단계까지 수없이 추가 변경공사가 발생한다. 추가공사는 당초 공사가 양적으로 증가하는 경우, 자재의 고급화에 따른 질적으로 변경하는 경우, 다른 공정까지 추가되는 경우 등 유형별로 다양하다. 돌관공

● 돌관공사突貫工事 : 장비와 인원을 집중적으로 투입하여 신속히 끝내는 공사.

사는 공기단축 및 공정진행 등에 따라 수시로 발생되며 야간작업 휴일작업 등에 따른 인건비, 건설기계비 등 추가비용이 발생한다.

추가공사에서 다툼이 많은 부분은, 당초 계약내용에서 단순한 시공방법 내지 설계변경 등으로 공사비용이 추가 발생하지 않았는지, 아니면 당초 계약내용에 추가해서 비용이 발생되었는지 등의 변경된 내용의 판단문제다. 하도급공사는 대부분 총액으로 퉁 쳐서 계약이 되기 때문에 계약금액 이내에서의 변경인지 그 여부를 판단하기에 어려움이 따를 수 있다.

하도급자가 추가공사를 해도 추가계약서를 작성하는 경우는 그리 많지 않다. 대부분 추가공사를 해도 추가비용을 지급하지도 않고 그냥 넘어가기 때문에 계약서는 아예 작성하지도 않는다. 현장에서 몇 십만 원, 몇 백만 원 추가되는 공사를 가지고 그때마다 추가 계약서를 써달라고 요구하기도 그렇고 일단 공사부터 하고 넘어간다. 추가공사가 조금씩 누적되어 수백만 원, 수천만 원, 수억 원이 되어도 추가로 정산해주질 않는다. 추가공사비를 지급하지 않는 문제는 우월적 불공정 하도급행위의 대표적인 사례다. 그래서 하도급자들은 공사를 성실히 다 해놓고도 추가공사비를 받지 못해 공사가 적자를 보게 되는 경우가 대단히 많다.

계약서에 '총금액 5% 이하의 추가·변경공사 비용은 정산을 하지 않는다'고 명기되어 있다면, 추가비용이 얼마인지를 더욱 자세히 기록하여 초과여부를 입증해주어야 한다. 추가공사비는 그 원인과 내용 책임소재 등으로 매우 복잡한 문제가 발생할 수 있어 반드시 원도급자의 작업지시서 등 증거자료를 철저히 작성, 정리해야 한다.

1. 공사가 추가되면 추가된 금액과 내용대로 변경 또는 추가 계약서를 작성하는 것이 원칙이다(법 제3조). 원도급자는 추가공사 지시를 하도급자에게

반드시 서면으로 해야 한다. 서면지시가 안될 경우 하도급자는 작업지시서를 요청하고, 반드시 서면으로 받아야 한다. 추가계약서는 이견 등을 조정하고 상호 협의와 끈질긴 설득으로 절충점을 찾아서 반드시 작성한다.

2. 그리고 추가공사비용 확정은 가급적 추가공사 초기에 합의하는 것이 좋다. 시간이 지날수록 물량산출, 내용확인 등이 어려워지며 불확실해지고 불리해진다. 추가공사에 대한 세부적인 증거를 그때그때 확보하지 못하면 추가공사비를 받을 생각도 아예 하지 말아야 한다. 증거자료를 꼼꼼히 챙기는 것이 손해나지 않는 최선의 방법이다.

3. 선의적인 노력으로 계약서 작성, 공사비 확정이 안 될 경우, 법에서 정한 대로 하도급계약 추정제도(법 제3조)를 활용한다. 구두로 지시된 추가공사 내용을 6하 원칙에 따라 자세히 작성하여 원도급자에게 내용증명으로 공문을 보낸다. 추가공사는 왜 발생되었으며 내용은 어느 부분에서 얼마만큼 변경되었고 재료비, 노무비, 경비 등이 어떻게 소요되었는지 등을 자세히 작성한다. 항상 재판에 대비한다는 마음으로 자료를 준비해야 한다.

4. 공식적인 내용증명이 곤란하면 이메일, 문자, 카톡 등으로 보낸다. 회의자료, 업무수첩 등을 활용하여 자료를 최대한 확보한다. 작업일지도 반드시 작성하고 추가공사 지시사항과 그에 따른 재료비, 노무비, 간접비 등을 최대한 자세히 기록한다. 원도급자 직원의 서명을 받거나 확인을 받아 함께 진행했다는 근거를 확보한다.

5. 이상의 조치를 하였음에도 불구하고 추가공사대금을 지급하지 않을 경우

에는 공사 중단을 심각하게 고려해야 한다. 더 이상 진행하면 할수록 손해가 더 커지고, 그 선에서 중단하는 것이 더 큰 손실을 막는 방법이기 때문이다. 추가정산을 안 해줘서 공사가 중단된 경우 책임은 원도급자에게 있다.

6. 공사중단 결정을 한 후에는 공문으로 원도급자에게 통보하고 발주자에게도 상세한 내용을 적어 통보한다. 이어서 공정위에 고발한다. 미수금이 있으면 발주처에 하도급대금 직접지급 청구를 하고, 그것도 안 되면 하도급대금 지급보증도 청구한다. 그리고 전문가와 협의하여 가압류, 가처분, 유치권 등 최선의 방안을 지체없이 실행한다.

▲ 추가공사 시작 전 자료수집
- 추가공사 지시 관련 회의록 구체적 작성(일시, 내용, 참석자), 녹취 등
- 추가공사 내용문서·작업지시서 서면교부 요청 또는 지시사실에 대한 확인요청 문서 공문, 내용증명, 이메일 발송

▲ 추가공사 시공 중 자료수집
- 추가공사 지시 관련 회의록 구체적 작성(녹취 등)
- 작업일지 작성(본 공사와 추가공사를 반드시 구분해야 함)
- 설계 외 작업사진, 원도급자 직원과 함께 사진촬영, 일자별 작성보관
- 공사 투입비 각종 증빙자료 확보(인력, 영수증, 세금계산서 등)
- 추가작업관련 협력업체 진술서 확보(업체명, 성명, 연락처 기재)

▲ 추가공사 완료 후 자료수집
- 추가공사비 지급요청 문서 공문, 내용증명, 이메일 발송
- 표준하도급계약서 제4조 추가공사내용 참고

- 추가공사 대금 미지급 시 현장 공사대금 가압류, 작업거부, 공정지연 등의 책임이 원도급자에게 있음을 통보
- 공사를 계속할 경우 추가공사비 지급을 전제로 한다는 의사표시 공문 발송

(법조문 요약)

◇ 법 제3조(서면의 발급 및 서류의 보존), 영 제3조(서면 기재사항), 영 제4조(위탁내용의 확인), 영 제5조(통지 및 회신의 방법 등)에서 추가·변경공사까지 규정하고 있다.

◇ 건설업 표준하도급계약서

제11조(추가·변경공사에 대한 서면 확인 등)

① 원도급자는 하도급자와 협의하여 이 계약 외에 설계변경 또는 그 밖의 사유로 하도급계약의 산출 내역에 포함되어 있지 아니한 공사(이하 "추가·변경공사"라 한다)에 관한 사항을 결정한다. 이 경우에 원도급자는 하도급자가 추가·변경공사를 착공하기 전까지 추가·변경공사와 관련된 서면을 발급한다.

② 추가·변경공사와 관련된 서면에는 공사의 위탁연월일, 공사내용, 대금 및 위탁조건 등을 기재한다. 다만, 착공 전까지 확정이 곤란한 사항에 대해서는 확정이 곤란한 사유 및 확정에 대한 예정기일을 기재하여 하도급자에게 제공하고 해당 사항이 확정되는 때 지체 없이 새로운 사항을 포함한 서면을 발급한다.

③ 원도급자의 지시에 따라 하도급자가 시공한 추가·변경공사에 대해 원도급자는 발주자로부터 증액을 받지 못했다 하더라도 하도급자에게 증액하여 지급한다.

사례10

설계변경, 물가변동 시 변경 하도급계약서를
안 써주는 경우

하도급자는 현장에서 일에 치중하다 설계변경이나 물가변동이 있었는지도 모르고 지나가는 경우도 많다. 원도급자는 돈을 더 주어야 하는 일에 대해서 먼저 얘기하는 법이 없다. 그만큼 하도급자는 정보에 어둡게 될 수밖에 없고, 일이 터지고 난 후 뒷북을 치게 되는 원인이 된다.

공사도중 당초 설계에 변경이 발생되는 경우가 있다. 또 자재, 인건비 등의 물가인상에 따른 변경도 발생한다. 변경내용에 따라 비용이 감소 또는 증가하며, 증감에 따라 당초 계약서를 변경작성하거나 추가로 작성해야 한다.

1. 설계변동, 물가변동 등이 발생하면 원도급자는 하도급자에게 변경된 내용과 비율을 통보해야 할 의무가 있다. 통보가 없다면 하도급자가 본인 공정이 설계변경, 물가변동에 포함되었는지부터 공문으로 공식요청하여 확인한다. 포함이 되었다면 변경된 내용과 비율이 얼마인지 확인하고, 변경된 내용대로 변경계약서 작성과 대금지급을 요청한다.

2. 변경배경과 원인, 원인제공자, 변경내용 등 근거가 될 만한 증거자료는 원도급자에게 정식으로 요구하고 자료를 주지 않으면 스스로 증거를 모두 확보한다. 자세히 기록할수록 증거력이 커져 민사소송을 하더라도 유리한 입장에 설 수 있다. 확보된 자료의 질과 양에 따라서 돈을 받느냐 못 받느냐가 결정된다.

3. 계약서를 작성해주지 않으면, 확보된 자료를 바탕으로 하도급계약 추정

제도에 의거, 변경된 공사에 대한 내용을 자세히 충분히 문서로 작성하여 규정대로 원도급자 측에 내용증명, 이메일 등을 보낸다.

4. 작업일지는 반드시 작성하되 변동된 작업의 배경, 내용, 작업기간 등을 자세히 기록한다. 개인 업무수첩, 메모장, 이메일, 문자, 카톡, 회의자료 등을 활용하여 증거를 확보한다. 계약서 등 자료만 잘 확보되어 있다면 공정위든 민사든 변경공사비를 모두 받아낼 수 있다.

(법조문 요약)

◇ 법 제16조(설계변경 등에 따른 하도급대금의 조정)

① 원도급자는 제조 등의 위탁을 한 후에 다음 각호의 경우에 모두 해당하는 때에는 그가 발주자로부터 증액 받은 계약금액의 내용과 비율에 따라 하도급대금을 증액하여야 한다. 다만, 원도급자가 발주자로부터 계약금액을 감액 받은 경우에는 그 내용과 비율에 따라 하도급대금을 감액할 수 있다.

1. 설계변경 또는 경제상황의 변동 등을 이유로 계약금액이 증액되는 경우
2. 제1호와 같은 이유로 목적물 등의 완성 또는 완료에 추가비용이 들 경우

② 제1항에 따라 하도급대금을 증액 또는 감액할 경우, 원도급자는 발주자로부터 계약금액을 증액 또는 감액 받은 날부터 15일 이내에 발주자로부터 증액 또는 감액 받은 사유와 내용을 해당 하도급자에게 통지하여야 한다. 다만, 발주자가 그 사유와 내용을 해당 하도급자에게 직접 통지한 경우에는 그러하지 아니하다.

③ 제1항에 따른 하도급대금의 증액 또는 감액은 원도급자가 발주자로부터 계약금액을 증액 또는 감액 받은 날부터 30일 이내에 하여야 한다.

④ 원도급자가 제1항의 계약금액 증액에 따라 발주자로부터 추가금액을 지급받은 날부터 15일이 지난 후에 추가 하도급대금을 지급하는 경우의 이자에 관하여는 제13조 제8항을 준용하고, 추가 하도급대금을 어음 또는 어음대체결제수단을 이용하여 지급하는 경우의 어음할인료·수수료의 지급 및 어음할인율·수수료율에 관하여는 제13조 제6항·제7항·제9항 및 제10항을 준용한다. 이 경우 "목적물 등의 수령일부터 60일"은 "추가금액을 받은 날부터 15일"로 본다.

◇ 법 제16조의2 원재료의 가격 변동에 따른 하도급대금의 조정

① 하도급자는 제조 등의 위탁을 받은 후 목적물 등의 제조 등에 필요한 원재료의 가격이 변동되어 하도급대금의 조정(調整)이 불가피한 경우에는 원도급자에게 하도급대금의 조정을 신청할 수 있다.

② 「중소기업협동조합법」 제3조 제1항제1호 또는 제2호에 따른 중소기업협동조합(이하 "조합"이라 한다)은 원재료 가격의 급격한 변동으로 조합원인 하도급자의 하도급대금의 조정이 불가피한 사유가 발생한 경우에는 해당 하도급자의 신청을 받아 대통령령으로 정하는 원도급자와 하도급대금의 조정을 위한 협의를 할 수 있다. 다만, 원도급자와 하도급자가 같은 조합의 조합원인 경우에는 그러하지 아니하다.

사례11

하도급계약서 작성의무 위반의 종류

하도급계약서 작성의무 위반은 계약서 미교부, 지연교부, 허위 계약서, 불완전 계약서 등이 있다. 계약서 미교부는 하도급계약이 종료되기 전까지 계약서 교부가 되지 않은 것이며, 지연교부는 공사착공 이후 계약종료 전까지 계약서를 교부하는 것이다. 허위의 계약서 교부는 실거래행위와 다른 거짓 계약서 또는 거짓서류를 적성하여 교부하는 것이다. 계약내용 중 중요한 사항을 누락시키는 것이 불완전계약서다.●

　계약의 종료 또는 위탁업무 종료 이후에 계약서가 교부되더라도 계약서 미교부에 해당한다는 것이 공정위의 입장이다.●● 계약이 종료되기 전까지 서면을 교부하여 계약사항을 확정하는 것이, 그 이후에 서면을 교부하거나 아예 교부하지 않는 경우에 비하여 수급사업자에게 조금이나마 유리하게 때문에 달리 취급할 필요가 있다는 이유이다.

　공정위 실무는 계약대금 등 하도급계약의 중요한 사항이 누락된 불완전 계약서 교부에 대하여는 서면 미교부처럼 취급하고, 비교적 덜 중요한 사항이 누락된 때에는 계약서 지연교부와 같이 취급하고 있다. 또한 허위계약서를 교부할 경우에는 통상 미교부와 동일하게 취급하지만 허위인 부분이 경미한 경우에는 불완전 계약서교부와 같이 취급하는 것이 합당하다.

● 정종채, 앞의 책, 178쪽
●● 공정거래위원회 2014. 2. 7. 의결 제2914-061호, 2013건하1013

사례12

부당하게 하도급계약이 해지된 경우

하도급계약 해지는 당사자 일방이 상대방에게 해약의사를 표시하여 계약의 효력을 소급적으로 소멸시키는 것을 말한다. 계약이 해약되면 이미 한 공사는 유효하며 장래에 관한 계약관계를 소멸시키는 효과가 있다.

어떤 계약이든 일방적인 해약은 안 된다. 해약하거나 변경하려면 채무불이행 등 일정한 사유가 발생하거나 합당한 절차가 있어야 한다. 해약하는 이유와 원인은 무엇이고, 누가 원인을 제공하였으며, 그로 인한 손해가 어느 정도라서 계약관계를 유지할 수가 없다는 등 자세한 내용의 통지와 그에 대한 상호 협의가 있어야 한다.

◇ 법에서 하도급계약을 취소할 수 있는 경우

① 하도급자에게 파산·회생절차신청 등 경영상의 중대한 사유가 발생하여 계약내용을 정상적으로 이행할 수 없는 경우
② 하도급자가 영업취소·영업정지 등의 처분을 받아 계약내용을 정상적으로 수행할 자격·능력이 없는 경우
③ 하도급자가 특별한 이유 없이 목적물 등의 제조·수리·시공 또는 용역의 착수·착공을 거부하여 납기에 완성·완공할 가능성이 없는 경우
④ 하도급자가 목적물 등의 품질에 영향을 미치는 주요 공정·공법 등을 임의로 변경하는 등 계약의 중요한 내용을 위반하여 계약의 목적을 달성할 수 없는 경우 등으로 정하고 있다.

◇ 원도급자가 일방적으로 하도급계약을 취소할 수 있는 판단기준

① 계약취소 사유가 하도급거래 계약서에 규정되어 있고 계약취소가 그 내용 및 절차에 따라 이루어졌는지
② 원도급자와 하도급자 간에 실질적인 협의가 있었는지
③ 원도급자가 계약취소로 인한 하도급자의 손실을 충분한 협의를 거쳐 정당한 보상을 하였는지 여부

약정된 공사를 모두 마무리하지 못하고 공사를 중단하게 될 경우에는 원도급자와 하도급자가 그 시점으로 기성을 확인하여 공사대금을 정산하는 '타절 정산'을 해야 한다.

기성 정산방법은 크게 세 가지가 있다. ① 기 시공 부분에 실제로 투입한 비용으로 보는 방법, ② 약정 총공사비에서 미시공한 부분의 완성에 실제로 소요될 공사비를 공제한 금액으로 보는 방법, ③ 약정 총공사비에 기성고(시공계획에 의한 공사의 마감량) 비율을 곱하여 산정하는 방법이다.

대법원은 당사자 간에 산정방법에 합의가 없다면 세 번째 방법에 의한다고 보고 있다.●

공사의 중단이나 변경은 갑자기 발생되는 것이 아니다. 일정기간 동안 서서히 문제가 발생하기 시작하여 결정적인 순간에 이루어지기 때문에 하도급자는 그 과정에서 그 원인과 배경, 책임소재 등에 대한 상세한 증거를 수집하여야 한다.

1. 계약이 일방적으로 해약된 경우에는 그 배경과 세부내용 등의 확실한 증

● 정종채, 앞의 책, 205쪽

거가 매우 중요하다. 하도급자는 어떤 문제발생을 대비하여 항상 처음부터 원도급자에게 서면통지를 요구하고, 작업일지, 현장 회의자료 등에 매일 기재하고 원도급자 직원과 이메일, 문자 등을 주고받고 무엇이든 기록을 남겨야 한다.

2. 평소에도 공문을 주고받아 원도급자가 원인을 제공한 증거를 확보해야 한다. 원도급자에게 공문을 보내 부당성과 이의를 제기하고 원상회복도 요구해야 한다. 이러한 서류들이 모여서 전체적인 사건 실체가 자연스럽게 드러나는 것이다. 증거자료가 없으면 아무것도 못한다.

3. 하도급자가 계약해지에 동의를 하지 않을 경우에는 그동안 확보된 계약 해지 배경과 이유 등의 상세한 자료들을 잘 정리하여 원도급자에게 공문으로 반대의사를 분명히 표명한다. 원도급자가 반대를 받아들이지 않을 경우에는, 공정위에 고발하고, 미수금은 발주자에게 직불 요청한다. 직불로 부족할 경우에는 하도급대금 지급보증을 청구한다. 전문가와 협의하여 공사중지 가처분, 가압류, 유치권 등 법적조치를 신속히 검토한다. 빠르게 진행되므로 신속하게 대응해야 한다.

4. 계약해지 원인에 하도급자의 책임이 없거나 극히 일부책임이라면 원도급자의 일방적 해약에 따른 손해배상을 3배까지 받을 수 있다. 계약해지시 원도급자도 많은 손해비용이 발생될 수 있기 때문에 원도급자에게 해지 책임이 있다는 증거가 없다면 하도급자는 꼼짝없이 모든 비용을 물어내게 될 수 있다. 증거가 최선의 방어이자 공격이다.

5. 계약해지에 하도급자가 동의를 한다면, 즉시 기성고를 산정하여 원도급자에게 통지한다. 원도급자는 10일 이내에 검사할 의무가 있고, 기성검사가 종료되면 인수가 이루어진 것으로 보아 60일 이내에 공사대금을 지급해야 한다. 만약 기성고에 상호 이견이 발생하면 외부의 기성측정 전문기관 등에 의뢰하여 신속하게 객관적 기성고를 마련한다.

6. 기성에 관한 합의 없이 공사포기를 합의하였더라도, 공사중단 당시 공사가 상당한 정도로 진척되어 이를 철거하여 원상회복하는 것이 상당한 경제적 손실을 초래하게 되고 또한 이미 완성한 공사부분이 종합건설회사에게 이익이 된다면 종합건설회사는 전문건설회사에게 기성고에 상응하는 보수를 지급해야 한다.*

7. 선급금이 있다면, 구체적인 기성고에 해당하는 공사대금에 당연히 충당하고 잔여기성이 남아 있다면 그 금액만 지급하면 된다. 반대로 미지급공사대금에 충당하고 남은 선급금이 있다면 원도급자에게 반환해야 한다.

"다음 공사를 안 주면 어떡하지?" 하는 걱정이 앞서 적극적인 대응을 하지 못한다면 회사가 다 망할 수도 있다. 그 정도로 하도급자를 함부로 대하는 원도급자라면 길게 거래할 만한 좋은 회사도 아니다. 하루빨리 정리하고 건강하고 좋은 다른 원도급자를 찾는 것이 더 확실한 방향이다.

• 이수완, 허순만, 건설하도급법률분쟁실무, GMFC, 2014. 6. 1. 89쪽

(법조문 요약)

◇ 법 제8조(부당한 위탁취소의 금지 등)

① 원도급자는 제조 등의 위탁을 한 후 하도급자의 책임으로 돌릴 사유가 없는 경우에는 다음 각호의 어느 하나에 해당하는 행위를 하여서는 아니 된다. 다만, 용역위탁 가운데 역무의 공급을 위탁한 경우에는 제2호를 적용하지 아니한다.

1. 제조 등의 위탁을 임의로 취소하거나 변경하는 행위
2. 목적물 등의 납품 등에 대한 수령 또는 인수를 거부하거나 지연하는 행위

■ 부당한 '특약내용'을 강요할 경우

사례13

부당한 특약내용을 강요할 경우

하도급법과 건산법에서, 원도급자는 하도급자의 이익을 부당하게 침해하거나 제한하는 계약조건(이하 '부당한 특약'이라 한다)을 설정해서는 아니 된다고 하고 부당특약의 유형을 명시했다. 그리고 부당한 특약은 없었던 것으로 무효화시켰다. 무효화는 민법을 뛰어넘는 규정이기에 민법에 대한 대혁명과도 같은 조치다. 하도급자에게 긴 가뭄에 꿀 단비 같은 조치다.

부당하게 하도급자의 이익을 침해하거나 현행법에 위반되는 내용들을 하도급계약서나 입찰내역서, 현장설명서 등의 계약 부속서류 등에 명기하도록 강요를 받으면 적극 대처를 해야 한다. "별일 있겠어?" 하고 계약서에 대충 도장을 찍었다가는 나중에 큰 코 다치며 잘못하면 회사가 일시 문닫는 지경에 이를 수 있다. 공사도중 뒤늦게 부당한 계약내용을 발견했다면 이미 계약서에 도장을 찍었기에 돌이킬 수 없다.

P사도 계약할 때 쉽게 생각했다가 결국 큰일을 당했다. 현장설명서에 '민원이 발생할 경우 하도급자가 책임을 지고 해결한다'는 문구를 보고도 "별일 없겠지!" 하는 마음으로 계약서에 도장을 찍었다. 공사도중 민원이 발생하여 5억

여 원을 배상하고 마무리지었고, 그 공사는 크게 적자를 보고 한동안 회사운영에 엄청난 어려움을 주었다. 이와 비슷한 사례는 배상금액이 크고 작을 뿐이지 전국적으로 비일비재하게 일어난다. 계약 이전에 충분한 검토와 대응이 절대적으로 필요하다.

1. 부당한 특약은 우선 사전에 미리미리 점검하는 것이 최고의 예방이다. 계약서, 입찰내역서나 현장설명서 내용 한 구석에 쓰여 있거나 작은 글씨로 적어 놓으면 그냥 쉽게 넘어갈 수도 있다. 충분한 시간을 가지고 구석구석 면밀히 검토를 해야 한다.

2. 특약내용 중 용인할 수 있는 내용들은 받아들이되 도저히 받아들이기 어려운 문제라고 판단되면 절대로 승낙해서는 안 된다. 일단 승낙한 내용은 돈으로 책임질 각오를 해야 하고 자신 있을 때 계약이 가능하다.

3. 부당한 특약사항은 무효화시켰기 때문에, 법에서 보호되는 부당한 특약에 해당되는지 잘 판단해야 한다. 정당한 특약이라면 당연히 의무를 다해야 한다. 계약서나 부속서류 등에 의해서 어떤 배상을 하거나 책임을 져야 할 일이 발생한 경우에도 우선 법에 따라 보호를 받을 수 있는지를 반드시 확인하여 불필요한 배상을 피한다.

◇ 하도급법상 부당 계약내용(제3조의4)

① 원도급자는 하도급자의 이익을 부당하게 침해하거나 제한하는 계약 조건(이하 '부당한 특약'이라 한다)을 설정하여서는 아니 된다.

② 다음 각호의 어느 하나에 해당하는 약정은 부당한 특약으로 본다.

    1) 원도급자가 제3조 제1항의 하도급계약서에 기재되지 아니한 사항을 요구함에 따라 발생된 비용을 하도급자에게 부담시키는 약정

    2) 원도급자가 부담하여야 할 민원처리, 산업재해 등과 관련된 비용을 하도급자에게 부담시키는 약정

    3) 원도급자가 입찰내역에 없는 사항을 요구함에 따라 발생된 비용을 하도급자에게 부담시키는 약정

    4) 그밖에 이 법에서 보호하는 하도급자의 이익을 제한하거나 원도급자에게 부과된 의무를 하도급자에게 전가하는 등 대통령령으로 정하는 약정

◇ 하도급법 시행령(제6조의2, 부당한 특약으로 보는 약정)

① 관련 법령에 따라 원도급자의 의무사항으로 되어 있는 인·허가, 환경관리 또는 품질관리 등과 관련하여 발생하는 비용

② 원도급자(발주자를 포함한다)가 설계나 작업내용을 변경함에 따라 발생하는 비용

③ 원도급자의 지시(요구, 요청 등 명칭과 관계없이 재작업, 추가작업 또는 보수작업에 대한 원도급자의 의사표시를 말한다)에 따른 재작업, 추가작업 또는 보수작업으로 인하여 발생한 비용 중 하도급자의 책임 없는 사유로 발

생한 비용

④ 관련 법령, 발주자와 원도급자 사이의 계약 등에 따라 원도급자가 부담
하여야 할 하자담보책임 또는 손해배상책임

⑤ 천재지변, 매장문화재의 발견, 해킹·컴퓨터바이러스 발생 등으로 인한
작업기간 연장 등 위탁시점에 원도급자와 하도급자가 예측할 수 없는
사항과 관련하여 하도급자에게 불합리하게 책임을 부담시키는 약정

⑥ 해당 하도급거래의 특성을 고려하지 아니한 채 간접비(하도급대금 중 재
료비, 직접노무비 및 경비를 제외한 금액을 말한다)의 인정범위를 일률적으
로 제한하는 약정. 다만, 발주자와 원도급자 사이의 계약에서 정한 간
접비의 인정범위와 동일하게 정한 약정은 제외한다.

⑦ 계약기간 중 하도급자가 법 제16조의2(물가변동 조정)에 따라 하도급대
금 조정을 신청할 수 있는 권리를 제한하는 약정

⑧ 그밖에 제1호부터 제4호까지의 규정에 준하는 약정으로서 법에 따라
인정되거나 법에서 보호하는 하도급자의 권리·이익을 부당하게 제한
하거나 박탈한다고 공정거래위원회가 정하여 고시하는 약정

◇ **건설업 표준하도급계약서 상 무효가 되는 내용**(제43조 제3항)

③ 기본계약 및 개별약정에서 정하고 있는 내용 중 다음 각호의 어느 하나
에 해당하는 약정은 무효로 한다.

　1) 원도급자가 기본계약 및 개별약정 등의 서면에 기재되지 아니한 사
　　항을 요구함에 따라 발생된 비용을 하도급자에게 부담시키는 약정

　2) 원도급자가 부담하여야 할 민원처리, 산업재해 등과 관련된 비용을
　　하도급자에게 부담시키는 약정

3) 원도급자가 입찰내역에 없는 사항을 요구함에 따라 발생된 비용을 하도급자에게 부담시키는 약정

4) 다음 각 목의 어느 하나에 해당하는 비용이나 책임을 하도급자에게 부담시키는 약정

　가. 관련 법령에 따라 원도급자의 의무사항으로 되어 있는 인·허가, 환경관리 또는 품질관리 등과 관련하여 발생하는 비용

　나. 원도급자(발주자를 포함한다)가 설계나 시공내용을 변경함에 따라 발생하는 비용

　다. 원도급자의 지시(요구, 요청 등 명칭과 관계없이 재작업, 추가작업 또는 보수작업에 대한 원도급자의 의사표시를 말한다)에 따른 재작업, 추가작업 또는 보수작업으로 인하여 발생한 비용 중 하도급자의 책임 없는 사유로 발생한 비용

　라. 관련 법령, 발주자와 원도급자 사이의 계약 등에 따라 원도급자가 부담하여야 할 하자담보책임 또는 손해배상책임

5) 천재지변, 매장문화재의 발견, 해킹·컴퓨터바이러스 발생 등으로 인한 공사기간 연장 등 계약체결시점에 원도급자와 하도급자가 예측할 수 없는 사항과 관련하여 하도급자에게 불합리하게 책임을 부담시키는 약정

6) 해당 공사의 특성을 고려하지 아니한 채 간접비(하도급대금 중 재료비, 직접노무비 및 경비를 제외한 금액을 말한다)의 인정범위를 일률적으로 제한하는 약정. 다만, 발주자와 원도급자 사이의 계약에서 정한 간접비의 인정범위와 동일하게 정한 약정은 제외한다.

7) 계약기간 중 하도급자가 하도급법 제16조의2에 따라 하도급대금 조정을 신청할 수 있는 권리를 제한하는 약정

8) 그밖에 제1호부터 제7호까지의 규정에 준하는 약정으로서 법에 따라 인정되거나 법에서 보호하는 하도급자의 권리·이익을 부당하게 제한하거나 박탈한다고 공정거래위원회가 정하여 고시하는 약정

④ 제3항에 따라 무효가 되는 약정에 근거하여 하도급자가 비용을 부담한 경우 하도급자는 이에 해당하는 금액의 지급을 원도급자에게 청구할 수 있다.

◇ **건산법상 무효가 되는 계약내용**(제22조 제5항)

1. 계약체결 이후 설계변경, 경제상황의 변동에 따라 발생하는 계약금액의 변경을 상당한 이유 없이 인정하지 아니하거나 그 부담을 상대방에게 전가하는 경우
2. 계약체결 이후 공사내용의 변경에 따른 계약기간의 변경을 상당한 이유 없이 인정하지 아니하거나 그 부담을 상대방에게 전가하는 경우
3. 도급계약의 형태, 건설공사의 내용 등 관련된 모든 사정에 비추어 계약체결 당시 예상하기 어려운 내용에 대하여 상대방에게 책임을 전가하는 경우
4. 계약내용에 대하여 구체적인 정함이 없거나 당사자 간 이견이 있을 경우 계약내용을 일방의 의사에 따라 정함으로써 상대방의 정당한 이익을 침해한 경우
5. 계약불이행에 따른 당사자의 손해배상책임을 과도하게 경감하거나 가중하여 정함으로써 상대방의 정당한 이익을 침해한 경우
6. 「민법」 등 관계 법령에서 인정하고 있는 상대방의 권리를 상당한 이유 없이 배제하거나 제한하는 경우

■ 어떻게 하면 공사대금을 떼이지 않을 것인가

공사대금을 떼이지 않는 방법

돈을 떼어 먹으려고 작정하고 달려드는 사람에겐 방법이 없다. 그 사람 마음속에 들어갔다 나올 수도 없고, 24시간 감시할 수도 없고 돈을 못 받고 있는 입장에선 참으로 답답할 노릇이다. 하도급대금을 보호하기 위하여 여러 가지 법 규정이 마련되어 있지만, 그마저도 요리조리 빠져나가면 허탕이다. 일단 일이 터지고 나서 돈을 받으려면 더 어렵다. 일이 벌어질 때쯤이면 원도급자가 이미 다 챙기고 남아 있는 것이 거의 없기 때문이다.

'사후약방문死後藥方文'이라고 사람이 죽은 뒤에 약을 짓는다는 뜻으로, 일을 그르친 뒤에 아무리 뉘우쳐야 이미 늦었다는 말이다. 일이 터지고 나서 이리저리 뛰어봤자 돈을 받는 데는 한계가 있다. 하도급자는 항상 정보에 어둡고 늦다. 다른 사람은 다 아는데 제일 늦게 알거나 아예 모르고 있는 경우가 허다하다. 이런저런 약점을 사전에 충분히 보완하지 않으면 계속 당하고 손해 볼 수밖에 없다.

공사대금을 떼이지 않는 방법이 있다. 미리미리 사전에 준비하면 손실을 보지 않거나 최소화할 수 있다. 일이 터지고 나서 대응하는 방법은 회수가능성도 적고 시간과 비용이 많이 든다. 그러나 사전에 철저하게 준비만 한다면 손해 볼 일이 적다. 사전 준비하는 일은 비용이 적게 들 뿐만 아니라 그때그때 조금씩 준비하므로 엄청난 노력이 드는 것도 아니다. 꾸준히 사안에 따라 필요한 요구를 하고 필요한 자료들을 모으고 작성하면 된다.

공정위 조사담당 공무원들이 "심증은 가는데 물증이 없어서 어떻게 도와줄 수가 없다"는 말을 자주한다. 일은 분명히 한 것 같은데 증거가 없다는 것이다. 재판이든 공정위든 증거가 없으면 방법이 없다. 끝이다. 원도급자가 부도파산이 난 경우를 제외하고 하도급자가 평상시 증거자료만 잘 확보하고 있으면 돈을 떼일 일이 거의 없다. '서류능력이 성장하는 만큼 회사가 성장한다'는 말이 있다. 증거자료확보에 대한 책임은 온전히 하도급자 몫이다.

요즘에는 하도급계약서, 추가계약서 등을 반드시 작성해줘야 공사를 계속하는 하도급업체가 늘어가고 있다. 하도급계약서를 작성해주지 않으면 공사를 아예 중단한다. 추가공사, 변경공사가 발생하면 일단 공사를 진행하면서 변경계약서를 요구하고 안 해주면 공사를 중단한다. 결국 원도급자는 하도급자가 원하는 대로 계약서를 작성해줄 수밖에 없다. 요구사항이 법정사항이고 당연한 내용이기 때문이다. 모든 증빙을 철저하게 준비해가는 업체들은 적자도 없고 돈을 떼이지도 않는다.

하도급자가 공사비를 못 받거나 감액될 수 있는 경우는 계약시점부터 시공단계, 공사비 수령단계, 마감 정산단계, 하자 이행단계 등 전 과정 곳곳에 지뢰처럼 산재해 있다. 공사비에 대하여 처음부터 끝까지 마음을 놓을 수 없기 때문에 각 단계별로 계속 긴장감을 늦추지 말고 준비를 해야 한다. 노력 없이 얻어지는 것은 아무것도 없다. 하도급자가 본인을 위해 스스로 노력을 하지 않으면 아무것도 얻을 수 없다. 더구나 돈 문제는 매우 민감한 문제라서 무엇보다도 더 많은 노력을 들여야 돈을 떼이지 않는다. 공사의 종류, 계약조건 등 공사에 따라 준비를 해야 할 내용들이 다양할 것이나 우선 공통되는 중요한 사항을 정리해본다.

가. 계약단계

- 원도급자가 하도급법 적용대상이 되는지 검토한다. 원도급자의 시공능력 평가액이 하도급자보다 많아야 하고, 원도급자의 시공능력평가액이 30억 원 이상이 되는지 확인한다. 대상이 안 되면 민사소송으로 가야 하기 때문에 민사로 가면 회수가능성도 낮아지고 시간, 비용 등으로 더욱 어렵게 된다.

- 설계도, 내역서 등이 완성된 것인지 확인한다. 특히 대형공사의 경우 설계 가 미완성된 상태에서 계약을 하면 계약금액도 유동적이 되고 추후 여러 번의 설계변경, 공기연장 등 많은 변수가 있을 가능성이 많다. 이 경우 변 경에 따라 모든 추가금액을 보상받는다는 조건이 되어 있는지 확인한다.

- 하도급대금 지급보증서를 발급하는지 반드시 확인하고, 계약 이후에는 보증서를 확보하여 보관하고, 공사 중에도 해약을 하지 않았는지 가끔 키 스콘Kiscon을 통하여 확인한다.

- 추가·변경공사에 대한 추가금액 정산방법, 추가계약서 작성방법 등 추가 ·변경공사에 대한 내용을 확인하고, 신뢰성이 있는지 확인한다.

- 대금지급 조건을 따져봐야 한다. 우선, 공공공사인지 민간공사인지 파악 한다. 민간공사의 경우에는 원도급자도 공사비를 받지 못할 경우가 있기 때문에 좀 더 구체적으로 알아본다. 선급금을 지급하는 별도의 조건이 있 는지, 원도급자가 어음을 줄 경우 어음기간, 할인료, 지연이자 등의 내용 을 확인하고, 대물조건이 있는 경우 물건가격을 얼마로 하고, 매도금지 기 간이 있는지 등 불리한 조건 등을 검토한다.

- 산재, 민원, 간접비, 추가공사 등 특약사항이 있는지 현장설명서, 계약서, 내역서 등 부속서류까지 샅샅이 뒤져본다. 숨겨져 있다가 후에 알게 되어

도 되돌릴 수가 없다. 도저히 수용하기 어려운 무리한 특약사항은 반드시 제외시켜야 한다. 후에 회사에 극약으로 돌아올 수 있기 때문이다.

- 가능하다면, 신용정보회사 조회를 통하여 원도급자의 최근 재무상태를 확인해본다. 결산서는 대부분 지난해 말 기준으로 작성되어 큰 의미는 없으나 그래도 기본적으로 몇 년간 적자인지 순이익 규모, 영업외비용 규모 등을 검토해보아야 기본상태 등을 파악할 수 있다.

- 하도급계약금액이 적정한 수준인지 최종 판단한다. 시공 도중 추가변경 공사로 공사비가 증액될 부분까지 감안하여 결정해야 한다. 만약 적자 선에서 머문다면 과감히 포기해야 한다. 적자로 큰 고통을 떠안는 것보다는 공사가 없어 당분간 걱정이 된다 하더라도 다른 공사수주에 전념하는 것이 회사의 무궁한 발전을 위하여 더 유익하다.

- 이상의 조건들을 확인하고 한 가지라도 돈 받는 데 안전권에서 벗어난다면 공사를 포기해야 한다. 소탐대실하지 말고 돈을 못 받아 회사가 부도나는 것보다 공사 1건을 포기하는 것이 더 현명한 길이다.

나. 공사진행 단계

- 추가·변경공사, 돌관공사, 설계변경, 물가변동 등 내역서 이외의 사항이 발생할 경우에는 즉각 추가계약서 작성 및 정산을 실시한다. 원도급자가 응하지 않을 시에는 추정계약제도 등을 활용하여 계약서를 확보하고 기타 이메일 등 가능한 한 세부적인 증거를 확보하고 추가공사비 정산은 1~2개월 등 가급적 짧은 기간 내에 끝낸다.

- 법정기간 60일 초과하여 공사대금 지급이 미루어질 경우에는 법적 조치를 시작하는 것이 최선의 방어다. 눈치보고 있다가 기회를 놓치는 경우가 많아 손해를 본다. 이제 눈치를 보면서 일할 때는 지났다. 정당하게 일하

고 정당한 대가를 받는다는 자세로 임해야 한다. 내용증명 등 예고를 한 후에도 안 되면 공정위 등에 고발 등 필요한 조치를 취한다. 공사 중단까지도 감수하고 추가비용을 받아내야 한다. 아무리 공사한들 돈을 못 받으면 무엇에 쓰겠는가. 적어도 돈을 받는 것만큼은 철저해야 한다.

- 기성 수령을 거부하거나 감액하거나 검사를 지연하는 등 하도급법이나 계약내용 위반사항이 발생하면 우선 법위반임을 알리고 구두로 시정을 요청한다. 시정이 안 되면 내용증명으로 보내고, 이메일 등으로 증거를 남기고 재차 요청한다. 거듭 요구에도 계속 거부하면 이미 상황이 끝나가는 현장이다. 공사를 중단하고 공정위 등에 고발하는 게 현명한 해결책이다.

다. 준공 단계

- 준공정산이 항상 문제다. 원도급자는 가급적 적게 주고 끝내려고 하기 때문이다. 미지급분과 최종 정산한 근거자료들을 빠짐없이 잘 정리하여 정식 공문으로 정산을 요청한다. 처음 요청금액에서 빠지면 후에 추가로 요청하기가 어렵다.

- 공사기간 지연으로 지체상금 문제가 발생하면, 그동안 확보된 지연된 원인자료들을 잘 정리하여 원도급자에게 제출하고 하도급자에게 떠 넘겨지지 않도록 미연에 방지한다.

- 정산금은 최종 단계이므로 지급이 지연되거나 미온적인 모습을 보이면 즉각 공정위 등에 고발조치를 검토해야 한다. 하도급공사비는 시효가 3년이지만 계속 이 한 건에 매달려 있을 수 없기 때문이다.

라. 하자이행 단계

- 하자는 법정기간대로 이행증권을 발행하고, 그 이상을 요구 시 거절해야

한다. 3~5년 후에 수천만 원, 수억 원 등 하자가 크게 발생한다면 하도급자가 헤어날 수 없는 큰 고통을 받게 될 수도 있다.

마. 법적조치

- 정산대금 등 공사비를 안 줄 경우에는, 우선 상호협의로 해결하는 것이 최선이다. 양보할 수 있는 선까지 최대한 노력하여 합의에 이르도록 최선을 다한다

- 합의가 안 되면 어쩔 수 없이 법적 조치밖에 없다. 발주자에게 하도급대금 직불신청을 한다. 공정위에 고발하고 신속히 해결방안을 찾는다. 공정위는 상호합의를 유도하고 신속히 끝낼 수 있으므로 실제 발생한 공사비를 최대한 받을 수 있도록 증거제출, 설명 등에 만전을 기한다.

- 채권확보를 위하여 전문가와 상의하여 가압류, 가처분, 유치권 설정, 공사중지 가처분신청 등 가능한 최대한 확보방안을 강구한다.

- 공정위에서 합의가 되지 않거나, 공정위 고발사안이 아닌 경우에는 민사소송을 즉시 진행한다. 곧바로 신청하는 것이 그나마 시간을 버는 것이다. 민사소송이 진행되면 공정위 등에서 진행되는 사안들은 진행이 중단된다.

공사를 따기도 어렵지만 돈을 받기가 더 어려운 것 같다. 대형 원도급 종합건설 1개사가 부도나면 하도급사는 수십여 개가 연쇄부도 난다. 지금도 이런저런 이유로 하도급자가 평균 2일에 1개씩 부도가 난다. 원도급자가 부도파산의 경우 하도급자가 미리 알아차리고 공사를 중단한다든지 등 미리 대처하면 조금이라도 더 나아질 수 있다.

하도급자 입장에서 공사계약, 시공, 준공 등 모든 과정에서 돈에 관한 한 떳떳하게 대응을 해야 한다. 원도급자의 눈치를 보아가며 전전긍긍하기 때문에

저 아랫것으로 보고 함부로 감액하고, 안 주고, 하대하는 것이다. 열심히 일하고 정당한 금액을 요구한다는 방향으로 바뀌어야 한다. 다 함께 노력해야 한다. 그래야 어렵게 공사하고 공사비를 떼이지 않게 된다.

공사대금을 계속 안 주는 경우

기성을 청구하여 이미 확정된 기성공사비를 원도급자 측에서 지급하지 않고 계속 미루는 경우다. 원도급자가 발주자로부터 공사대금을 받지 못해서, 받을 돈이 늦어지고 있으니 조금 더 기다리라고 한다. 돈이 없다고 하니 인정상 당장 어떻게 하자니 그렇고, 그렇다고 마냥 기다릴 수도 없고 곤란할 때가 많다.

원도급자와 하도급자 간에 대금이 확정되지 않았다 하더라도 지급의무는 발생하는 것이므로 원도급자가 지급하지 않으면 이유를 불문하고 하도급대금 미지급이다. 더구나 지연지급에 상당한 이유가 있다는 주장은 인정될 가능성이 거의 없다.

1. 우선 원·하도급자 상호 간에 지급되도록 최대한 노력한다. 선의적으로 해결하는 방법이 최선이다. 기성청구 후 60일 이상이 지나도록 계속 지급하지 않으면 법적 조치를 적극 검토해야 한다. 60일은 하도급법에서 정한 최대기한이다. 2개월이 지난 것은 기성청구가 보통 월말에 이루어지므로 작업 후 이미 길게는 3개월 정도가 된 것이다. 이때쯤 되면 하도급자도 자금압박에 시달려 매우 어려워질 때다.

2. 60일 초과의 경우, 하도급자의 자금압박과 어려움을 수시로 원도급자에게 공문을 보내고, 메일 등으로 심각성을 인식시켜 주는 것도 중요하다. 그래야 후에 어떤 조치를 하더라도 절박성이 입증되고 당위성 설득에 유리해진다. 미지급상태에서도 계속 진행되는 공사의 기성청구는 정해진 날짜에 정상적으로 신청해야 한다. 그래야 청구 후 60일을 계산할 수 있고 지급기한을 하루라도 더 당길 수 있기 때문이다.

3. 우선, 공문으로 지급을 정식으로 요청하고, 이메일, 카톡 등으로 지급요청 문자뿐만 아니라 현장회의 시에도 지급문제를 거론하며 회의자료 등에도 기록을 남긴다. 그래도 안 되면 더 이상 눈치 볼 문제가 아니다. 우물쭈물 하지 말고 내용증명을 보낸다. 내용증명에는 언제까지 지급해달라는 시한을 정하여 보낸다. 그래도 지급하지 않으면 소송에 의할 수밖에 없음을 명기한다.

4. 그래도 지급이 안 되면 발주자에게 공사대금 직접지급 신청을 한다. 그리고 공사중단을 적극 검토한다. 민법(제536조)상의 '불안의 항변권'● 을 행사하는 것이다. 대금 미지급은 공사중단 사유가 되며, 계약을 해지하고 손해배상청구도 법적으로 가능하다. 공사비를 2~3개월 이상 받지 못하면서 공사를 계속한다는 것은 대단히 위험한 모험이다. 위험을 감수할 만큼 공사를 계속해야 할 다른 이유가 있다면 몰라도 더 이상 공사를 지속한다는 것은 스스로 위험을 자초하는 결과가 될 수 있다. 더 큰 손해를 보기 전

● 정종채, 앞의 책, 217쪽
  대법원 판례도 원도급자가 공사대금을 지급하지 않은 경우 하도급자가 공사를 중단할 불안의 항변권이 있다고 판시한 바 있다. (대법원 2012. 3. 29. 선고 2011다93025 판결, 원심은 서울중앙지방법원 2010. 1. 15. 선고 2008가합24765)

에 그 선에서 끝내야 한다. 일부 입금이 되면 그 만큼만 공사를 더하고 그 이상은 안 된다. 계속하여 지급이 안 되면 법대로 처리할 수밖에 없다.

(법조문 요약)

◇ 법 제13조(하도급대금의 지급 등)

① 원도급자가 하도급자에게 제조 등의 위탁을 하는 경우에는 목적물 등의 수령일(건설위탁의 경우에는 인수일을, 용역위탁의 경우에는 하도급자가 위탁받은 용역의 수행을 마친 날을, 납품 등이 잦아 원도급자와 하도급자가 월 1회 이상 세금계산서의 발행일을 정한 경우에는 그 정한 날을 말한다. 이하 같다)부터 60일 이내의 가능한 짧은 기한으로 정한 지급기일까지 하도급대금을 지급하여야 한다. 다만, 다음 각호의 어느 하나에 해당하는 경우에는 그러하지 아니하다.

 1. 원도급자와 하도급자가 대등한 지위에서 지급기일을 정한 것으로 인정되는 경우

 2. 해당 업종의 특수성과 경제여건에 비추어 그 지급기일이 정당한 것으로 인정되는 경우

② 하도급대금의 지급기일이 정해져 있지 아니한 경우에는 목적물 등의 수령일을 하도급대금의 지급기일로 보고, 목적물 등의 수령일부터 60일이 지난 후에 하도급대금의 지급기일을 정한 경우(제1항 단서에 해당되는 경우는 제외한다)에는 목적물 등의 수령일부터 60일이 되는 날을 하도급대금의 지급기일로 본다.

③ 원도급자는 하도급자에게 제조 등의 위탁을 한 경우 원도급자가 발주자로부터 제조·수리·시공 또는 용역수행행위의 완료에 따라 준공금 등을 받았을 때에는 하도급대금을, 제조·수리·시공 또는 용역수행행위의 진척에 따라 기성금 등을 받았을 때에는 하도급자가 제조·수리·시공 또는 용역수행한 부분에 상당하는 금액을 그 준공금이나 기성금 등을 지급받은 날부터 15일(하도급대금의 지급기일이 그 전에 도래하는 경우에는 그 지급기일) 이내에 하도급자에게 지급하여야 한다.

④ 원도급자가 하도급자에게 하도급대금을 지급할 때에는 원도급자가 발주자로부터 해당 제조 등의 위탁과 관련하여 받은 현금비율 미만으로 지급하여서는 아니 된다.

사례16

공사대금을 60일 경과 후에도 지급하지 않는 경우

기성청구 후 60일이 경과했음에도 공사대금을 지급하지 않는 경우다. 하도급법에는 60일을 초과하는 기간 동안 지연이자를 지급하도록 되어 있다. 지연이자율은 공정위가 별도로 고시(연리 15.5%, 2015년 6월 30일 고시)한다.

1. 60일 경과 시 공사대금을 즉시 청구할 수 있다. 그렇다고 눈만 뜨면 현장에서 얼굴을 마주치는데, 60일이 지났다고 곧바로 지연이자 운운하며 돈 달라고 하면 사실 정떨어진다. 우선 60일이 초과된 내역들을 잘 정리해

두어야 한다. 기간이 길어져 지연이자가 쌓여 청구를 할 수밖에 없는 상황에 대비하는 것이다. 수개월이 지난 후 한꺼번에 정리하려면 자료가 없는 경우도 있고 계산에 어려운 일이 발생할 수 있다. 그때그때 정리하는 것이 수월하고 정확하다.

2. 서로가 마찰없이, 중단없이 공사를 마무리할 수 있다면 천만다행이다. 원도급자가 가장 많이 위반하는 내용이 지연이자에 대한 미지급이다. 준공 시 마지막 정산에서 원도급자와 하도급자 간에 항상 이견이 많아 문제가 발생하는데, 어차피 상호충돌이 일어났다면 그동안 받지 못한 지연이자까지 모두 정산하여 청구한다. 지연이자에 대해 자꾸 물어보고, 따져야 다음부터 지급기한을 준수할 마음도 생기는 법이다. 아무 소리도 안 하고 계속 그냥 지나가니까 당연히 그런 걸로 알고 만성화된다.

〈법조문 요약〉

◇ 법 제13조(하도급대금의 지급 등)

⑧ 원도급자가 하도급대금을 목적물 등의 수령일부터 60일이 지난 후에 지급하는 경우에는 그 초과기간에 대하여 연 100분의 40 이내에서 「은행법」에 따른 은행이 적용하는 연체금리 등 경제사정을 고려하여 공정거래위원회가 정하여 고시하는 이율에 따른 이자를 지급하여야 한다.

⑨ 제6항에서 적용하는 할인율은 연 100분의 40 이내에서 법률에 근거하여 설립된 금융기관에서 적용되는 상업어음할인율을 고려하여 공정거래위원회가 정하여 고시한다.

선행공정 지연으로 나의 공정이 늦어지는 경우

건설공사는 처음부터 끝까지 공정별로 짜여진 각각의 진행순서가 있어서 제때에 시작해서 정해진 기간 내에 끝내야 다음 공정이 계획된 기간 내에 순조롭게 끝날 수 있다. 건설공사는 현장여건에 따라 변수가 많아서 앞 공정의 작업이 늦어지는 경우가 자주 발생한다.

선공정이 늦어지면 이어지는 후공정 작업은 매우 바쁘게 돌아가고 기간을 단축하기 위해 야간, 공휴일, 연장, 우중작업 등 무리하게 진행하게 된다. 그러다 보면 산재사고 등 부작용도 발생되면서 추가공사비용도 많이 발생한다.

월말에 또는 공사를 다 끝내고 추가비용을 정산해주겠다는 말만 믿고 일만 열심히 하는 경우가 대부분인데 문제는 항상 여기서 출발한다. 아무런 서면증거도 없이 말만 믿고 하다보니까 막상 정산에 문제가 발생하면 전혀 대응을 할 수 없는 상태가 되어 일부만 받거나 아예 전액 손해를 보는 경우가 많다.

선공정이 지연된 원인은 대부분 원도급자의 관리책임과 선공정의 책임으로 발생되는데, 그 부담은 대부분 다음공정 하도급자가 모두 떠안게 되는 경우가 많다. 이런 경우에는 선공정이 지연되는 원인부터 파악하여 자료수집이 되어야 하고, 공정이 지연되면 공문으로 그 이유를 묻고 대책강구를 요청해 원도급자의 답변자료 등을 받아 증거를 확보해야 한다.

공문을 주고받는 과정에서 그 책임소재가 가려지고 하도급자의 책임이 없음이 증명된다. 일이 터지고 나서 자료를 수집하려면 이미 늦다. 원도급자도 해주지 않을뿐더러 눈치를 채고 일체 주지도 않는다. 영악한 짓을 하는 원도급자를 이기려면 먼저 앞서가야 한다. 항상 자료의 확보가 기본이다. 자료만 미리미리 준비되어 있다면 어떠한 일이 발생해도 걱정할 일이 없다.

후속 공사를 주겠다며 기성금을 깎는 경우

다음 공사를 주겠다는 꼬임에 속은 사람이 한둘이 아니다. 다음공사를 따겠다는 욕심에 순간 눈이 멀어 기성금까지 깎아주고 손해를 본다. 공식문서로 약속을 해주면 그나마 믿을 수 있겠지만 문서로 약속을 해주는 원도급자는 지금까지 한 번도 본 적이 없다. 정말로 정직하게 반드시 지킬 약속이라면 서면으로 해주지 못할 이유가 없다. 서면으로 약속을 해주지 못하는 것은 벌써 뭔가가 불확실성이 있기 때문이다.

다음공사를 약속하는 것은 믿어서는 안 된다. 99% 이상이 속임수다. 가령 다음공사를 준다고 해도 적자공사를 줄 것이다. 이번에 깎아주는 금액을 보전하기는 고사하고 수익성이 더 낮아 손해가 더 날 것이다.

현재의 소장이 다음공사에도 반드시 계속 근무한다는 보장도 없다. 사람이 바뀔 수도 있다. 기성금을 깎아달라고 하고, 불공정행위를 밥 먹듯 하는 원도급자는 공사를 추가로 주어보았자 좋은 금액에 줄 리도 없다. 준다고 해도 금액은 더 낮아질 가능성이 많고 또 깎아달라고 할 것이다. 불확실한 미래와 현재의 현금과 맞바꾸는 것은 정말로 어리석은 짓이다. 절대로 기성금을 깎아주면 안 된다.

지금 이 공사는 제대로 정산을 하고 끝내야 한다. 더 이상 현혹되지 말고 이번 공사나 충실히 정산하고 가급적 이윤을 내도록 노력하는 것이 최선의 방안이다. 다음 공사는 그때 가서 주면 좋고 안 줘도 할 수 없다는 식으로 간단 명쾌하게 생각을 정리해야 한다. 물론 기성금을 깎아주었는데 다음공사를 주지 않으면 하도급법상 불법으로 고발하면 손해를 보상받을 수 있다. 이때에도 깎아준 내용, 공사주겠다는 약속 등의 정확한 근거자료가 있어야 가능한 것은 당연하다.

공사대금 지급기한(60일) 예외 사유

하도급대금은 목적물 수령일로부터 60일 이내의 가능한 짧은 기한으로 정한 지급기일까지 지급해야 한다. 다만, 다음과 같은 경우에는 60일 이내에 지급하지 않아도 된다.(제13조 제1항 단서)

> ① 원도급자와 하도급자가 대등한 지위에서 지급기일을 정한 것으로 인정되는 경우
> ② 해당 업종의 특수성과 경제여건에 비추어 그 지급기일이 정당한 것으로 인정되는 경우

여기서 '대등한 지위'라 함은 회사의 외형규모인 자본금, 종업원 수, 매출액 등을 비교하여 상호 대등하다고 객관적으로 판단이 되는 경우와 업종의 특성에 따른 시장점유율의 정도, 생산능력 및 기술수준, 제품의 경쟁력 등을 종합적으로 고려하여 대등한 위치에서 상호 합의가 있는 경우를 말한다.

'당해 업종의 특수성'이라 함은, 당시 경제여건과 관련하여 고려해야 하는 사항으로, 당해 업종의 고유한 상관행 및 경제현상의 비정상적 여건으로 인하여 정상적인 대금지급 기일을 지킬 수 없는 경우를 말한다.

원도급자가 발주자로부터 공사대금을 수령한 경우 수령일로부터 15일 이내에 하도급자에게 지급하도록 한 규정에는 상기의 예외규정이 적용되지 않는다.•

• 정종채, 앞의 책, 216쪽

사례20

선급금을 지급하지 않는 경우

원도급자가 선급금을 받고도 하도급자에게 선급금을 지급하지 않는 경우가 많다. 2017년 국회 국정감사에서 정동영 의원은 국토교통부가 발주한 공사현장에서 원도급자에게 지급한 선급금 중 11%만이 하도급자에게 지급된 것으로 지적하기도 했다.

공공공사는 대부분 선급금을 지급한다. 원도급자가 발주자로부터 선급금을 수령한 경우에는 수령일로부터 15일 이내에 원도급자가 받은 선급금의 내용과 비율에 따라 하도급자에게 지급하여야 한다. 원도급자가 선급금을 순순히 지급하지 않을 경우에는 하도급자는 원도급자에게 선급금 지급을 요청해야 한다.

정부 등 공공공사는 건설업자가 요청하면 정부입찰계약집행기준(국고금관리법 근거)에 따라, 계약금액 3천만~20억 원 미만은 50%까지, 최대 70%까지 선급금을 지급할 수 있다.

1. 일반적으로 선급금 지급이 관행으로 되어 있으므로 하도급자가 선급금을 요구한다고 원도급자가 크게 기분이 상할 일은 아니다. 몇 퍼센트가 나왔는지 문의하고 정당하게 선급금 지급을 서면으로 요청하는 것이 원칙이다.

2. 선급금을 수령하고도 하도급자에게 지급하지 않을 경우에는 상호 간 친화력 등을 발휘하여 지급되도록 노력하고, 그래도 안 되면 발주자에게 미지급 상태를 알리겠다는 뜻을 간접적으로 전달하는 방법 등으로 유도하는 것도 좋다. 그 정도만 해도 지급할 것이다. 그래도 지급하지 않는다면

공문으로 원도급자와 발주자에게 지급요청한다. 안준다고 눈치만 보고 요구조차 하지 않는다면 아예 돈을 못 받게 된다. 어느 길을 택할 것인가는 순전히 하도급자의 몫이다.

3. 선급금 수령 후 15일이 지나 지급한 경우에는 당연히 초과일자에 대한 지연이자의 지급을 요청하여야 한다.(2015.6.30 기준, 연리 15.5%) 어음으로 수령한 경우에도 지연이자, 할인료 등을 포함하여 수령한다.

4. 선급금 수령 시 채권담보 차원에서 증권 또는 보증서를 제출하여야 한다. 하도급자가 과다한 선급금을 수령하여 공제조합 등의 보증서 발급으로 보증한도를 초과하는 경우가 있다. 다른 추가공사 계약에 보증한도 초과로 보증서를 발급받지 못하는 경우가 있으므로 앞뒤 상황을 보아가면서 선급금 금액규모를 결정해야 한다.

(법조문 요약)

◇ **법 제6조**(선급금의 지급)

① 하도급자에게 제조 등의 위탁을 한 원도급자가 발주자로부터 선급금을 받은 경우에는 하도급자가 제조·수리·시공 또는 용역수행을 시작할 수 있도록 그가 받은 선급금의 내용과 비율에 따라 선급금을 받은 날부터 15일 이내에 선급금을 하도급자에게 지급하여야 한다.

② 원도급자가 발주자로부터 받은 선급금을 제1항에 따른 기한이 지난

후에 지급하는 경우에는 그 초과기간에 대하여 연 100분의 40 이내에서 「은행법」에 따른 은행이 적용하는 연체금리 등 경제사정을 고려하여 공정거래위원회가 정하여 고시하는 이율에 따른 이자를 지급하여야 한다.

③ 원도급자가 제1항에 따른 선급금을 어음 또는 어음대체결제수단을 이용하여 지급하는 경우의 어음할인료·수수료의 지급 및 어음할인율·수수료율에 관하여는 제13조 제6항·제7항·제9항 및 제10항을 준용한다. 이 경우 "목적물 등의 수령일부터 60일"은 "원도급자가 발주자로부터 선급금을 받은 날부터 15일"로 본다.

사례21

원도급자가 부도 · 파산이 된 경우

원도급자가 부도·파산이 나면 사실상 공사대금을 받는다는 것은 거의 불가능하다. 이미 빼먹을 것 다 빼먹은 상태로 남아 있는 자산이 거의 없는 경우가 대부분이기 때문이다. 회사의 현금은 당연히 없을 것이고, 자산도 이미 은행의 선담보 등으로 잔여가치가 거의 남아 있지 않을 것이며, 발주처의 기성금도 최대한 수령한 후 부도를 내기 때문에 미지급 잔금이 남아 있다 하더라도 극히 적을 것이다. 따라서 손실을 조금이라도 최소화시킨다는 측면에서 최선을 다해야 한다.

유일한 희망이 하도급대금지급보증서다. 보증서가 발급되었다면 보증회사

에서 하도급대금을 100% 지급하기 때문에 걱정할 일이 없다. 하도급대금지급
보증서가 없으면 하도급자에겐 최악의 경우다. 원도급자 1개사가 부도나면 최
하 수십, 수백여 개의 하도급자가 연쇄부도 나거나 경영위기를 겪게 되는 이유
가 바로 보증서가 없기 때문이다.

하도급대금 지급보증제도는 원도급자가 부도 시 하도급대금을 안전하게
지급 보장하도록 도입된 제도다. 그런데 하도급공사 연간 총공사 중 약 30%
정도만 보증서가 발급되고, 약 70% 정도는 아직도 보증서 발급이 이루어지
지 않고 있어 항상 위험을 안고 있다.

원도급자 부도로 연대보증사가 보증에 따른 승계시공을 하는 경우에는, 시
공보증자는 부도된 원사업자의 발주자에 대한 시공책임만을 승계한 것일 뿐
이므로, 부도처리된 원도급자가 맺은 기존의 하도급계약을 그대로 승계해야
하는 것은 아니다. 따라서 연대보증사에게 하도급대금을 청구할 수는 없다.●

1. 우선, 발주처에 하도급대금 직접지급을 신속히 신청한다. 미지급 기성금
   이 일부는 남아 있을 수 있으므로 잔액을 확인한다, 또 타현장의 미수령
   기성이 있을 수 있다. 최대한 수소문을 해보고 남아 있다면 즉시 가압류
   등의 조치를 취한다.

2. 원도급자가 공동이행으로 도급한 경우, 연대책임이 있는 공동이행 도급
   사에게 하도급대금을 청구한다. 분담이행방식은 연대책임이 없다.

3. 하도급대금 지급보증을 한 경우, 보증회사에게 하도급대금 지급을 청구

● 정종채, 앞의 책, 124쪽

한다. 하도급자가 지급보증서를 수령하지 않은 경우, 부도전후 보증회사에 지급보증서가 발급이 되었는지 보증회사, 키스콘Kiscon 등에 직접 확인을 한다.

4. 회사의 고정자산, 현장의 장비, 무형자산인 신기술·신공법·특허 등 회수 가능성이 있는 잔여자산이 있는지를 알아보고 전문가와 상의하여 순차적으로 가압류, 가처분, 유치권 등의 법적 조치를 취한다. 급하다고 장비 등 물건을 그대로 가져오면 절도죄가 될 수 있다. 가져온다면 반드시 서면으로 승낙을 받고 가져와야 한다.

5. 그동안 정리해온 원도급자의 하도급법 위반내용 모두를 정리해 공정위 등에 고발한다. 또 회사자금 횡령, 사기 등 가능한 부분이 있다면 고소한다. 어찌되었건 원도급자를 최대한 심리적으로 압박하는 것이 해결에 도움이 된다. 다만 고소 시 내용의 입증책임은 고소인에게 있으므로 전문가와 협의하여 확실한 증거가 있을 때 실행한다.

6. 원도급자가 회생절차 개시결정이 내려지고 하도급공사를 계속하게 될 경우에는 하도급공사대금이 공익채권으로 되어 회생채권이나 회생담보권에 우선하여 하도급대금을 받을 수 있다.

(참고) 부도징후와 대응

부도는 아무런 징후도 없이 갑자기 발생하지는 않는다. 사전에 여러 징후들이 있다. 특히 정보에 어두운 하도급자는 원도급자가 중소기업이거나 대기업이라도 다음과 같은 여러 징후들이 나타나면 긴장감을 가지고 즉시 대응방안을 강구해야 한다.

◇ 부도징후
- 어음 발행금액이 커지고, 어음기간이 늘어나고, 결제일을 연장하는 사례가 나타난다.
- 기성금 지급이 자주 지연된다.
- 공사금액 감액이 더욱 심해지거나, 추가공사금액 반영률이 크게 떨어진다.
- 사업을 확장한 후 대금지급이 어렵게 진행되고 있다.
- 공사수주가 감소되고 어렵다는 얘기가 자주 들려온다.
- 발주자의 부도로 공사대금을 받기가 어렵게 되었다.
- 본사직원, 현장직원 월급이 제때에 나오지 않는다.
- 부가세 등 공과금이 미납됐다는 소문이 들려온다 등.

◇ 대응(부도 이전)
- 미지급 공사비 즉시 지급요청, 공사대금의 지급보증(제3자 등) 요청
- 발주처에 하도급대금 직불신청
- 미지급 시 공사중단 검토 및 중단 통지
- 최종단계로 유치권, 가압류, 가처분 등 법적조치 등

원도급자가 법정관리, 워크아웃이 된 경우

원도급자가 부도처리 된 이후 회생가능성이 있다고 결정되어 법정관리가 된 경우 하도급대금 수령은 매우 불리해진다.

1. 회생결정이 나오기 전에 이미 발주자에게 하도급대금 직접지급이 신청되어 있다면 회생결정 이후에도 영향을 받지 않고 직접지급 받을 수 있다. 그래서 원도급자의 부도 직후에 신속하게 직접지급을 요청하여야 한다.

2. 직접지급 신청이 되어 있지 않다면 회생채권으로 되어 회생절차와 회생계획에 따라 하도급대금을 받아야 한다. 이 경우 회수기간은 10년이 걸릴 수도 있고, 회수금액은 받을 금액의 5%, 20%, 50% 등 일부만 받게 되는 경우가 일반적이다. 법원 및 채권단의 판단에 따라야 한다.

3. 워크아웃은 법정관리의 전 단계다. 기업구조조정촉진법에 따라 금융채권자 협의회가 원사업자에 대해 워크아웃(공동관리 절차 개시)을 의결한다. 워크아웃 절차가 진행 중인 경우에도 최종의결 이전에 신청된 하도급대금 직접지불은 유효하며, 기타의 경우엔 채권단의 지급결정 내용에 따를 수밖에 없다.

어음으로 받은 경우

공사대금을 어음으로 받는 경우는 하도급 전체 중 평균 18.1% 정도다.[•] 종 이어음이 11.8%, 전자어음 등이 6.3%다. 어음의 평균 만기일은 60일을 초과하는 경우가 56.7% 정도로 아직도 어음에 대한 현금화 부담과 부도우려 등이 매우 높다고 볼 수 있다.

어음을 만기일에 결제하지 못하면 당좌거래가 정지되면서 부도처리되어 원도급자가 대부분 폐업으로 가게 되므로 어음을 발행하는 원도급자뿐 아니라, 부도 시 공사비를 받기가 어렵게 되는 하도급자에게도 매우 걱정되는 결제수단이 아닐 수 없다.

따라서 하도급자는 원도급자의 자금력, 신인도, 신용상태 등을 면밀히 파악하여 어음을 받아도 괜찮은지를 잘 판단해야 한다. 어음을 받을 경우에는 만기일자를 잘 따져보고 너무 장기라면 덥석 받지 말고 짧은 기간으로 조정을 요청해봐야 한다. 원도급자 중 페이퍼 컴퍼니 등 부실한 업체가 많아 하도급자의 위험성과 피해가 날로 증대되고 있다. 조금이라도 염려가 된다면 어음을 거절하고 다른 결제수단으로 받도록 해야 한다. 한번 받으면 되돌리기 어렵다. 수령이 다소 늦거나 어려움이 따르더라도 부도나는 것보다 훨씬 낫다.

만기가 120일 이상인 경우도 전체 중 4.1%가 되기 때문에 지나친 장기간은 원도급자의 부도우려 등 별도의 검토가 반드시 필요하다. 하도급으로 수령한 어음부도율은 전체 중 0.7% 수준(2016년 기준)으로 타 업종보다 매우 높은 편이다. 60일을 초과할 경우엔 종이어음, 전자어음을 막론하고 초과기간

에 대한 지연이자를 어음수령과 동시에 받아야 한다.

현금이 급하기 때문에 어음을 할인하게 되는데, 할인료가 만만치 않다. 신용도에 따라 시중은행은 연평균 4~10% 이내지만, 제2금융권은 30%가 넘는 경우도 전체 중 21.7%나 된다. 할인료도 원도급자가 지급하도록 의무화되어 있으므로 할인료를 미리 알아보고 어음발행과 함께 요청해야 한다.

원도급자는 발주자로부터 수령한 어음의 내용과 비율에 따라 하도급자에게 지급해야 하므로, 현금비율과 어음비율이 잘 맞게 지급되었는지 확인할 필요가 있다. 수령한 어음이 부도 처리된 경우에는 「원도급자가 부도·파산이 된 경우」 사례21의 대응방안과 같이 신속하게 대응조치를 취해야 한다. 특히 자산은 추심가능한 잔존가치가 거의 없는 경우가 대부분이므로 전문가와 상의하여 이에 적절한 법적 대응을 선별하여 추진한다.

(법조문 요약)

◇ **법 제13조(하도급대금의 지급 등)**

④ 원도급자가 하도급자에게 하도급대금을 지급할 때에는 원도급자가 발주자로부터 해당 제조 등의 위탁과 관련하여 받은 현금비율 미만으로 지급하여서는 아니 된다.

⑤ 원도급자가 하도급대금을 어음으로 지급하는 경우에는 해당 제조 등의 위탁과 관련하여 발주자로부터 원도급자가 받은 어음의 지급기간(발행일부터 만기일까지)을 초과하는 어음을 지급하여서는 아니 된다.

⑥ 원도급자가 하도급대금을 어음으로 지급하는 경우에 그 어음은 법률에 근거하여 설립된 금융기관에서 할인이 가능한 것이어야 하며, 어음을 교부한 날부터 어음의 만기일까지의 기간에 대한 할인료를 어음을 교부하는 날에 하도급자에게 지급하여야 한다. 다만, 목적물 등의 수령일부터 60일(제1항 단서에 따라 지급기일이 정하여진 경우에는 그 지급기일을, 발주자로부터 준공금이나 기성금 등을 받은 경우에는 제3항에서 정한 기일을 말한다. 이하 이 조에서 같다) 이내에 어음을 교부하는 경우에는 목적물 등의 수령일부터 60일이 지난 날 이후부터 어음의 만기일까지의 기간에 대한 할인료를 목적물 등의 수령일부터 60일 이내에 하도급자에게 지급하여야 한다.

⑦ 원도급자는 하도급대금을 어음대체결제수단을 이용하여 지급하는 경우에는 지급일부터 하도급대금 상환기일까지의 기간에 대한 수수료(대출이자를 포함한다. 이하 같다)를 지급일에 하도급자에게 지급하여야 한다. 다만, 목적물 등의 수령일부터 60일 이내에 어음대체결제수단을 이용하여 지급하는 경우에는 목적물 등의 수령일부터 60일이 지난 날 이후부터 하도급대금 상환기일까지의 기간에 대한 수수료를 목적물 등의 수령일부터 60일 이내에 하도급자에게 지급하여야 한다.

하도급대금 지급보증서를 주지 않는 경우

하도급대금 지급보증제도는 '돈 받을 걱정없이 공사할 수 있으면 좋겠다' 는 평소의 하도급자들의 꿈을 실현시켜 주는 대단히 좋은 제도다. 지급보증서만 받아두면 발주자와 원도급자가 부도가 나더라도 아무 걱정 없이 마음 놓고 공사비를 받을 수 있다.

하도급자가 공사를 하고 공사대금을 받지 못할 상황에 대비하여 원도급자가 하도급대금 지급보증서를 발급하도록 의무화했다. 원도급자가 갑자기 공사대금을 지급할 수 없는 상황이 되면 지급보증서를 발급한 보증회사가 공사비를 대신 지급한다. 보증기관이 하도급대금을 대신 지급하는 경우는 다음과 같다. (법 제13조의2 제6항)

① 원도급자가 당좌거래정지 또는 금융거래정지로 하도급대금을 지급할 수 없는 경우

② 원도급자의 부도·파산·폐업 또는 회사회생절차 개시신청 등으로 하도급대금을 지급할 수 없는 경우

③ 원도급자의 해당사업에 관한 면허·등록 등이 취소·말소되거나 영업정지 등으로 하도급대금을 지급할 수 없는 경우

④ 원도급자가 제13조에 따라 지급하여야 할 하도급대금을 2회 이상 하도급자에게 지급하지 아니한 경우

⑤ 그밖에 원도급자가 제1호부터 제4호까지에 준하는 지급불능 등 대통령령으로 정하는 사유로 인하여 하도급대금을 지급할 수 없는 경우

원도급자는 계약이행보증서를 받는 대신 하도급자에게 하도급대금 지급보

증서를 맞바꾸어 주어야 한다. 이는 원·하도급자 간 쌍방이 맞교환해야 할 의무사항이다. 원도급자가 하도급대금 지급보증서를 주지 않으면 하도급자도 계약이행 보증서를 제출하지 않아도 된다. 원도급자의 계약이행청구권은 하도급대금 보증서를 떼어준 후가 아니면 이를 행사할 수 없다.(법 제13조의2 제9, 제10항)

그런데도 원도급자들은 계약이행보증서를 95% 이상 다 받고도, 하도급자에게 주어야 할 하도급대금 지급보증서는 총 16만여 건 중 30% 정도밖에 주지 않고 있어● 제도를 유명무실하게 만들고 있다. 항상 강자는 받을 건 다 받고 줄 건 안 준다. 원도급자가 하도급대금 지급보증서를 발급하지 않아도 되는 예외사항이 있다.(영 제8조 제1항)

① 하도급공사 1건 금액이 1천만 원 이하인 경우
② 신용평가회사가 실시한 신용평가에서 공정위가 고시하는 기준 이상의 등급을 받은 경우(16.12.20기준, 회사채 A0 이상, 기업어음 A2+ 이상)
③ 발주자가 하도급대금을 직접 지급하여야 하는 경우
④ 발주자가 하도급대금지급관리시스템(공정위가 별도로 고시)으로 하도급자에게 하도급대금을 지급하는 경우

건산법에도 하도급대금지급보증제도가 마련(제34조 제2항)이 되어 있다. 보증기관은 하도급대금 지급보증서를 발급한 경우 발주자, 원도급자, 하도급자에게 통보하도록 의무화(제34조 제5항) 하였으므로, 하도급계약을 체결한 경우에는 발급여부를 반드시 확인하여 만약에 대비하는 것이 무엇보다 중요하다. 보통 '키스콘' 이라고 하는 건설산업지식정보시스템(www.kiscon.net)에서도

• 전문건설업 총 29개 업종 중 21개 업종의 통계임

확인할 수 있다. 하도급자는 '키스콘' 내의 정보를 활용하면 매우 유익하다.

건산법은 또 원도급자 또는 하도급자가 건설기계 임대계약을 체결하였을 경우 그 임대료의 지급을 보증하는 보증서를 기계대여업자에게 주도록 의무화 했다(제68조의3). 동일하게 하도급자의 입장에 있는 건설기계 임대료를 확실하게 보호해주고자 함이므로, 하도급자가 건설기계를 사용한 경우 임대료 지급보증 의무를 다해야 원도급자에 대한 하도급대금 지급보증서 권리를 주장할 수 있는 명분도 생길 것이다.

원도급자가 하도급대금 지급보증서를 주지 않을 경우에는 우선 '키스콘'에서 발급여부를 확인한다. 이미 발급된 것이 확인됐다면 원도급자에게 증권을 요청한다. 만약 발급이 안 된 상태라면 보증서 발급을 어떠한 방법으로든 요청을 하고 공문도 발송하여 증거를 확보한다. 특히 원도급자의 회사규모가 작거나, 재무상태 등 불안한 요소가 있다면 더구나 반드시 보증서를 받고 공사를 해야 한다. 자칫 하도급자가 공사 한 건으로 문을 닫을 수 있기 때문이다. 하도급대금 지급보증서를 받지 못한 경우에는 발주처에 하도급대금의 직접지급을 신청할 수 있다. '돌다리도 두드려보고 건너'는 마음으로 회사의 무병장수를 위하여 항상 조심스럽게 최선을 다해야 한다.

(법조문 요약)

◇ **법 제13조의2(건설하도급 계약이행 및 대금지급 보증)**

① 건설위탁의 경우 원도급자는 계약체결일부터 30일 이내에 하도급자에게 다음 각호의 구분에 따라 해당 금액의 공사대금 지급을 보증(지급수단이 어음인 경우에는 만기일까지를, 어음대체결제수단인 경우에는 하도

223

급대금 상환기일까지를 보증기간으로 한다)하고, 하도급자는 원도급자에게 계약금액의 100분의 10에 해당하는 금액의 계약이행을 보증하여야 한다. 다만, 원도급자의 재무구조와 공사의 규모 등을 고려하여 보증이 필요하지 아니하거나 보증이 적합하지 아니하다고 인정되는 경우로서 대통령령으로 정하는 경우에는 그러하지 아니하다.

1. 공사기간이 4개월 이하인 경우: 계약금액에서 선급금을 뺀 금액
2. 공사기간이 4개월을 초과하는 경우로서 기성부분에 대한 대가의 지급주기가 2개월 이내인 경우: 다음의 계산식에 따라 산출한 금액

   • 보증금액=하도급계약금액 - 계약상 선급금/공사기간(개월 수)×4

3. 공사기간이 4개월을 초과하는 경우로서 기성부분에 대한 대가의 지급주기가 2개월을 초과하는 경우: 다음의 계산식에 따라 산출한 금액

   • 보증금액=하도급계약금액 - 계약상 선급금/공사기간(개월 수)×4

② 원도급자는 제1항 각호 외의 부분단서에 따른 공사대금 지급의 보증이 필요하지 아니하거나 적합하지 아니하다고 인정된 사유가 소멸한 경우에는 그 사유가 소멸한 날부터 30일 이내에 제1항에 따른 공사대금 지급보증을 하여야 한다. 다만, 계약의 잔여기간, 위탁사무의 기성율(공사진행 정도), 잔여대금의 금액 등을 고려하여 보증이 필요하지 아니하다고 인정되는 경우로서 대통령령으로 정하는 경우에는 그러하지 아니하다.

⑥ 제5항에 따른 기관은 다음 각호의 어느 하나에 해당하는 사유로 하도급자가 보증약관상 필요한 청구서류를 갖추어 보증금 지급을 요청한 경우 30일 이내에 제1항의 보증금액을 하도급자에게 지급하여야 한

다. 다만, 보증금 지급요건 충족 여부, 지급액에 대한 이견 등 대통령령
으로 정하는 불가피한 사유가 있는 경우 보증기관은 하도급자에게 통
지하고 대통령령으로 정하는 기간 동안 보증금 지급을 보류할 수 있다.

⑨ 원도급자가 제1항 각호 외의 부분 본문, 제2항 본문 또는 제3항 각호
외의 부분에 따른 공사대금 지급보증을 하지 아니하는 경우에는 하도
급자는 계약이행을 보증하지 아니할 수 있다.

⑩ 제1항 또는 제3항에 따른 하도급자의 계약이행 보증에 대한 원도급자
의 청구권은 해당 원도급자가 제1항부터 제3항까지의 규정에 따른 공
사대금 지급을 보증한 후가 아니면 이를 행사할 수 없다. 다만, 제1항
각호 외의 부분 단서 또는 제2항 단서에 따라 공사대금 지급을 보증하
지 아니하는 경우에는 그러하지 아니하다.

사례25

하도급대금, 발주자로부터 직접 받는 방법

원도급자로부터 돈을 받기가 너무 어려우면 발주자로부터 공사대금을 직접
받는 방법도 있다. 직불제도는 하도급자가 공사대금을 신경 쓰지 않고 마음 놓
고 일할 수 있도록 하고, 공사의 안정적인 진행과 품질유지 등을 위하여 도입한
제도다. 하도급자들이 많은 제도 중에서 가장 효과가 좋다고 평가하는 실효성
있는 제도다.

(표4) 하수급인을 보호할 수 있는 최선의 제도

(단위 : 업체수, %, 중복응답)

구분	응답	
	업체수	응답율
하도급대금 직접지급제도	662	**39.1**
하도급대금 지급보증서 발급	373	22.0
입찰시 하도급금액 명시, 낙찰 후 이행	222	13.1
저가하도급 심사제도	195	11.5
불공정하도급 거래조사	147	8.7
하도급계약 내용통보	94	5.6
합 계	935	100.0

※ 자료 : 대한전문건설협회, 전문건설업실태조사, 2017. 12, 167쪽

다음과 같은 경우에는 발주자가 반드시 하도급대금을 직불해야 할 의무가 있다.(법 제14조 제1항)

1. 원도급자의 지급정지·파산, 그밖에 이와 유사한 사유가 있거나 사업에 관한 허가·인가·면허·등록 등이 취소되어 원도급자가 하도급대금을 지급할 수 없게 된 경우로서 하도급자가 하도급대금의 직접 지급을 요청한 때

2. 발주자가 하도급대금을 직접 하도급자에게 지급하기로 발주자·원도급자 및 하도급자 간에 합의한 때

3. 원도급자가 제13조 제1항 또는 제3항에 따라 지급하여야 하는 하도급대금의 2회분 이상을 해당 하도급자에게 지급하지 아니한 경우로서 하도급자가 하도급대금의 직접 지급을 요청한 때

4. 원도급자가 제13조의2 제1항 또는 제2항에 따른 하도급대금 지급보증 의무를 이행하지 아니한 경우로서 하도급자가 하도급대금의 직접 지급을 요청한 때

이때 중요한 것은 반드시 하도급자가 서면으로 지급을 요청하여야 효력이 발생한다는 것이다. 요건이 성립되었다 하더라도 하도급자가 신청하지 않으면 직접지급이 이루어지지 않는다. 발주자, 원도급자, 하도급자 3자 간에 직접지급을 합의한 경우에도 당연히 서면합의서가 있어야 한다.

하도급자가 임금이나 건설기계 임대료, 자재대금, 외주제작비 등의 지급을 지체하여 연체 중인 경우, 원도급자가 이를 이유로 직불중지를 요청하면 발주자는 직접지급을 중단할 수 있다.(법제14조 제3항)

따라서 하도급자는 자신의 의무를 다할 때 나의 권리를 찾을 수 있게 되므로 미지급상황을 만들지 말아야 한다. 다만, 원도급자가 공사대금을 지급하지 않아 임금 등이 미지급된 상태라면 발주자의 직접지급이 가능하다.

(법조문 요약)

◇ 법 제14조(하도급대금의 직접 지급)

② 제1항에 따른 사유가 발생한 경우 원도급자에 대한 발주자의 대금지급채무와 하도급자에 대한 원도급자의 하도급대금 지급채무는 그 범위에서 소멸한 것으로 본다.

③ 원도급자가 발주자에게 해당 하도급 계약과 관련된 하도급자의 임금, 자재대금 등의 지급 지체사실을 입증할 수 있는 서류를 첨부하여 해당 하도급대금의 직접지급 중지를 요청한 경우, 발주자는 제1항에도 불구하고 그 하도급대금을 직접지급하지 아니할 수 있다.

④ 제1항에 따라 발주자가 해당 하도급자에게 하도급대금을 직접지급
   할 때에 발주자가 원도급자에게 이미 지급한 하도급금액은 빼고 지급
   한다.

⑤ 제1항에 따라 하도급자가 발주자로부터 하도급대금을 직접 받기 위
   하여 기성부분의 확인 등이 필요한 경우 원도급자는 지체 없이 이에
   필요한 조치를 이행하여야 한다.

⑥ 제1항에 따라 하도급대금을 직접 지급하는 경우의 지급방법 및 절차
   등에 관하여 필요한 사항은 대통령령으로 정한다.

◇ 영 제9조(하도급대금의 직접지급)

① 법 제14조 제1항에 따른 하도급자의 직접지급 요청은 그 의사표시가
   발주자에게 도달한 때부터 효력이 발생하며, 그 의사표시가 도달되었
   다는 사실은 하도급자가 증명하여야 한다.

② 발주자는 하도급대금을 직접 지급할 때에 「민사집행법」 제248조 제1
   항 등의 공탁사유가 있는 경우에는 해당법령에 따라 공탁(供託)할 수
   있다.

③ 발주자는 원도급자에 대한 대금지급의무의 범위에서 하도급대금 직
   접지급 의무를 부담한다.

④ 하도급대금의 직접지급 요건을 갖추고, 그 하도급자가 제조·수리·시
   공한 분(分)에 대한 하도급대금이 확정된 경우, 발주자는 도급계약의
   내용에 따라 하도급자에게 하도급대금을 지급하여야 한다.

하도급대금을 물건으로 받는 경우

공사비 대신 물건으로 준다고 하면 좋아할 사람은 거의 없을 것이다. 물건으로 줄 경우는 분양이 잘 안 되거나 현금화가 쉽지 않은 물건들이 대부분이기 때문이다. 잘 팔리는 물건이라면 물건으로 지급하지도 않을 것이다. 법에서는 원칙적으로 물건으로 하도급대금을 대신하여 지급할 수 없도록 했다. 다음과 같은 예외의 경우만 일부 인정할 뿐이다.(법 제17조)

① 원도급자가 발행한 어음 또는 수표가 부도로 되거나 은행과의 당좌거래가 정지 또는 금지된 경우
② 원도급자에 대한 파산신청, 회생절차개시 또는 간이회생절차개시의 신청이 있은 경우
③ 은행 등 채권자협의회의 회생절차가 개시되고, 수급사업자의 요청이 있는 경우

하도급자가 대물지급에 대해 동의한 경우, 스스로 대물을 요구한 경우에는 보호되지 않는다. 하도급자가 스스로 동의했다는 사실을 인정하거나 부정할 경우에는 동의했다고 주장하는 원도급자가 이를 입증하여야 한다. 당장 현금이 필요한 하도급자에게 대물로 받은 물건은 골치 덩어리다. 대부분 분양이 잘 안 되는 물건이기 때문에 분양가보다 20~30%를 더 싸게 내놓아도 안 팔릴지 모르기 때문이다. 공사를 해서 5% 내외도 남기기도 어려운 마당에 20~30%가 감액된다는 것은 회사로서 실로 엄청난 손해다.

더구나 아파트, 상가, 오피스텔 등으로 물건으로 주면서 약 1년 간 매도금지

조건이 붙는다면 이건 말할 것도 없다. 유동성에 조금이라도 여유라도 있는 업체라면 이렇게 저렇게 방안을 만들어가면서 해결해보겠지만, 대부분의 하도급자가 여유가 거의 없는 상태라서 1년을 버틴다는 것은 사실상 불가능에 가까운 일이다.

따라서 하도급계약 체결 시 대물지급이 있을 경우에는 세부조건들을 자세히 검토해야 한다. 대물금액, 매도 금지기간, 매도 가능성, 손해가능 범위 등과 이에 따른 회사 수익성과 유동성 운용문제를 충분히 검토한 후 대물수령 여부를 최종 결정하여야 한다.

수익성, 유동성 등에서 수용할 수 없는 조건이라면 과감히 대물조건을 거부해야 한다. 공사를 포기하는 한이 있어도 무리한 대물조건 공사를 하면 안 된다. 계속하면 회사가 큰 위기를 맞을 수도 있다. 포기가 오히려 회사의 더 큰 손실을 막아줄 것이다.

(법조문 요약)

◇ **영 제9조의5(대물변제 전에 제시하여야 하는 자료 및 제시방법 등)**

① 원도급자가 대물품의 종류에 따라 제시하여야 할 자료, 자료제시의 방법 및 절차 등 그밖에 필요한 사항(법제17조 제3항)은 다음 각호의 구분에 따른 자료로 한다.

1. 대물변제의 용도로 지급하려는 물품이 관련 법령에 따라 권리·의무 관계에 관한 사항을 등기 등 공부(公簿)에 등록하여야 하는 물품인 경우: 해당 공부의 등본(사본을 포함한다)

2. 대물변제의 용도로 지급하려는 물품이 제1호 외의 물품인 경우 : 해당 물품에 대한 권리·의무 관계를 적은 공정증서(「공증인법」에 따라 작성된 것을 말한다)

④ 원도급자는 제2항 및 제3항에 따라 대물 자료를 제시한 후 지체없이 다음 각호의 사항을 적은 서면을 작성하여 하도급자에게 내주고 원도급자와 하도급자는 해당 서면을 보관하여야 한다.

1. 원도급자가 자료를 제시한 날
2. 자료의 주요 목차
3. 하도급자가 자료를 제시받았다는 사실
4. 원도급자와 하도급자의 상호명, 사업장 소재지 및 전화번호
5. 원도급자와 하도급자의 서명 또는 기명날인

부당하게 공사대금을 깎는 경우

공사를 진행하면서 계약된 금액이 깎이게 되는 경우가 현장에서 수시로 발생한다. 한두 번도 아니고 계속된다면 누적되어 큰 금액이 되고 결코 그냥 넘어갈 수 없는 상황이 된다. 추가공사비를 정산 지급해주지 않으면 결국 계약금액이 깎이게 된다. 이런 경우 원도급자가 추가비용을 지급하겠다는 약속도 없는 상태에서 공사를 계속 진행한다는 것은 매우 위험한 상황이 아닐 수 없다.

하도급계약서가 작성이 완료되면 하도급금액은 확정이 된다. 확정된 하도급계약금액을 변경하려면 설계변경, 물가변동, 정당한 감액사유 등 그에 정당한

사유가 있어야 한다. 합당한 사유 없이 감액을 하면 법 위반이다. (법 제11조 제2항)

공정위는 부당하게 감액한 금액에 대하여 지급명령을 내린다. 이 경우 원도급자는 무조건 지급해야 한다. 원도급자가 소송을 제기한다 해도 우선 지급하고 소송을 진행해야 한다. 공정위의 부당감액 사건처리는 부당한 발주취소, 부당한 하도급대금 결정 등에서와 같이 아주 간단명료하다.

공정위는 하도급대금을 부당하게 감액하여 1회라도 적발된 경우에는 벌점을 5점으로 높여 공공공사 입찰에 참여하지 못하도록 '원스트라이크 아웃제도' 를 도입한 하도급법 시행령 개정안을 2018년 10월 8일 국무회의에서 의결하여 처벌을 대폭 강화했다.

그러나 하도급계약서가 작성이 되지 않았거나 계약금액을 증명할 만한 근거가 없으면 부당감액이라고 주장하기가 어려워진다. 기준금액이 없기 때문에 얼마만큼의 금액이 감액된 것인지 증액된 것인지 구분할 수가 없다. 따라서 확실한 계약금액의 근거를 갖고 있어야 한다. 근거만 명확하다면 부당한 감액은 모두 받아낼 수 있다.

기성금 확정이 잘되지 않아 분쟁 중에 있다면 일부 다툼 부분을 제외하고 우선 합의된 금액범위 내에서 먼저 기성을 수령하는 것이 좋다. 전액 받지 않은 상태로 사업을 지속하기엔 자금문제로 하도급자가 부도 등 위험이 발생할 수 있으므로 우선 합의하여 자금을 활용한다. 합의가 안 된 남은 부분은 이후에 부당감액으로 공정위 등에 신고하여 추가로 받아낼 수 있다. 우선합의를 하면서 '더 이상 이의를 제기하지 않는다' 는 각서를 써주었다 하더라도 공정위 등에 신고하는 데에는 문제가 없다.•

원도급자가 발주자와의 설계변경, 물가변동 등의 정당한 사유에 의해서 감액하는 경우에는 위법이 아니다. 감액할 경우에는 감액사유와 기준, 감액물량, 금액, 방법, 정당성 입증 등을 기록하여 하도급자에게 미리 안내해주어야 한다.

• 이경만 소장, 기성금을 감액하는 경우, 하도급분쟁해법, 공정거래연구소, 2018. 3. 26.

△ 법에서 정한 부당한 감액 예시

1. 계약할 때 하도급대금을 감액할 조건 등을 명시하지 아니하고 계약 후 협조요청 또는 거래 상대방으로부터의 발주취소, 경제상황의 변동 등 불합리한 이유를 들어 하도급대금을 감액하는 행위

2. 하도급자와 단가인하에 관한 합의가 성립된 경우, 그 합의 성립 전에 계약한 부분에 대하여도 합의내용을 소급하여 적용하는 방법으로 하도급대금을 감액하는 행위

3. 하도급대금을 현금으로 지급하거나 지급기일 전에 지급하는 것을 이유로 하도급대금을 지나치게 감액하는 행위

4. 원도급자에 대한 손해발생에 실질적 영향을 미치지 아니하는 하도급자의 과오를 이유로 하도급대금을 감액하는 행위

5. 목적물 등의 제조·수리·시공 또는 용역수행에 필요한 물품 등을 자기로부터 사게 하거나 자기의 장비 등을 사용하게 한 경우에 적정한 구매대금 또는 적정한 사용대가 이상의 금액을 하도급대금에서 공제하는 행위

6. 하도급대금 지급시점의 물가나 자재가격 등이 납품 등의 시점에 비하여 떨어진 것을 이유로 하도급대금을 감액하는 행위

7. 경영적자 또는 판매가격 인하 등 불합리한 이유로 부당하게 하도급대금을 감액하는 행위

8. 원도급자가 부담하여야 하는 고용보험료, 산업안전보건관리비, 그밖의 경비 등을 하도급자에게 부담시키는 행위

9. 그밖에 제1호부터 제8호까지의 규정에 준하는 것으로서 대통령령으로 정하는 행위

△ 원도급자가 입증해야 하는 정당한 사유 예시

1. 하도급계약 체결이후 원도급자가 하도급자가 제출한 하도급대금 산정자료에 중대하고 명백한 착오를 발견하여 이를 정당하게 수정하고 감액하는 경우

2. 하도급자의 귀책사유로 인해 납품된 목적물을 반품하고 반품된 해당 목적물의 하도급대금을 감액하는 경우. (다만, 하자담보책임으로 해결할 수 있음에도 불구하고 반품 받는 것은 부당반품에 해당될 수 있음)

3. 하도급자가 수리 가능한 불량품을 납품하였으나, 반품하여 수리를 시킬 시간적 여유가 없어 원도급자가 스스로 수리하여 사용하고 그 비용을 감액하는 경우. 단, 사전에 하도급자가 납득할 수 있는 구체적인 수리비용 산정기준이 필요하며, 감액은 이러한 산정기준에 따라 산출된 금액에 한정되어야 한다.

△ 감액금지 위반행위 사례

1. 법정 검사기간 경과 후 불량 등을 이유로 반품하고 그만큼 감액하는 행위

2. 원도급자가 목적물을 저가로 수주했다는 등의 이유로 당초 계약과 다르게 하도급대금을 감액하는 행위

3. 단가 및 물량에는 변동이 없으나 운송조건, 납품기한 등의 거래조건을 당초 계약내용과 달리 추가비용이 발생하는 내용으로 변경하고 그에 따른 추가비용을 보전해주지 아니하는 행위

4. 단가와 수량에 의해 하도급대금이 확정된 후에 수량을 감축하여 하도급대금을 감액하고 단가인상 등의 보전을 해주지 아니하는 행위

5. 해당공사의 설계변경 또는 물가변동 등에 따른 추가금액을 지급하여야 함에도 불구하고, 다른 공사에 대한 계약을 체결해준다는 조건으로 하도급자로 하여금 추가금액의 수령을 포기하도록 하는 행위

6. 하도급자의 요청 또는 원·하도급자 간 합의에 의하여 잔여공사를 원도급자가 직영으로 시공한 후, 지출비용에 대한 합당한 증빙자료도 제시하지 아니하고 하도급대금에서 잔여 공사비용을 공제하는 행위

7. 원도급자가 철근 등 지급자재의 가공·보관을 제3자에게 위탁하고 하도급자는 그 제3자로부터 자재를 납품받아 시공토록 하면서 자재의 훼손, 분실 등에 대한 책임소재를 명확히 하지 아니하고 일방적으로 자재비 손실액을 하도급대금에서 감액하는 행위●

(법조문 요약)

◇ 법 제11조(감액금지)

③ 원도급자가 제1항 단서에 따라 하도급대금을 감액할 경우에는 감액사유와 기준 등 대통령령으로 정하는 사항을 적은 서면을 해당 하도급자에게 미리 주어야 한다.

④ 원도급자가 정당한 사유 없이 감액한 금액을 목적물 등의 수령일부터 60일이 지난 후에 지급하는 경우에는 그 초과기간에 대하여 연 100분의 40 이내에서 「은행법」에 따른 은행이 적용하는 연체금리 등 경제사정을 고려하여 공정거래위원회가 정하여 고시하는 이율에 따른 이자를 지급하여야 한다.

• 정종채, 앞의 책, 250면, 251쪽

법 제11조 제3항에서 "감액사유와 기준 등 대통령령으로 정하는 사항"
이란 다음 각호의 사항을 말한다.
1. 감액 시 그 사유와 기준
2. 감액의 대상이 되는 목적물 등의 물량
3. 감액금액
4. 공제 등 감액방법
5. 그밖에 원도급자의 감액이 정당함을 입증할 수 있는 사항

사례28

하도급대금 소멸 시효는? 하도급서류 보관기간은?

공사가 끝나고 하도급대금을 받을 수 있는 유효기간은 3년이다. 3년이 넘으면
아무리 억울해도 받을 수 없다. 받지 못한 공사대금이 있다면 항상 3년을 염두
에 두어야 한다. 3년이란 시한은 하도급법이 아닌 민법 제163조에 근거한다.

공사가 끝나는 시점은 마지막 준공기성을 청구하여 검수가 끝난 시점을 말
한다. 보통 월별, 분기별로 세금계산서를 발행하여 기성을 청구한 경우에는 세
금계산서 발행 일자를 기성이 완성된 날로 보고 동일자를 기준으로 3년의 시
효를 판단한다. 이후 소송이나 내용증명, 원도급자의 미지급인정 등 미지급 사
실을 인정하는 경우가 있다면 그 시점부터 3년이 다시 시작된다. 그러므로 3년
이 거의 다 되어가는 미수금이라면 내용증명이라도 보내어 기한을 연장시켜

놓으면 시간을 충분하게 확보할 수 있다.

하도급거래에 관한 서류의 보관 의무기간도 3년이다. 3년 동안은 반드시 보관하여 혹시 모를 세무, 소송 등의 불이익을 받지 말아야 한다. 하도급자 입장에서는 차후 계약과 공사진행 등에 필요한 정보를 보유한다는 면에서 넉넉하게 5년 이상 보관하여 두는 것도 좋다. 보관해야 할 서류는, 계약단계부터 하자이행까지 가급적 모든 서류를 보관하는 것이 회사를 위하여 좋다.

(법조문 요약)

◇ **민법 제163조(3년의 단기소멸시효)**

다음 각호의 채권은 3년간 행사하지 아니하면 소멸시효가 완성한다.
3. 도급받은 자, 기사 기타 공사의 설계 또는 감독에 종사하는 자의 공사에 관한 채권

◇ **법 제3조(서면의 발급 및 서류의 보존)**

⑨ 원도급자와 하도급자는 대통령령으로 정하는 바에 따라 하도급거래에 관한 서류를 보존하여야 한다.

◇ **영 제6조(서류의 보존)**

① 법 제3조 제9항에 따라 보존하여야 하는 하도급거래에 관한 서류는 법 제3조 제1항의 서면과 다음 각호의 서류 또는 다음 각호의 사항이

기재된 서류(컴퓨터 등 정보처리능력을 가진 장치에 의하여 전자적인 형태로 작성, 송수신 또는 저장된 것을 포함한다)를 말한다.

1. 목적물 납품 수령증명서

2. 목적물 등의 검사 결과, 검사 종료일

3. 하도급대금의 지급일·지급금액 및 지급수단(어음으로 하도급대금을 지급하는 경우에는 어음의 교부일·금액 및 만기일 포함)

4. 선급금 및 지연이자, 어음할인료, 수수료 및 지연이자, 관세 등 환급액 및 지연이자를 지급한 경우에는 그 지급일과 지급금액

5. 원도급자가 원재료 등을 제공하고 그 대가를 하도급대금에서 공제한 경우에는 그 내용과 공제일·공제금액 및 공제사유

   5의2. 하도급대금을 감액한 경우에는 서면의 사본

   5의3. 기술자료의 제공을 요구한 경우에는 그 서면의 사본

6. 하도급대금을 조정한 경우에는 그 조정한 금액 및 사유

7. 원재료 등의 가격변동 등에 따라 하도급대금 조정을 신청한 경우에는 신청내용 및 협의내용, 그 조정금액 및 조정사유

   가. 하도급자

   나. 「중소기업협동조합법」 제3조 제1항제1호 또는 제2호에 따른 중소기업협동조합(이하 "조합"이라 한다)

8. 입찰명세서, 낙찰자결정품의서, 견적서, 현장설명서, 설계설명서 등 하도급대금 결정과 관련된 서류. 다만, 현장설명서 및 설계설명서는 건설위탁의 경우에만 해당한다.

② 제1항에 따른 서류는 법 제23조 제2항에 따른 거래가 끝난 날부터 3년간 보존하여야 한다.

하도급법 적용이 안 되는 경우

모든 하도급거래가 하도급법의 보호를 받는 것이 아니다. 아무리 큰 공사를 해도 하도급법 적용을 받지 못해 돈을 받지 못하면 한마디로 끝이다. 하도급법으로 보호되는 범위가 있으므로 하도급계약을 체결하기 이전에 반드시 점검해야 할 대단히 중요한 사항이다.

하도급법 적용이 안 될 경우에는 민사소송으로 청구해야 하는데, 민사는 원도급자의 불법행위에 대한 처벌도 없을 뿐만 아니라 기간도 장기간 소요되고 비용 또한 만만치 않기 때문에 하도급자 입장에서는 부담이 매우 커진다. 하도급계약 이전에 다음 내용에 해당되는지 반드시 확인하라. 확인을 습관화하면 회사의 손실을 크게 줄일 수 있다.

1. 하도급 거래에 해당하는 공사이어야 한다.
2. 원도급자의 매출액이 하도급자의 1배 이상이 되어야 한다.
3. 원도급자의 시공능력평가액이 30억 원 이상이어야 한다.
4. 원도급자, 하도급자 모두가 건설업 등록업체이어야 한다.
5. 종합공사 5천만 원, 전문공사 1,500만 원 미만의 경미한 공사는 건설업 등록이 없더라도 모두 적용된다.●
6. 원도급자가 형식상 직영하는 것처럼 하고(위장직영) 하도급자가 다음과 같이 사실상 시공하는 경우에도 적용된다.
   ● 하도급자가 계약이행보증금을 지급 또는 담보책임을 부담한 사실, 일

● 김진홍, 하도급거래 생활법률, 가림M&B, 2001. 1. 95쪽

용근로자의 산재보험료를 부담한 사실, 공사일지, 장비가동 일보, 출력일보, 유류사용대장 등에 하도급자 책임 하에 장비, 인부 등을 조달·시공한 사실, 원도급자로부터 월급을 받지 않은 사실, 총포·도검·화약류 등 단속법 등 관계법령에 따라 하도급자가 직접허가를 받아 시공한 사실 등이 있는 경우.

(법조문 요약)

◇ 법 제2조(정의)

① 이 법에서 "하도급거래"란 원도급자가 하도급자에게 제조위탁·수리위탁·건설위탁 또는 용역위탁을 하거나 원도급자가 다른 사업자로부터 제조위탁·수리위탁·건설위탁 또는 용역위탁을 받은 것을 하도급자에게 다시 위탁한 경우, 그 위탁을 받은 하도급자가 위탁받은 것을 제조·수리·시공하거나 용역 수행하여 원도급자에게 납품·인도 또는 제공하고 그 대가를 받는 행위를 말한다.

② 이 법에서 "원도급자"란 다음 각호의 어느 하나에 해당하는 자를 말한다.

1. 중소기업자(「중소기업기본법」 제2조 제1항 또는 제3항에 따른 자를 말하며, 「중소기업협동조합법」에 따른 중소기업협동조합을 포함한다. 이하 같다)가 아닌 사업자로서 중소기업자에게 제조 등의 위탁을 한 자

2. 중소기업자 중 직전 사업연도의 연간매출액(건설업의 경우에는 하도급계약 체결당시 공시된 시공능력평가액의 합계액을 말하고, 연간매출액

이나 시공능력평가액이 없는 경우에는 자산총액을 말한다)이 제조 등의 위
탁을 받은 다른 중소기업자의 연간매출액보다 많은 중소기업자로서
그 다른 중소기업자에게 제조 등의 위탁을 한 자. 다만, 대통령령으로
정하는 연간매출액에 해당하는 중소기업자는 제외한다.

③ 이 법에서 "하도급자"란 제2항 각호에 따른 원도급자로부터 제조 등
의 위탁을 받은 중소기업자를 말한다.

⑥ 이 법에서 "제조위탁"이란 다음 각호의 어느 하나에 해당하는 행위를
업(業)으로 하는 사업자가 그 업에 따른 물품의 제조를 다른 사업자에
게 위탁하는 것을 말한다. 이 경우 그 업에 따른 물품의 범위는 공정거
래위원회가 정하여 고시한다.

1. 물품의 제조

2. 물품의 판매

3. 물품의 수리

4. 건설

⑨ 이 법에서 "건설위탁"이란 다음 각호의 어느 하나에 해당하는 사업자
(이하 "건설업자"라 한다)가 그 업에 따른 건설공사의 전부 또는 일부를
다른 건설업자에게 위탁하거나 건설업자가 대통령령으로 정하는 건
설공사를 다른 사업자에게 위탁하는 것을 말한다.

1. 「건설산업기본법」 제2조 제7호에 따른 건설업자

2. 「전기공사업법」 제2조 제3호에 따른 공사업자

3. 「정보통신공사업법」 제2조 제4호에 따른 정보통신공사업자

4. 「소방시설공사업법」 제4조 제1항에 따라 소방시설공사업의 등록
   을 한 자

5. 그밖에 대통령령으로 정하는 사업자

⑩ 이 법에서 "발주자"란 제조·수리·시공 또는 용역수행을 원도급자에게 도급하는 자를 말한다. 다만, 재하도급(再下都給)의 경우에는 원도급자를 말한다.

◇ **영 제2조(중소기업자의 범위 등)**

① 법 제2조 제2항 제2호 본문에 따른 연간매출액은 하도급계약을 체결하는 사업연도의 직전 사업연도의 손익계산서에 표시된 매출액으로 한다. 다만, 직전 사업연도 중에 사업을 시작한 경우에는 직전 사업연도의 매출액을 1년으로 환산한 금액으로 하며, 해당 사업연도에 사업을 시작한 경우에는 사업시작일부터 하도급계약 체결일까지의 매출액을 1년으로 환산한 금액으로 한다.

② 법 제2조 제2항 제2호 본문에 따른 자산총액은 하도급계약을 체결하는 사업연도의 직전 사업연도 종료일 현재의 대차대조표에 표시된 자산총액으로 한다. 다만, 해당 사업연도에 사업을 시작한 경우에는 사업시작일 현재의 대차대조표에 표시된 자산총액으로 한다.

④ 법 제2조 제2항 제2호 단서에서 "대통령령으로 정하는 연간매출액에 해당하는 중소기업자"란 다음 각호에 해당하는 자를 말한다.

1. 제조위탁·수리위탁의 경우 : 연간매출액이 20억 원 미만인 중소기업자

2. 건설위탁의 경우 : 시공능력평가액이 30억 원 미만인 중소기업자

3. 용역위탁의 경우 : 연간매출액이 10억 원 미만인 중소기업자

⑥ 법 제2조 제9항 각호 외의 부분에서 "대통령령으로 정하는 건설공사"
란 다음 각호의 어느 하나에 해당하는 공사를 말한다.

1. 「건설산업기본법 시행령」 제8조에 따른 경미한 공사
2. 「전기공사업법 시행령」 제5조에 따른 경미한 공사

⑦ 법 제2조 제9항 제5호에서 "대통령령으로 정하는 사업자"란 다음 각
호의 어느 하나에 해당하는 사업자를 말한다.

1. 「주택법」 제4조에 따른 등록사업자
2. 「환경기술 및 환경산업 지원법」 제15조에 따른 등록업자
3. 「하수도법」 제51조 및 「가축분뇨의 관리 및 이용에 관한 법률」 제34
   조에 따른 등록업자
4. 「에너지이용합리화법」 제37조에 따른 등록업자
5. 「도시가스사업법」 제12조에 따른 시공자
6. 「액화석유가스의 안전관리 및 사업법」 제35조에 따른 시공자

사례30

원도급자가 계약이행보증금을 청구할 경우
(본드 콜Bond Call)

하도급공사를 계약하면 하도급자는 계약이행증권을 원도급자에게 제출한다.
하도급공사 도중 문제가 발생하면 원도급자는 공사를 중단시키고 계약불이행
으로 보증회사에 보증금 지급을 청구하여 공사이행에 필요한 대금을 받아간
다. 보증회사는 보증금을 지급한 후 하도급자에게 구상권을 청구한다. 구상권
을 청구하게 될 정도면 하도급자의 추가보증서 발급은 당연히 중단되어 추가

공사 수주 자체가 어렵게 되고 영업을 계속하기조차 힘들게 된다.

그래서 하도급자들은 원도급자가 계약이행보증을 청구하는 것을 두려워하고, 원도급자들은 이를 악용하여 계약이행보증서를 볼모로 갖은 횡포를 부리게 된다. 그렇다면 하도급자의 잘못이 아닌 경우에도 그냥 당하고만 있어야 하는가. 아니다. 잘못하면 죽고 사느냐의 문제가 되므로 부당할 경우에는 신속하고 정확하게 그리고 적극적으로 대처를 해야 한다.

1. 우선, 보증청구의 원인이 무엇인지 정확하게 파악하고 그동안 준비해온 원도급자의 각종 불법행위 증거서류를 확실하게 정리한다. 원인에 따라 책임소재가 가려질 수 있다. 하도급자에게 책임이 있는 경우에는 원도급자의 책임도 있을 것이므로 몇 퍼센트 정도 책임이 있는지를 세부적으로 검토하고 그 증거를 확보하여 손실을 최소화할 수 있는 방안을 찾아야 한다.

2. 하도급자의 책임이 없을 경우엔, 원도급자의 귀책근거 서류와 그동안 원도급자가 하도급법 등을 위반한 내용들을 총정리하여 공정위 등에 신고한다. 분쟁이 시작되면 일단 보증회사의 지급진행이 중단이나 보류되어 대처방안을 마련할 수 있는 시간을 벌 수 있다. 신고에 필요한 증거서류는 잘 갖추어져 있어야 한다. 증거서류만 제대로 입증된다면 공정위에서 대부분 짧은 시간 내에 끝낼 수 있다.

3. 전문가와 협의하여 발주자에게 원도급자의 미수 기성금에 대한 가압류 신청, 후발 계약업체의 공사진행을 중지시키는 공사중지 가처분신청, 직접 시공한 건물 등에 유치권설정 등의 적극적인 방법을 강구하여 공사가 지체되고 원도급자가 불편하도록 역공격을 한다.

이러한 법적 방어조치는 아직 수령하지 못한 미수금이 남아 있거나, 계약이행보증서를 청구한 것이 부당하다는 확실한 증거가 있을 때만 가능하다. 항상 서류로 확보된 증거가 있어야만 모든 게 가능하다.[•] 하도급자로서 성실하게 공사이행을 다 하였고 계약이행에 문제가 없음을 공정위, 보증기관, 법원 등에 충분히 설명하고, 오히려 원도급자의 원인제공, 그동안 하도급법 등을 위반한 모든 내용 등으로 역공격할 수 있는 부분을 찾아 원도급자의 손해가 없음과 불법성 등을 반대로 입증해 보이는 것이 최선의 방어책이다.

손해금액을 3배로 보상받을 수 있는 경우
(징벌적 손해배상제도)

민법에서는 채무불이행과 불법행위에 인과관계가 있는 재산적·정신적 손해를 배상하도록 하고 있다. 징벌적 손해배상은 가해자의 행위가 악의적이고 반사회적일 경우 실제 손해액보다 훨씬 더 많은 손해배상을 하게 하는 제도다. 하도급법에서도 통상적인 원상회복 수준을 넘어 손해액의 3배까지 배상시키는 징벌적 배상제도를 도입했다.

다음과 같이 손해액의 3배까지 배상받을 수 있는 경우에는 입증할 수 있는 자료를 꾸준히 수집하고 만들어가야 한다. 확실한 증거가 있어야 손해나지 않고 돈을 받아낼 수 있다. 원인제공, 책임소재 등이 입증되지 않으면 3배는 고사하고 1배의 손해배상조차 받을 수가 없다.

1. 부당한 하도급대금의 결정(법 제4조)

• 이경만 소장, 본드 콜이 들어올 때 대응요령, 공정거래연구소, 2018. 2.

2. 부당한 위탁취소(법 제8조 제1항)

3. 부당한 반품(법 제10조)

4. 하도급대금 감액(법 제11조 제1항)

5. 부당한 기술자료 요구(법 제12조의3 제3항)

징벌적 손해배상에는 두 가지 개념이 있는데, 하나는 고의적 악의적 불법행위에 무거운 배상액을 정할 수 있는 징벌적 손해배상이고, 다른 하나는 위반행위에 2배나 3배 등 특정배수로 배상하는 배액배상제도다.

외국에서도 아무 범죄에나 과도한 배상액을 물리는 것은 아니다. 실손액의 수십에서 수백 배에 이르는 경우도 드물다고 한다. 미국의 경우 두 가지 모두 도입되어 있으며, 손해배상액 기준은 주마다 3배, 5배 등 다르게 운영되고 있다. 또한 배상액이 지나치게 커지거나 재판부와 배심원 재량에 전적으로 의존하지 않도록 배상액을 제한하는 추세다.

우리나라 하도급법은 오래전부터 징벌적 손해배상제도와 유사한 벌칙규정(계약금액의 2배 벌금)이 도입되었지만 실제로 적용된 경우가 없어 사실상 유명무실한 조항이었다. 우리나라처럼 불공정 하도급관행이 뿌리 깊고 광범위하게 만연되어 있는 경우에는 기여이익의 공정한 몫이라는 경제정의가 회복되기 위하여 징벌적 손해배상제도가 모든 불공정 하도급거래에 적용되는 것이 바람직하다.

징벌적 손해배상제도는 일반적인 계약위반 손해가 아닌 불법행위에 의한 손해를 보상하는 것으로서 다음 요건이 충족되어야 한다.

1. 하도급자가 실제 손해에 대한 손해배상(통상의 보상적 손해배상 금액)을 기본적으로 청구하여야 한다. 징벌적 손해배상은 독립적으로 홀로 청구될

수는 없고, 기본적인 손해배상 청구에 추가적으로 청구되어야 한다.

2. 원도급자의 행위가 단순한 과실을 넘어 고의적으로, 악의적으로 행위를 했어야 한다.

3. 징벌적 손해배상의 액수는 실제 손해액에 비례하여야 한다. 만약, 징벌적 손해배상 청구액이 지나치게 과도할 경우에는 징벌적 손해배상액은 위헌이 될 수 있기 때문이다.

4. 유사한 소송에서 징벌적 손해배상을 인정했는지의 여부와 그 배상액 정도다.

(법조문 요약)

◇ **법 제35조(손해배상 책임)**

① 원도급자가 이 법의 규정을 위반함으로써 손해를 입은 자가 있는 경우에는 그 자에게 발생한 손해에 대하여 배상책임을 진다. 다만, 원도급자가 고의 또는 과실이 없음을 입증한 경우에는 그러하지 아니하다.

② 원도급자가 제4조, 제8조 제1항, 제10조, 제11조 제1항·제2항 및 제12조의3 제3항을 위반함으로써 손해를 입은 자가 있는 경우에는 그 자에게 발생한 손해의 3배를 넘지 아니하는 범위에서 배상책임을 진다. 다만, 원도급자가 고의 또는 과실이 없음을 입증한 경우에는 그러하지 아니하다.

③ 법원은 제2항의 배상액을 정할 때에는 다음 각호의 사항을 고려하여야 한다.

1. 고의 또는 손해발생의 우려를 인식한 정도

2. 위반행위로 인하여 하도급자와 다른 사람이 입은 피해규모

3. 위법행위로 인하여 원도급자가 취득한 경제적 이익

4. 위반행위에 따른 벌금 및 과징금

5. 위반행위의 기간·횟수 등

6. 원도급자의 재산상태

7. 원도급자의 피해구제 노력의 정도

④ 제1항 또는 제2항에 따라 손해배상청구의 소가 제기된 경 우「독점규제 및 공정거래에 관한 법률」제56조의2 및 제57조를 준용한다.

◇ **법 제30조**(벌칙)

① 다음 각호의 어느 하나에 해당하는 원도급자는 하도급자에게 제조 등의 위탁을 한 하도급대금의 2배에 상당하는 금액 이하의 벌금에 처한다.

1. 제3조 제1항부터 제4항까지 및 제9항, 제3조의4, 제4조부터 제12조까지, 제12조의2, 제12조의3 및 제13조를 위반한 자

2. 제13조의2 제1항부터 제3항까지의 규정을 위반하여 공사대금 지급을 보증하지 아니한 자

3. 제15조, 제16조 제1항·제3항·제4항 및 제17조를 위반한 자

4. 제16조의2 제7항을 위반하여 정당한 사유없이 협의를 거부한 자

② 다음 각호 중 제1호에 해당하는 자는 3억 원 이하, 제2호 및 제3호에 해당하는 자는 1억5천만 원 이하의 벌금에 처한다.

1. 제19조를 위반하여 불이익을 주는 행위를 한 자

2. 제18조 및 제20조를 위반한 자

3. 제25조에 따른 명령에 따르지 아니한 자

③ 제27조 제2항에 따라 준용되는 「독점규제 및 공정거래에 관한 법률」 제50조 제1항 제2호에 따른 감정을 거짓으로 한 자는 3천만 원 이하의 벌금에 처한다.

하도급법 위반에 따른 형사책임, 민사책임

벌금형이 규정된 하도급법 위반죄에 대한 공소시효는 5년이다. 처분시효나 조사시효 3년은 지났지만 공소실효가 남아 있는 경우가 있을 수 있다. 이 경우 공정위가 고발할 수 있는데 고발하기 위해서는 위반행위가 중대하고 명백한 지 여부를 판단하기 위하여 조사가 필요한데 이미 조사시효가 지난 행위에 대하여는 조사할 수 없기 때문에 사실상 형사고발도 어렵게 된다.

조사시효나 처분시효가 지나 공정위의 조사나 처분은 하지 못한다 하더라도 민법 제75조의 손해배상책임은 청구할 수도 있다. 또 하도급법상 하도급자에게 손해를 발생시킨 경우 원도급자 등은 하도급법 제35조에 의거 손해배상책임을 져야 하므로,● 이 경우 법률 전문가와 협의하여 민사소송이 가능한지를 검토해봐야 한다.

● 정종채, 앞의 책, 145쪽

■ 여러 가지 다양한 하도급문제 사례종합

사례33

적자나지 않고 공사하는 요령

적자가 나지 않게 공사하는 어떤 뾰족한 방법은 없을까. 방법이 있다. 무슨 허풍쟁이 같은 말이냐고 할 수도 있지만 분명히 있다. 많은 업체들이 그렇게 하면서 흑자공사를 하고 있고 건실한 업체로 거듭나고 있다. 페어플레이를 하는 것이다. 어떻게 보면 누구나 다 알고 있으면서도 못하고 있는 가장 원칙적인 방법이다.

공사가 적자나는 원인은 다양할 수 있다. 그 중에서 가장 대표적인 큰 원인은 저가로 계약되는 것이다. 저가금액으로 적자가 날 것을 뻔히 알고 계약했다면 어쩔 수가 없는 일이며 보호해줘야 할 이유도 없다. 이 경우 공사를 하면서 원도급자에게 정산 등을 통하여 조금이라도 더 받아낼 수 있는 방법을 궁리하는 것 이외에 다른 방법이 없다. 그렇다면 적자나지 않고 이익을 낼 수 있는 방법은 무엇일까.

첫째, 적자공사는 거절하고 아예 포기하는 것이다. 견적을 작성해보니 원도급자가 제시한 금액으로 시공할 경우 적자가 날 수준이라면 계약하지 말아야 한다. 포기해야 한다. 거절해야 할 때 거절할 줄 알아야 손해나지 않는다. 기업

운영에서 거절도 중요한 경영전략 중 하나다. 한 시라도 빨리 포기하고 다른 공사를 찾아나서는 게 현명하다. 그냥 계약한다는 것은 회사를 스스로 어렵게 만드는 꼴이 된다. 요즘에는 적정공사비가 보장되지 않으면 아예 공사를 포기하는 업체가 늘어나고 있어 매우 바람직하다. 제값 받고 좋은 품질로 보답하겠다는 것이다.

둘째, 공사진행 중 추가·변경 공사가 발생하면 반드시 추가·변경 계약서를 작성하고 정산해야 한다. 계약서작성 및 정산을 안 해주면 공사를 중단한다. 계약서 없이 공사한다는 것은 무료로 해준다는 말과 다를 바 없다. 나중에 원도급자가 추가로 지급할 것이라는 구두약속은 환상일 뿐이다. 무료로 해줄 봉사할 마음과 손해나도 좋다는 각오가 되어 있다면 변경계약서 없이 해도 된다. 공사를 중단한다고 하면 원도급자 측에서 불법행위를 했기 때문에 계약서를 안 써줄 수가 없다. 결국 변경계약서를 작성하게 된다. 이렇게 추가계약서를 받아내면 공사비는 모두 받을 수 있고 적자공사가 될 수 없다.

설계변경, 물가변동 등 다른 공사비 증가요인도 마찬가지다. 당초 계약내용과 다른 시공을 요구하면 그에 따른 변경계약과 추가비용을 반드시 요구해야 한다. 이러한 정당한 요구를 하지 않기 때문에 적자가 나는 것이다. 스스로 권리를 포기하고 적자난 것을 어떻게 하느냐고 하면 참으로 답답한 노릇이다.

이제부터라도 정당한 요구는 하고 살자. 그렇게 되면 흑자공사만 한다. 더 이상 눈치 보지 말고 부도나서 죽기 전에 먼저 요구부터 하자. 비정상이 아닌 정상적 방식에 의해 요구를 하자는 것이다. 적자가 쌓여서 죽으나, 괘씸죄에 걸려서 죽으나 죽는 건 마찬가지다. 법에서 정한 정당한 요구를 하는 것이 부도나거나 말라죽는 것보다 훨씬 좋은 길이다.

셋째, 여타 부당한 불법행위도 마찬가지다. 정당한 요구가 아닌 불법적 강압 요구는 거절하여야 한다. 거절이 어렵다면 합당한 추가비용을 받을 수 있도록 추가 계약서 등 증거를 확보하고 반드시 정산을 받도록 확실하게 정리한 이후에 공사를 계속해야 한다. 구두약속 등 확신이 가지 않는다면 공사를 중단해야 한다. 그리고 하도급대금 지급보증 청구와 하도급대금 직접지급을 발주자에게 요청하는 등 필요한 조치를 강구한다. 어찌 되었든 부당하게 공사비용이 추가·감액되는 행위에 적절히 대응을 잘한다면 절대로 손해를 보지 않는다.

사례34 손실이 발생하는 현장일 경우

공사가 없어 애를 태우다보면 속이 타들어간다. 그러다가 누가 일을 준다고 하면 웬 떡이냐 싶어 앞뒤 안 가리고 확 달려들게 되는 경우가 많다. 또 원도급자 입장에선 허겁지겁하는 하도급자를 보며 이리저리 머리 굴리면서 가격 낮추기에 별별 수법을 다 쓴다. 십중팔구는 저가로 계약하게 된다. 실제 발생금액보다 계약금액이 적으면 적자가 날 수밖에 없다. 처음부터 알고 계약하는 경우도 있지만 잘하면 되겠지 하고 막연한 희망을 가지고 계약하는 경우도 많다.

적자가 나는 요인들이 다양하지만 추가공사, 변경공사 등의 추가공사비를 받지 못해서 발생하는 경우가 아마도 제일 많을 것이다. 작은 변경공사들을 그때그때 변경계약서를 작성해달라고 하기도 그렇고 참으로 애매한 경우도 많다. 추가공사비가 점점 늘어나 감당하기가 어려운 지경이 되면 추가비 정산 없이는 그대로 갈 수 없는 한계점에 이르게 된다.

공사를 하면 할수록 적자가 눈덩이처럼 불어나 몇천만 원이 몇억 원으로, 몇십억 원까지 적자폭이 커지면 1건 공사하다가 회사가 문닫을 지경에 이르게 된다. 어떻게 할 것인가. 계약금액은 이미 확정되어 있고 도장까지 찍었으니 무슨할 말이 있겠는가.

1. 이런 상황이 되면 우선 침착하게 모든 앞뒤 현황을 점검해야 한다. 공사원가를 더 절감할 여지는 없는지, 원도급자에게 계약금액 이외에 추가로 지급요청은 정말로 불가능한 것인지, 계약을 해지하면 본드 콜(Bond Call : 금융기관이 보증을 섰다가 건설사의 발주처와의 계약 등을 위반하여 보증액을 발주처에 지급하는 것을 뜻함) 등을 어떻게 대처할 것인지 계약과정·시공과정·추가공사 과정 등에 불법적인 요소는 없었는지 등.

2. 하도급법 모든 조항을 체크하여 모조리 검토를 하다보면 답이 나온다. 어느 곳이든 틈이 생긴다. 예를 들어 원도급자가 계약과정에서 부당하게 가격을 낮추게 했다든지, 추가공사 과정에서 계약서작성을 안 했다든지, 선급금을 받은 비율대로 주지 않았다든지 등 법을 위반한 불법행위가 나오게 되어 있다. 이 경우 전문성이 부족하면 전문가의 도움도 받는다.

3. 원도급자와 추가공사비 등 미지급된 비용에 대해 지급요청과 함께 협의를 진행한다. 협의과정에서 적절한 합의점을 찾아 결과를 도출한다. 만약 합의가 안 되면 공사를 중단할 수밖에 없다. 본드 콜 등 공사중단 시 발생될 상황에 대한 방어전략도 미리 검토한다.

4. 원도급자가 법을 위반한 내용들을 몽땅 모은 다음에 위반된 내용별로 그동안 준비한 증거들을 수집, 분석한다. 항상 증거들을 미리미리 수집하고 잘 정리하는 것은 기본이다. 그동안 증거수집을 하지 못했다면 더 이상 저항할 방법이 없다. 준비가 안 된 자는 기회가 와도 기회를 차지할 자격이

없다. 적자로 끝까지 가든지 손해보고 공사를 포기하는 방법밖에 없다.

5. 불법행위에 대한 검토가 끝나면 곧바로 공정위 등에 고발한다. 부당한 계약금액 결정이 있었다면 손해액의 3배까지 받을 수 있다. 원도급자의 불법사항이 많으면 많을수록 협상력이 좋아질 수 있다. 일단 고발이 되면 그 다음부터는 증거싸움이다. 그동안 준비된 증거를 가지고 훨씬 유리한 입장에서 협의를 진행할 수 있다. 잘하면 당초 잘못된 계약금액까지도 추가로 조정 받을 수 있다.

6. 불법행위를 근거로 발주자에게 하도급대금 직불신청을 한다. 필요시 하도급대금 지급보증도 청구한다. 원도급자에게 최대한 압력을 가한다. 손실을 만회하기 위해선 방어와 공격을 동시에 하는 것이 최선이다.

평소에 미리미리 증거서류 등 준비를 잘해왔다면 원도급자의 불법행위에 의한 적자공사 등 어떠한 상황이 닥치더라도 적극 대응할 수가 있다. 손해도 최소화하고, 오히려 손해본 것은 3배까지의 배상도 되돌려 받을 수 있다. 처음부터 끝까지 철저한 증거서류 준비가 손해와 이익을 좌우한다.

사례35

서류증거를 만드는 요령

일반 행정뿐만 아니라 개인 간의 거래 등 모든 일들이 대부분 서류로 증명이 된다. 서류가 없거나 부족하면 증거력이 떨어져 권리주장이 어려워진다. 건설공사는 옥외에서 이루어지는 경우가 많고 이곳저곳 이동성도 커서 세심한 서류 작업이 제때 제대로 이루어지가가 쉽지 않다.

더구나 하도급자처럼 영세한 업체들은 직원 수가 적어 1인당 업무량이 많다 보니 서류를 제대로 챙기는 일이 쉽지 않다. 그래서 정산문제 등 일이 터지고 나면 하도급자들이 대부분 다 뒤집어쓰게 되는 가장 큰 원인이 서류증거들이 불충분하다는 점이다. 약자입장인 하도급자는 그런 의미에서 서류준비에 더 많은 시간과 노력을 들여야 한다. 서류능력이 돈이기 때문이다. 돈을 떼이지 않으려면 서류를 제대로 갖춰라.

1. 기본적으로 항상 공문으로 주고받는 것을 생활화해야 한다. 추가·재공사가 발생하면 원도급자에게 작업지시서를 보내달라고 요구하고, 그 이후 진행 과정, 진행내용 등도 중간 중간에 공문으로 주고받아 원도급자가 공식적으로 확인한 증거를 많이 남겨야 한다. 공문이 모아지면 일의 시작과 끝이 그곳에 모두 있어서 어떤 일이 발생하든 의외로 쉽게 해결될 수도 있다.

2. 현장에선 추가·변경작업, 원도급자 지시사항 등을 자세히 기록하여 관리하고 작업일지, 현장 회의자료 등 자료의 작성관리를 철저히 수행한다. 원도급자의 확인서명은 매우 중요하므로 서류에 원도급자의 기사, 현장소장 등의 서명을 반드시 받아둔다.

3. 추가공사, 변경공사의 경우에는 그 발생원인과 배경, 책임소재, 변경내용, 과정, 일자별 추가공사비 등 상세한 내용의 문서를 작성하고 서류로 원도급자와 주고받아야 한다. 하도급자 혼자 스스로 작성한 자료는 객관성이 떨어져 증거력이 약하다.

4. 공식적인 문서가 안 될 경우에는 비공식적인 증거를 확보해야 한다. 녹음, 이메일, 카톡, 문자, 사진 등 가능한 모든 방법을 동원하여 증거를 수집하여야 한다. 증거 간에 일자, 내용 등을 반드시 기록하여 상호연관성 있게 증거를 남기면 더 좋다. 상호 공식적인 문서로 소통이 안 된다면 이미 원도급자가 신뢰하기 어려운 비정상적인 자임을 입증하는 것이다. 이 정도라면 더욱 긴장하고 만약에 대비하여 증거준비를 철저히 해야 한다.

5. 적자폭이 한계에 달한다든지 이미 일정단계를 넘어 한계상태에 이르면, 증거를 첨부하여 요구사항을 공문으로 내용증명을 발송한다.

이상과 같이 처음부터 끝까지 철저한 증거확보에 집중하여야 한다. 세밀한 것까지 기록하고 잘 정돈해두면 그것이 다 돈으로 돌아온다. 문서관리가 잘되는 회사는 그만큼 성장할 수 있다. 공무능력이 경쟁력이다. 문서관리가 잘 된 회사는 돈을 떼이지 않는다.•

기성검사 거부 및 지연 시

일반적으로 하도급공사는 1~2개월 단위로 기성을 청구한다. 근데 하도급자의 책임이 없음에도 원도급자가 기성을 인수하지 않고 거부하는 경우가 있다. 하도급자 책임이 없는 경우란 하도급자의 귀책사유로 인해 계약을 이행할 수

• 이경만 소장, 하도급분쟁 해법, 돈을 떼이지 않는 비결, 공정거래연구소, 2017. 11.

없는 경우 또는 하도급자가 계약내용을 위반하여 계약목적을 달성할 수 없는 경우 등을 말한다.

기성청구는 통상적으로 세금계산서 발행일자를 기준으로 한다. 세금계산서를 발행하기 이전에 기성내역을 얼마로, 어느 정도로 할 것인지를 상호 협의하여 결정한다. 기성청구가 되면 원도급자는 10일 이내에 결과를 통보해주어야 하고 통보가 없으면 법에 따라 인정한 것으로 된다.

1. 기성청구는 반드시 매회 서면으로 신청하여야 한다. 일단 신청이 되면 10일 후에 당연히 검사가 합격된 것으로 보기 때문에 신청 자체가 기준일이 되므로 청구 자체가 중요하다. 다만 신청하기 전에 상호 기성금액이 확정되지 않아 기성청구가 이루어지지 못하고 있다면 그 문제는 별도로 검토를 해야 한다.

   기성측정 문제가 복잡한 내용으로 지연되고 있다면 하도급자는 정산문제를 빨리 끝낼 수 있도록 종용을 하고, 그래도 상호 이견이 있다면 원가계산을 해주는 용역기관이나 공사량 측정을 전문으로 하는 감정평가사 등에게 전문적인 감정을 의뢰해서라도 조속히 마무리를 지어야 한다.

2. 검사를 거부한 경우에는 거부이유, 거부배경, 책임소재 등 자료를 항상 잘 확보, 정리해 두어야 한다. 원도급자에게 검사종결 요청공문, 이메일 등을 보내고 답변서를 받는 등 확인을 받아 자료를 공유하는 방법 등으로 증거서류를 처음부터 계속하여 확보해가는 것은 기본이다.

3. 만약, 기성 확정이 계속 미루어진 상태에서 공사를 계속 진행하다보면 미확정 기성이 계속 증가되고 공사가 진행될수록 상호다툼의 여지가 더욱

커질 수 있다. 검사거부가 계속 누적되고 해결이 쉽지 않을 경우에는 공사를 계속할 것인지 중단할 것인지까지도 신중히 검토하여 신속히 결론을 내려야 한다.

4. 마지막 노력까지 다해도 해결되지 않으면 어쩔 수 없다. 공사중단을 결정하고 공문으로 통보한다. 기성검사 거부, 원인제공 등 그 원인이 원도급자에게 있다는 내용을 분명히 하고 그 증거 등을 첨부한다. 이후에는 하도급대금 지급보증 청구, 발주자 하도급대금 직불신청, 법적 조치 등 필요한 조치를 실행한다.

(법조문 요약)

◇ **법 제9조(검사의 기준·방법 및 시기)**

① 하도급자가 납품 등을 한 목적물 등에 대한 검사의 기준 및 방법은 원도급자와 하도급자가 협의하여 객관적이고 공정·타당하게 정하여야 한다.
② 원도급자는 정당한 사유가 있는 경우 외에는 하도급자로부터 목적물 등을 수령한 날[제조위탁의 경우에는 기성부분(旣成部分)을 통지받은 날을 포함하고, 건설위탁의 경우에는 하도급자로부터 공사의 준공 또는 기성부분을 통지받은 날을 말한다]부터 10일 이내에 검사결과를 하도급자에게 서면으로 통지하여야 하며, 이 기간 내에 통지하지 아니한 경우에는 검사에 합격한 것으로 본다. 다만, 용역위탁 가운데 역무의 공급을 위탁하는 경우에는 이를 적용하지 아니한다.

부당하게 반품하는 경우

원도급자는 하도급자의 귀책사유가 없는 한 기성수령을 거부해서는 안 된다. 하도급자의 귀책사유란 하도급자의 귀책사유로 기성납품을 한 목적물이 원도급자가 위탁한 내용과 다르거나 목적물 등에 하자 등이 있고 이로 인해 계약목적을 달성할 수 없는 경우를 말한다.

하도급자에게 책임이 있다고 하더라도 반품을 무기한 허용하는 것은 안 된다. 통상적인 검사를 통해 곧바로 발견할 수 있는 하자인 경우 발견 즉시 신속하게 반품해야 하고 정당한 이유 없이 검사기간을 지연하거나 불합격품의 반품을 지체한 경우에는 부당반품에 해당될 수 있다.[•] 법에서 정하고 있는 부당한 반품 사례는 다음과 같다.(법 제10조)

1. 발주 자체의 취소 또는 경제상황의 변동 등을 이유로 목적물 등을 반품하는 행위
2. 검사의 기준 및 방법을 불명확하게 정함으로써 목적물 등을 부당하게 불합격으로 판정하여 반품하는 행위
3. 원도급자가 공급한 원재료의 품질불량으로 인하여 목적물 등이 불합격품으로 판정되었음에도 불구하고 이를 반품하는 행위
4. 원도급자의 원재료 공급지연으로 인하여 납기가 지연되었음에도 불구하고 이를 이유로 목적물 등을 반품하는 행위

반품의 책임소재가 누구에게 있는지 먼저 정확하게 판단한다. 하도급자의

• 정종채, 앞의 책, 196쪽

책임이 있는 부분이 있다면 늦게라고 보완 수정하여 재청구할 수 있도록 원도급자와 협의를 진행하고, 책임이 없는 경우에는 원만히 해결되도록 우선 최선의 노력을 다한다. 그래도 원도급자가 무리하게 반품을 지속하는 경우에는 적절한 대응방법을 검토해야 한다. 반품의 원인 배경 등 증거자료 확보는 처음부터 계속되어야 한다.

반품문제가 해결이 안 된 상태에서 공사를 계속 진행하는 것도 문제가 될 수 있다. 금액이 적거나 반품이 어쩌다 한두 번 발생하는 일이라면 어떻게 해서든 대화로 잘 풀어나가야 한다. 작은 금액, 작은 일을 가지고 법대로 하거나 공사를 포기할 수 없기 때문이다. 금액이 크거나 부당한 반품이 자주 발생하면 공사중단까지도 검토해야 한다.

반품원인이 기술적인 문제이거나 상호 기술력으로 해결할 수 없는 문제라면 전문가에게 의뢰하여 그 책임소재를 명확하게 확인하고 마무리할 수 있는 방법을 찾아야 한다. 그래도 해결이 안 되면 여러 상황 등을 종합하여 공사중단을 최종 결정하고 준비된 자료증거 등을 바탕으로 적절한 법적 조치를 시작한다. 발주자에게 직불신청, 하도급지급보증서 지급청구, 공정위 신고, 가압류 등 법적 조치 등 선별적으로 최적의 방안을 찾아 실시한다.

(법조문 요약)

◇ 법 제10조(부당반품의 금지)

① 원사업자는 하도급자로부터 목적물 등의 납품 등을 받은 경우 하도급자에게 책임을 돌릴 사유가 없으면 그 목적물 등을 수급사업자에게 반품(이하 "부당반품"이라 한다)하여서는 아니 된다. 다만, 용역위탁 가운데 역무의 공급을 위탁하는 경우에는 이를 적용하지 아니한다.

자기 건설기계 사용과 물품구매 등을 강요하는 경우

원도급자 소유의 건설기계를 사용하도록 강요하는 사례는 하도급현장에서 종종 발생한다. 사용요금도 통상의 수준보다 더 많이 요구하고 하도급공사대금에서 우선적으로 차감한다. 철근, 강재, 목재, 인테리어 물품 등 공사에 필요한 물품 등을 특정업체에서 높은 가격에 구매하도록 강요하고 공사대금에서 공제하기도 한다.

이런 경우, 견딜 정도라면 어쩔 수 없이 참고 수용하겠지만 품질, 가격 등에서 도저히 수용할 수 없는 수준이라면 힘들겠지만 강요를 거부해야 한다. 특히 품질이 보장되지 않으면 결국 하자까지 책임져야 하기 때문에 적정수준의 품질을 확보하거나 강요를 거부하고 다른 방법으로 원도급자 측과 협력하는 방안을 찾는 것도 한 방법이다. 하자보상, 손해배상 청구, 고발 등에 대비하여 원도급자 측의 강요배경, 구입한 세부증거 등 증거확보는 항상 필수다. 준비가 되어 있으면 언제든 손해배상을 청구하면 된다. 원도급자의 부당한 행위에 그냥 참고 넘어가겠다면 시키는 대로 하면서도 증거확보 등은 철저히 해두어야 한다.

(법조문 요약)

◇ **법 제12조(물품구매대금 등의 부당결제 청구의 금지)**

원도급자는 하도급자에게 목적물 등의 제조·수리·시공 또는 용역수행에 필요한 물품 등을 자기로부터 사게 하거나 자기의 장비 등을 사용하게 한 경우 정당한 사유없이 다음 각호의 어느 하나에 해당하는 행위를 하여서는 아니 된다.
1. 해당 목적물에 대한 하도급대금의 지급기일 전에 구매대금이나 사용대가의 전부 또는 일부를 지급하게 하는 행위
2. 자기가 구입·사용하거나 제3자에게 공급하는 조건보다 현저하게 불리한 조건으로 구매대금이나 사용대가를 지급하게 하는 행위

사례39

부당하게 금전, 물품, 용역 등을 요구하는 경우

원도급자는 돈, 물건, 용역 등 무엇이든 어느 분야에서든 닥치는 대로 요구하여 그 야만적 포식 근성을 그대로 드러내고 있다. 이런 횡포를 당할 경우, 사회통념상의 일반적 수준이라면 수용해야겠지만, 그 범위를 훨씬 초월하여 감내하기 어려운 수준이라면 공사를 포기하는 한이 있더라도 어쩔 수 없이 거절해야 한다. 결국 원도급자가 원하는 대로 다 받아주다 보면 남는 것도 없고 앞으로 수행할 공사도 그런 행위를 계속 받아줘야 되고 결국 적자공사를 면치 못하게 될 것이기 때문이다.

그래도 공사가 끊겨 회사가 유동성문제로 부도나는 것보다는 치사하고 더러워도 어쩔 수 없지 않느냐고 반문할 수도 있다. 물론 그것이 현실적인 판단일 수도 있다. 그러나 그런 생각을 고수해서는 이 땅에서 불법행위가 영원히 개선될 수 없다. 언제까지 그렇게 불법행위에 함께 동조하고 적자의 고통 속에서 계속 허덕이며 살아갈 것인가. 하도급자도 어렵겠지만 장기적인 안목을 가지고 더 큰 걸음으로 걸어가도록 노력해야 더 좋은 하도급 환경을 만들어갈 수 있다.

◇ 법 제12조의2(경제적 이익의 부당요구 금지)

원도급자는 정당한 사유 없이 하도급자에게 자기 또는 제3자를 위하여 금전, 물품, 용역, 그밖의 경제적 이익을 제공하도록 하는 행위를 하여서는 아니 된다.

사례40

보복행위를 할 경우

하도급자는 보통 보복행위가 두려워 원도급자의 불법행위를 고발하지 못한다. 다음 공사를 주지 않거나 추가공사를 인정해주지 않는 등 보복은 즉시 행동으로 옮겨져서 하도급자에게 직접적인 손해를 준다. 또 정상적인 경영활동을 저해함으로써 큰 고통을 주기 때문에 법에서도 보복행위에 대한 처벌을 강화하고 있지만 원도급자들의 보복행위는 여전하다.

그러기 때문에 하도급자들은 불법행위에 이의를 제기하지 못하고 계속 당하기만 하는 것이다. 하도급자 혼자서 저항하기엔 어려움이 따른다. 공동으로 원도급자의 불법행위에 대항하여 보복행위를 예방하는 등 어떠한 방법이든 찾아야 한다. 보복행위를 했을 때에는 그에 상응하는 처벌을 받도록 공동대처하면 보복도 줄고 충격도 덜할 수 있다.

단 한 번이라도 보복을 가한 원도급자는 즉시 최대 6개월간 공공분야 입찰참여가 제한(상생협력촉진에관한법 시행규칙)된다. 6개월간의 영업정지는 기업에게 대단히 큰 처벌이다. 이 규정을 적극 활용하여 보복한 업체는 무조건 모두

고발해야 한다. 그래야 다음부터 못하게 된다. 어찌되었던 그냥 당하고만 있으면 해결되지 않는다. 고발하고 저항하고 예방하고 처벌하는 등 불이익을 가해야 근절될 수 있다.

처벌도 강력하니 하도급자들이 똘똘 뭉치면 얼마든지 가능한 일이다. 업종별, 지역별로 의견을 모아 원도급자의 불법적 행위에 공동대응하고, 한 번이라도 보복하면 무조건 고발하는 풍토를 만들어가다보면 그들의 못된 보복행위도 분명히 근절될 수 있다.

(법조문 요약)

◇ 법 제19조(보복조치의 금지)

원도급자는 하도급자 또는 조합이 다음 각호의 어느 하나에 해당하는 행위를 한 것을 이유로 그 하도급자에 대하여 수주기회(受注機會)를 제한하거나 거래의 정지, 그밖에 불이익을 주는 행위를 하여서는 아니 된다.
1. 원도급자가 이 법을 위반하였음을 관계기관 등에 신고한 행위
2. 제16조의2 제1항 또는 제2항의 원도급자에 대한 하도급대금의 조정신청 또는 같은 조 제8항의 하도급분쟁조정협의회에 대한 조정신청
3. 제22조의2 제2항에 따라 하도급거래 서면실태조사를 위하여 공정거래위원회가 요구한 자료를 제출한 행위

사례41

하도급자의 경영에 간섭하는 경우

하도급자에게 '영업이익률을 보고하라'는 원도급자의 요구가 심심치 않게 발생한다. 영업이익률이 조금 높으면 주로 하도급대금을 깎기 위하여 이익률을 보자고 한다. 누구를 임원으로 채용하라고 인사에도 개입한다. 자재도 누구에게 비싸게 사라고 한다. 모두가 하도급자에겐 불필요하게 원가가 증가되는 요인이다. 하도급자 입장에선 거절하기도 어렵다.

원도급자는 공사물량을 조절하는 방법 등을 이용하여 하도급자의 경영에 간섭하기도 한다. 원도급자가 목적물의 품질유지 등 하도급거래의 목적과 관계없이 2차 하도급자의 선정, 단가의 결정, 계약조건 설정 등 재하도급거래 내용을 제한하는 경영간섭 행위도 자주 발생한다.

또, 근래 '노무비 닷컴 www.nomubi.com'의 운영행태에도 문제가 제기된다. 당초 임금체불을 방지하기 위해 도입된 에스크로(ESCROW : 상거래 시, 은행 등 중립적인 제3자인 에스크로사업자가 중개하여 결제대금 또는 물품의 안전거래를 이끄는 서비스를 말한다. 법률에서는 결제대금예치제라고 함) 계좌가 원도급자 입장에선 입금만 하면 하도급대금을 지급한 것이 되고 따라서 지연이자 등의 적용에 문제가 없다고 생각한다. 원도급자가 입금을 하고 하도급자가 마음대로 출금할 수 있다면 그런 생각이 타당할 수도 있겠지만, 원도급자가 출금승인을 해주지 않아 하도급자가 인출할 수 없다면 돈을 수령하지 않은 것과 동일하다. 따라서 미지급상태로 보아야 하는 것이다. 하도급자의 인출을 막아놓고 원도급자가 이미 지급했다고 주장하면 이는 일종의 경영간섭이다. 원도급자든 '노무비 닷컴'이든 그 책임을 져야 할 것이다.

법으로 금지된 경영간섭을 할 경우 지나친 요구라면 가급적 거절해야 한다.

지속적으로 요구하면 하도급자의 충격을 최소화할 수 있도록 업종 간, 지역 간 공동 대응하여 고발하는 등 방안을 찾아 불법행위를 처벌하고 근절해가도록 노력해야 한다. 경영간섭 내용, 진행내용 등 모든 과정의 증거를 수집하는 것은 당연하다. 필요 시 모든 손해비용을 청구할 수 있다.

(법조문 요약)

◇ **법 제18조(부당한 경영간섭의 금지)**

원도급자는 하도급거래량을 조절하는 방법 등을 이용하여 하도급자의 경영에 간섭하여서는 아니 된다.

사례42

묘한 탈법행위를 강요하는 경우

원도급자가 하도급자에게 추가공사비, 어음할인료, 지연이자 등을 지급했다가 다시 돈을 회수하는 행위와 같이 하도급법의 처벌을 피하려는 탈법행위들이 자주 발생한다. 아예 하도급자의 통장을 하나 만들어 도장과 함께 원도급자에게 맡겨버리는 경우도 허다하다. 원도급자가 하도급대금 지급보증서를 발급하여 발주처에 제출한 이후 수수료 절감을 위해 보증서를 해지하는 경우도 동일한 탈법행위다. 법의 처벌을 면하기 위해 발행했다가 계속 발행된 것처럼 속이는 불법행위다.

지나친 탈법행위는 역시 거절할 수 있어야 한다. 당장 거절하기가 어려울 경우에는 탈법행위를 요청한 내용, 요청배경, 조치한 내용 등 그 증거를 확보하여 후일 공정위 고발 등을 통하여 모두 받아낼 준비를 해야 한다.

사례43

원도급자의 금지사항, 의무사항

하도급법은 원도급자의 우월적 불법행위를 예방하고 처벌하기 위하여 원도급자의 금지사항과 의무사항을 명확히 규정하고 있다.

1. 원도급자의 의무사항(9가지)

- 서면교부, 서류보존(법 제3조)
- 선급금 지급(법 제6조)
- 내국신용장개설(법 제7조)
- 검사 및 검사결과 통지(법 제9조)

- 하도급대금 지급(법 제13조)
- 하도급대금 지급보증(법제13조의2)
- 관세 등 환급액 지급(법 제15조)
- 설계변경, 물가변동 등에 따른 하도급대금조정(법 제16조)
- 하도급대금 조정협의(법 제16조의2)

2. 원도급자의 금지사항(12가지)

- 부당특약의 금지(법 제3조의4)
- 부당한 하도급대금 결정 금지(법 제4조)
- 물품 등의 구매강제 금지(법 제5조)
- 부당한 위탁취소 및 수령거부 금지(법 제8조)
- 부당반품 금지(법 제10조)
- 하도급대금 감액 금지(법 제11조)
- 물품구매대금 등의 부당결제청구 금지(법 제12조)
- 경제적 이익의 부당요구 금지(법 제12조의2)
- 기술자료 제공요구 금지(법 제12조의3)
- 부당한 대물변제 행위 금지(법 제17조)
- 부당한 경영간섭 금지(법 제18조)
- 보복조치 금지(법 제19조)
- 탈법행위(법 제20조)

사례44

하도급자가 지켜야 할 의무

의무를 성실히 다하였을 때 권리를 주장할 수 있는 것이다. 하도급자는 신의성실로 열심히 성실시공 의무를 다해야 한다. 근로자에게는 적정한 임금을 약속한 날짜에 지급하고, 산재사고를 예방하며, 장기어음 주지 말고, 건설기계 임대료, 외주 제작비 등도 법에 맞도록 제때에 정상적으로 지급하여야 한다. 임금체불 근절, 산재사고 예방, 불법 재하도급, 부실시공 금지 등은 하도급자가 최우선적으로 의무를 다해야 할 내용들이다.

원도급자의 불법행위는 대부분 하도급자의 협조가 있어야 가능하다. 하도급자도 일부분은 공범의 여지가 있다. 물론 우월적 지위 하에서 어쩔 수 없는 상황이라는 점이 있지만 함께 불법행위를 하고 원도급자에게 100% 책임을 돌린다는 것은 문제가 있다. 하도급자는 원도급자의 불법행위 요청에 협조하지 말아야 할 의무가 있다.

따라서 어쩔 수 없이 함께 불법행위에 동조했다 하더라도 적정수준을 넘어설 때에는 과감히 거절해야 한다. 공사수주를 위하여 고발할 수 없다는 입장도 있지만 그렇다고 계속 불법행위를 용인하고 간다면 하도급자는 계속해서 당하게 될 것이고, 건설현장에서 불법행위 근절은 요원해진다.

원도급자의 불법행위에 대한 거부, 고발이 전국적으로 확대되어야 한다. 그래야 개선의 여지가 만들어지고 하도급자도 성장할 수 있다. 거부하는 방법은 하도급자의 몫이기에 원도급자의 특성, 현장여건, 공사특성 등에 따라 최선의 방법을 선택하여 가장 부드러운 방법부터 단계적으로 시도하는 것이 좋다.

◇ 법 제21조(하도급자의 준수사항)

① 하도급자는 원도급자로부터 제조 등의 위탁을 받은 경우에는 그 위탁의 내용을 신의(信義)에 따라 성실하게 이행하여야 한다.
② 하도급자는 원사업자가 이 법을 위반하는 행위를 하는 데에 협조하여서는 아니 된다.
③ 하도급자는 이 법에 따른 신고를 한 경우에는 증거서류 등을 공정거래위원회에 지체없이 제출하여야 한다.

사례45

원도급자 현장소장의 업무범위

원도급자 현장소장의 업무행위가 본사의 행위로 볼 수 있는 것인지, 하도급법상 하도급자에게 효력이 있는 것인지, 있다면 어디까지인지는 중요한 문제다. 결론부터 말하면, 현장소장이 행한 공사시행과 관련된 통상적인 지시나 행위라면 모두가 본사의 행위로 볼 수 있고 유효하다.

현장소장은 상법 제15조(부분적 포괄대리권을 가진 사용인)의 '영업의 특정한 종류 또는 특정한 사항에 대한 위임을 받은 사용인'으로서 부분적 포괄대리권을 가진다. 따라서 현장소장의 업무범위는 그 공사의 시공과 관련한 자재,노무관리 외에 그에 관련된 하도급계약의 체결, 공사대금지급, 공사에 투입되는 건

설기계 등의 임대차계약 및 임대료지급 등에 관한 모든 행위가 포함된다.[•]

이러한 업무에 대하여는 포괄적 대리권을 가지므로 비록 현장소장이 독단적으로 결정했고 그것이 본사 내부규정에 반한다 하더라도 현장소장이 체결한 계약의 효력은 회사에게 온전히 미친다. 따라서 현장소장의 행위에 대한 계약상 책임뿐만 아니라 하도급법상의 책임도 져야 한다.[••]

이 같은 바탕에서 현장소장이 하도급공사와 관련하여 한 행위는 모두 유효하다고 볼 수 있다. 본사의 구체적인 지시가 있든 없든 이미 하도급공사에 관한 업무는 모두 위임된 것이기에 하도급자는 원도급자의 현장소장과 공사와 관련한 모든 업무를 진행하여도 법적 보호를 받을 수 있다

자기발주공사와 하도급법 적용

원도급자가 스스로 아파트를 지어 분양하는 공사 등 자기발주공사를 하도급받은 경우에도 당연히 하도급법 적용이 된다. 일반인을 상대로 분양하거나 임대하기 위한 목적이므로 당연한 하도급공사다. 원도급자의 사옥을 지어 영리목적이 아닌 자신이 사용하는 경우에도 하도급법 적용대상이 된다.

사옥은 자신이 사용할 뿐만 아니라 일부를 임대할 수도 있고 심지어 향후 매각까지 가능하므로 영리를 목적으로 하는 건설 활동이라 볼 수 있다. 아울러 수급사업자를 보호할 필요는 일반분양 목적의 건설과 동일하기 때문에 하도급

• 대법원 199. 9. 30. 선고 94다20884 판결
•• 정종채, 하도급법 해설과 쟁점, 삼일인포마인, 2018. 2. 12. 138쪽

법을 적용할 필요가 있다는 것이 공정위의 입장이다.●

　반면, 자가소비용 사옥의 임대는 자신이 사용하고 남은 공간에 대한 활용으로 부수적인 목적에 불과하고 매각은 향후에 발생할 수 있는 상황이어서 이를 근거로 영리를 목적으로 한 건설활동이라고 주장하는 것은 설득력이 떨어진다. 따라서 자가소비용 사옥은 건설하도급 위탁의 대상이 아니라고 보는 경우도 있다.●●

반품 가능기간은

우리나라 하도급법에서 반품에 대하여 기한을 정한 것은 없다. 따라서 이미 납품을 완료한 때의 안정적인 법률관계를 위해서도 반품기한의 설정은 필요하다. 하도급자의 귀책사유로 반품이 가능하다고 하더라도 기간에 관계없이 무한정 반품할 수 있는 것은 아니다. 무제한으로 인정하면 하도급거래의 안정화나 하도급자의 이익보호라는 관점에서 문제가 될 수 있기 때문이다.●●●

　일본의 경우 하자를 발견한 날로부터 상당한 기간이 경과하면 반품하지 못하도록 하고 있다. 상당기간이란 하자가 명확히 확정된 후 상당한 기간이 경과하여 하도급자가 반품하지 않으리라는 신뢰가 생긴 때까지의 기간으로 해석된다. 어느 정도 기간경과 후 발견되는 하자의 경우 수령 후 6개월을 초과한 반품은 원칙적으로 인정되지 않고 있다.●●●●

●　송정원, 하도급거래공정화에관한법률 해설, 나무와샘, 2000. 2. 7. 38쪽
●●　정종채, 앞의 책 170쪽
●●●　정종채, 앞의 책 197쪽
●●●●　김홍석·구상모, 하도급법, 화산미디어, 2010. 2. 25. 151, 152쪽

주계약자와 하도급법 적용

주계약자공동도급제도는 종합건설업자와 일반건설업자가 공동으로 공사를 수주하여 종합건설업자가 주계약자로서 종합적인 계획·관리·조정을 하는 공사이다. 주계약자인 종합건설업자는 자신이 분담한 부분에 대하여 계약이행의 책임을 지는 것 외에 부계약자인 전문건설업자의 계약이행책임까지도 연대책임을 진다.

주계약자는 공사전체에 대하여 하도급법상의 책임을 진다. 부계약자인 전문건설업자는 자신이 분담한 부분에 대해서만 하도급법의 책임을 진다. 하도급법상 원도급자 및 하도급자의 자격여부는 역시 각 구성원별 매출액 또는 시공능력평가액으로 판단한다.

공동이행방식, 분담이행방식의 하도급법 적용

공동이행방식의 경우, 그 대표자 또는 다른 구성원의 동의를 얻거나 대표자의 위임을 받은 다른 구성원이 하도급계약을 체결하면 유효하며 구성원 모두 연대책임을 진다. 또 포괄적 위임을 받은 것으로 인정이 된다면 구성원 전원이 연대책임을 진다. 대표자의 위임이나 다른 구성원의 동의를 받지 않은 행위는 공동수급체의 행위로 볼 수 없으므로 당연히 다른 구성원에게 연대책임이 없다.

분담이행방식의 경우, 각 구성원이 계약의 목적물을 분할하여 각각 그 분담

부분에 대해서만 자기의 책임으로 이행하고 손익을 계산하되 공통경비만을 갹출하여 계약을 이행하는 방식이다. 계약상 권리·의무 관계가 명확하므로 각각 원도급자 및 하도급자의 적격성과 하도급법상 책임범위를 판단하면 된다. 원도급자 및 하도급자 적격여부는 개별 구성원의 매출액 또는 시공능력평가액 등으로 판단한다.

사례50 어음만기일, 외상매출채권담보대출(B2B)의 만기일이 하도급대금지급보증 기간을 초과한 경우

하도급대금지급보증 기간을 초과한 어음지급일이나 지급약속은 보증금 지급의 보호를 받지 못한다. 하도급대금지급보증 기간 중에 발생한 공사비에 대하여 그 보증기간 이후의 만기일로 약속어음을 받거나 외상매출채권담보대출(B2B)을 받았다면, 그 어음과 대출이 만기일에 부도나는 경우 하도급대금 지급보증금 지급을 받지 못한다. 보증기간 이후에 발생된 일이므로 보증금 지급사유에 해당되지 않는다.

이와 같이 보증기간을 초과하는 어음이나 외상매출채권담보대출(B2B)로 공사비를 받을 경우에는 당초 보증기간에서 만기일까지 연장된 기간만큼 하도급대금 지급보증서를 추가로 받아야 보증금을 받을 수 있게 된다. 따라서 만기일이 보증기간을 초과할 때에는 반드시 추가 지급보증서를 요구하든지 아니면 만기일자를 보증기간 이내로 수정 요청하든지 안전한 방법을 찾아 수령해야 한다. 그래야 돈을 떼이지 않는다.

미완성과 하자의 차이

하자담보책임으로 문제를 해결할 수 있거나 수리나 보정이 가능한 경우에는, 하도급자의 귀책사유가 있다는 이유만으로 원도급자가 기성수령을 거절할 수 없다. 그렇지 않은 경우에는 미완성이므로 기성수령을 거절할 수 있고, 계약목적을 달성할 수 없는 때라면 반품도 할 수 있다.

하도급자의 귀책사유로 하도급자가 납품한 목적물이 원도급자가 요구한 내용과 다르거나 목적물에 하자 등이 있고 이로 인해 계약목적을 달성할 수 없는 경우에는 반품도 가능하다. 위탁받은 목적물의 미완성에 대한 판단기준이다.

대법원은 건설공사의 경우 "건물신축공사의 미완성과 하자를 구별하는 기준은 공사가 도중에 중단되어 예정된 최후의 공정을 종료하지 못한 경우에는 공사가 미완성된 것으로 볼 것이지만, 최후의 공정까지 일을 종료하고 주요 구조부분이 약정한 대로 시공되어 사회통념상 건물로 완성되고, 다만 그것이 불완전하여 보수를 해야 할 경우에는 하자로 봄이 상당하다"고 판시한 바 있다.•

무리한 하자보증 요구 시

건설산업기본법에서 공사별 하자담보기간을 규정하고 있다(법 제28조 제1항, 시행령 제30조 별표4). 하도급자가 완공한 공사에서 하자가 발생하더라도 하자

• 대법원 1994. 9. 30. 선고 94다32986 판결.

담보책임을 지지 않는 경우는 다음과 같다.

① 발주자 또는 원도급자가 제공한 재료의 품질이나 규격 등이 기준미달로 인한 경우
② 발주자나 원도급자의 지시에 따라 시공한 경우
③ 발주자나 원도급자가 건설공사의 목적물을 관계 법령에 따른 내구연한이나 설계상 구조내력을 초과하여 사용한 경우

하도급자가 공사 도중에 발생한 사정을 감리인에게 말하고 그의 지시에 따라 원래의 설계도서대로 공사를 계속한 것이라면, 완성된 건물에 설계도서의 결함으로 인한 하자가 발생했더라도 하도급자는 하자담보책임이 없다.●

원도급자가 하도급자에게 원도급자의 하자기간과 동일한 기간의 하자보증 증권 제출을 요구하는 경우가 많다. 또 법에서 정한 기준이상으로 하자보증 기간을 요구하는 불법행위가 만연되고 있다. 이러한 불법행위 근절을 위하여 정부가 여러 가지 노력을 기울이고 있지만 쉽게 근절되지 않고 있다.

하자가 발생하면 대부분 돈이 들어가는 일이다. 규모가 작다면 다행이지만 큰 하자가 발생한다면 더구나 정상적인 법정기간을 초과한 기간에 발생된 하자라면 하도급자가 얼마나 억울하겠는가. 대형빌딩의 내력벽 전면에 균열이 발생했다면 큰 비용이 들어가는 문제다. 하도급자에겐 하자이행 비용부담으로 회사운영에 큰 어려움이 닥칠 수도 있다.

법정기한을 초과하여 장기간 하자담보를 요구할 경우 단호히 거절해야 한다. 법에서 정한 기간대로 하자증권을 제출하려고 노력해야 한다. 설득하려면

● 대법원 1995. 10. 13. 선고 94다31747 판결

대처하는 요령과 지혜, 용기가 필요하다. 처음에는 거절하기가 어렵겠지만 차츰 많은 하도급자가 거절하는 분위기가 된다면 전체가 그렇게 되어갈 수밖에 없다. 그때까지 슬기롭게 대처하여 고비를 잘 넘겨야 한다.

(표5) 건설공사의 종류별 하자담보책임기간

종합건설공사			
세부공종	기간	세부공종	기간
1. 교량(길이, 기둥거리 등)	10년, 7년, 2년	8. 상하수도	7년, 3년
2. 터널	10년, 5년	9. 관계수로매립	3년
3. 철도	7년, 5년	10. 부지정리	2년
4. 공항, 삭도	7년, 5년	11. 조경	2년
5. 항만, 사방간척	7년, 5년	12. 발전, 가스 및 산업설비	7년, 5년
6. 도로(콘크리트, 아스팔트)	3년, 2년	13. 기타토목	1년
7. 댐	10년, 5년	14. 건축	10년, 5년, 1년

전문건설공사			
세부공종	기간	세부공종	기간
① 실내의장	1년	⑪ 철근콘크리트(교량 등 철근콘크리트 제외)	3년
② 토공	2년	⑫ 급배수·공동구·지하저수조·냉난방·환기·공기조화·자동제어·가스 또는 배연설비	2년
③ 미장 또는 타일	1년	⑬ 승강기 또는 인양기기 설비	3년
④ 방수	3년	⑭ 보일러설치공사	1년
⑤ 도장	1년	⑮ ⑫ ⑭이외의 건물내 설비	1년
⑥ 석공사 또는 조적	2년	⑯ 이스팔트 포장	2년
⑦ 창호설치	1년	⑰ 보링	1년
⑧ 지붕	3년	⑱ 건축물조립(건축물의 기둥 및 내력벽의 조립을 제외)	1년
⑨ 판금	1년	⑲ 온실설치	2년
⑩ 철물(교량 등 철골 제외)	2년		

지체상금과 하도급공사

하도급자가 하도급계약서에 정해진 완료일까지 공사를 끝내지 못한 경우 보통 1일당 0.1~0.5% 정도의 지체상금을 물어낸다. 의무불이행에 따른 손해배상금인 것이다. 지체상금은 너무 많이 요구해도 안 되고, 책임의 소재에 따라 원인제공자가 변상을 해야 한다.

1. 계약당시 지체상금은 통상적인 수준에서 설정되도록 해야 한다. 만약 부당하게 많은 배상율로 계약서에 작성되어 있다면 수정을 요구해야 한다. 부당한 특약으로 처벌받을 수 있다는 뜻도 전달하는 게 좋다. 부당한 요구 부분은 적정선까지 감액할 수 있도록 민법(제398조 제2항) 상으로도 마련되어 있으므로 최대한 설득한다.

2. 하도급자의 책임으로 지체된 부분이 있다면 그 부분에 한해서 책임을 져야 한다. 발주자나 원도급자의 책임으로 지체되었다거나 태풍, 지진 등 불가항력의 자연재해 등과 같이 하도급자의 책임이 없는 기간은 제외되어야 한다.

3. 원도급자가 공사기간을 지나치게 단축하여 발생한 지체상금은 하도급자가 책임을 지지 않는다. 밤낮으로 해도 무리한 단축일정이거나 필요한 최소한의 기간보다 더 짧은 기간으로 단축한 경우에는 부실공사 등 선량한 풍속 기타 사회질서에 반하여 허용될 수 없으므로 하도급자가 책임을 지지 않고 무효가 된다.

건산법을 위반한 하도급행위, 하도급법 적용된다

건설산업기본법에서 일괄하도급, 동일업종 하도급, 재하도급이 금지된다. 일괄하도급은 공사를 따서 일정금액을 떼어먹고 나머지 금액으로 다른 건설업자에게 공사를 몽땅 맡기는 것이고, 동일업종하도급은 발주된 업종과 동일한 업종에 해당하는 건설업자에게 하도급을 줄 수 없다는 것이며, 재하도급 금지는 직접시공해야 할 전문건설업종이 공사를 따서 다시 하도급을 주면 안 된다는 것이다.

하도급법은 건산법에서 금지하고 있는 일괄하도급, 동일업종 하도급, 재하도급으로 하도급을 주면서 발생한 하도급법 위반에 대하여도 하도급법을 적용하고 있다. 건산법에서는 불법거래로 보고 있지만 하도급법에서는 어디까지나 하도급 요건만 갖추었다면 건설업자 간의 하도급행위로 보고 불공정행위를 처벌하는 것이다.

공정위 신고와 민사소송 중 선택을 고민할 때

원도급자의 불공정행위가 계속 이어지고 금액도 커지고 도저히 참을 수 없는 상황이 되면 어쩔 수 없다. 공정위에 신고하든지 아니면 민사소송으로 가든지 둘 중에 하나를 선택해야 한다. 하도급법과 공정거래법 등에 적용되는 내용이라면 공정위에 신고가 가능하겠지만, 적용대상이 아니라면 공정위에 신고해 보았자 기각될 것이기에 시간만 낭비하게 된다. 공정위에 신고되는 내용 중 약

80%는 공정위법 적용대상이 아니어서 처리를 하지 못한다.

공정위나 국민권익위원회 등에 신고한 상태에서 동시에 민사소송까지 추진한다면 공정위나 국민권익위원회의 조사활동은 즉시 중단된다. 왜냐하면 사법부에 의뢰된 사건은 정부기관이 판단하지 않기 때문이다.

그러므로 항상 어느 길로 갈 것인지를 현명하게 잘 판단하여야 한다. 공정위에 신고하여 쉽게 이길 수 있는 분쟁이었는데, 민사소송으로 가서 오히려 패소하고 제대로 돈을 받지 못하게 되는 경우도 많다. 민사소송의 경우 주로 계약서를 가지고 판단을 하기 때문이다. 우월적 행위에 대하여는 민법이 하도급법보다 약하게 적용될 수밖에 없다.●

사례56

하도급자가 기성금 채권을 양도한 경우 하도급법 적용여부

하도급법 위반사항이 없는 상태에서 하도급자가 채무변제를 위하여 원도급자에 대한 기성금 채권을 양도했다면 하도급자는 채권양도를 함으로써 하도급거래에서 완전히 벗어날 수 있게 된다. 채권양수인이 수급사업자의 요건을 갖추지 못했다면 원도급자와의 거래는 하도급법이 적용될 수 없다. 반대로 하도급거래를 이전받은 양수인이 수급사업자 요건을 충족한다면 원도급자와의 관계에서 별개의 하도급 거래관계가 성립될 수 있다.

채권을 양도받은 양수인이 변제받지 못한 경우, 하도급자인 양도인이 양수인에 대하여 책임을 져야 한다. 양도인은 양수인으로부터 하도급 채권을 다시

● 이경만 소장, 공정거래관련 신고·소송의 다른 점, 공정거래연구소, 2017. 8. 14

반환받게 된다. 이 경우 채권을 양도한 하도급자 역시 하도급계약상 당사자로 회복되므로 원도급자와 하도급자 간의 하도급관계는 그 범위 한에서 여전히 존재한다.●

하도급자가 회사를 양도한 경우의 권리

하도급공정화지침(Ⅱ.4)은 "사업자가 합병·영업양수도·상속 등을 통해 권리 의무를 포괄적으로 승계하는 경우에는 하도급계약에 따른 전 사업자의 권리· 의무를 승계하는 것으로 본다. 권리·의무를 포괄적으로 승계한 사업자는 승계 한 시점에 당사자 요건을 충족하지 아니하더라도, 이미 성립한 하도급거래에 따른 당사자로 본다"라고 규정하고 있다.

따라서 포괄적으로 양도양수를 했다면 양도 전 미수공사금에 대한 청구권 은 양도 이후의 법인에게 있으므로 양도 전 하도급자는 청구권이 없다. 다만 하 도급법 위반행위로 인해 양벌조항에 따라 양도 전 하도급자가 지는 형사책임 (벌금형)은 양도 후 법인으로 이전되지 않고 양도 전 하도급자가 책임을 져야 한 다. 모든 것을 양수한 자가 하도급자 요건을 모두 갖추었다고 전제한 것이므 로, 요건을 갖추지 못했다면 전혀 다른 결과가 된다.

양도 전 하도급자는 추후 혹시 모를 민사상의 청구권을 대비하여 중요한 서 류들은 미리 확보해두는 것이 좋다. 예를 들어 건설업에서 가장 많이 발생하는 7대 불공정거래 중 해당되는 것이 있는지 하나하나 체크하고 있다면 충분한

● 정종채, 앞의 책, 125쪽

증거를 확보해야 한다. 나중에 양수인에게 요청하면 내 회사일 때만큼 충분한 자료를 확보하기가 어렵다. 원도급자가 위반한 사항이 많으면 많을수록 협상력과 설득력이 커진다. 위반행위를 미리 모두 정리해둔다.

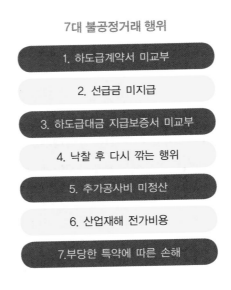

7대 불공정거래 행위

1. 하도급계약서 미교부
2. 선급금 미지급
3. 하도급대금 지급보증서 미교부
4. 낙찰 후 다시 깎는 행위
5. 추가공사비 미정산
6. 산업재해 전가비용
7. 부당한 특약에 따른 손해

사례58

등록(면허) 대여와 하도급법 적용

하도급법은 건설업자 간에 도급 계약한 경우에만 적용된다. 따라서 등록(면허) 없이 회사명의를 빌린 자의 행위는 하도급법상 책임을 지지 않는다. 하도급법은 형식과 실제가 다른 경우 실질적 하도급관계를 따라야 한다. 명의대여자도 하도급법상 원도급자나 하도급자로 보아 하도급법을 적용할 수는 없다.

다만, 명의차용자의 행위가 거래한 상대방에게 명의대여자의 행위로 기망, 오인하게 했다면 명의대여자가 거래에 따른 모든 책임을 질 의무가 있다. 그러나 거래상대방이 명의차용 사실을 이미 알고 거래했다면 명의대여자에게 책임을 물을 수 없다.

상법 제24조에는 명의대여자는 자신을 계약상대방으로 오인하여 계약을 체결한 자에 대하여 명의차용자와 연대하여 계약상 책임을 부담한다. 다만, 명의대여 사실을 알았거나 모른 데에 중대한 과실이 있는 때에는 명의대여자는 책임을 지지 않는다.(대법원 1991.11.12 선고91다18309 판결)

명의대여자를 영업의 주체로 오인한 하도급자에 대하여도 하도급계약상의 책임을 지며, 나아가 명의자를 대리 또는 대행한 자가 체결한 하도급계약에 대해서도 책임을 진다.(대법원 228.10.23 선고2008다46555 판결)

상법상 명의대여자의 책임은 명의차용자의 행위에 대해서만 한정되고 명의차용자의 피용자가 한 행위에 대하여는 미치지 않는다. 또 명의차용자의 불법행위에 대하여는 명의대여자가 손해배상책임을 지지 않는다. 하지만 명의대여자가 지휘·감독할 지위에 있었다고 볼 수 있다면 명의대여자가 명의차용자에 대하여 민법 제756조의 사용자로서 배상책임을 질 수 있다. (대법원 1996.5.10 선고95다50462 판결)•

사례59

신용카드로 하도급대금 결제 가능여부

하도급대금은 얼마든지 카드로 결제할 수 있다. 하도급계약서에 특별히 금지한 약정이 없는 한 얼마든지 가능하다. 카드로 결제할 경우 지급일은 카드를 발

• 정종채, 앞의 책, 135쪽

행한 날이 아니라 돈이 실제로 지급된 날이 되어야 한다. 하도급자 입장에서 카드결제는 어음이나 대출 등의 결제에 비하여 하도급대금을 신속히 현금으로 받을 수 있고, 부도나 대출 상환지체 등으로 인해 공사대금을 받지 못할 위험도 크게 감소된다. 대금회수에 따른 시간과 인력 등이 절감되는 이점도 있다.

다만 카드결제는 수수료(15~2%)를 하도급자가 부담해야 하는 문제가 있다. 하도급자가 수수료를 부담해야 하는 것은 관련법상 어쩔 수 없다. 어음수령 시 할인료 부담, 늦게 수령 시 차입금 등의 금융비용 부담 등을 감안하면 수수료만큼 하도급대금이 감액되더라도 하도급자에게는 좋은 결제방법이 아닐 수 없다.

만약, 하도급자가 수수료 부담을 거부한다면 원도급자가 부담하여야 하며 수수료를 포함하여 카드를 발급하든지 등 별도로 보전해주어야 한다.

사례60 압류 및 추심명령(전부명령) 등이 들어온 경우 하도급대금의 직접지급 효과

원도급자의 제3채권자가 원도급자가 받을 채권인 발주자의 공사대금에 가압류, 압류 및 추심명령, 전부명령 등이 들어오면 발주자가 원도급자에게 공사대금을 지급할 수 없게 되어 하도급대금의 지급도 정지된다.

그러나 가압류 추심명령 등이 들어오기 전에 이미 발생한 발주자의 하도급대금 직접지급 의무는 유효하며 하도급대금 지급이 우선 보장된다. 이 경우 발주자는 가압류 등과 관계없이 하도급대금을 직접 지급해야 한다. 이처럼 발주자가 하도급자에게 직접 지급하여야 하는 금액은 이미 소멸한 채권을 대상으로 한 압류에 해당되므로 무효이며 이에 따른 전부명령이나 추심명령도 무효가 된다.

하도급대금 직접지급 사유가 발생한 경우에는 발주자의 원도급자에 대한 대금지급 채무와 원도급자의 하도급자에 대한 하도급대금 지급채무는 그 범위 내에서 소멸되었기 때문이다. 추심명령 등이 들어오기 이전에 발생한 하도급법상의 지연이자 지급의무도 당연히 종전 권리로 인정된다.

추심명령 등이 들어온 이후 직접지급 신청을 한 경우에는 이미 제3채권자의 강제집행이 보전된 이후이므로 발주자는 직접지급 의무가 없다. 이 경우엔 하도급자가 공사대금 직접지급을 청구해도 소용이 없다. 추심명령 등이 들어온 이후에 발생한 하도급법상의 지연이자 지급의무는 발생하지 않는다. 하도급법상의 권리·의무는 원사업자와 수급사업자 요건을 충족해야 발생하는 인적·신분적인 특성 때문이다.•

지자체 등 공공기관이 갑질을 할 경우

전문건설업체가 1년에 수행하는 공사는 대략 111조 원 내외다. 이 중에서 약 32%인 35조 원 정도가 원도급공사다.•• 전문건설 하도급업체가 지방자치단체 등에서 공사를 원도급으로 따면 원도급자가 된다. 원도급공사의 대부분은 지방자치단체, 공기업, 교육청, 학교 등이 발주하는 공사다. 간혹 발주처의 예산상 문제, 발주자 담당자의 실수, 정책적인 문제 등 발주자 원인으로 인하여 공사비가 정산이 안 된다든지 지체상금을 물어내는 등의 문제가 발생한다.

발주자의 원인제공으로 발생된 비용임에도 모든 비용을 업체에게 떠넘기는 불공정행위가 발생한다. 예를 들어 설계도가 미완성된 상태에서 공사를 진행

• 정종채, 앞의 책, 127쪽
•• 전문건설업 총 29개 업종 중 24개 업종의 통계

하여 여러 번 설계변경이 되었다든가 설계변경, 물가변동이 발생되었는데 반영을 하지 않았다든지, 발주자가 공기단축을 요구하여 추가비용이 발생한 경우 등 유형은 다양할 수 있다.

공무원은 잘못된 줄을 알면서도 신속히 고치려고 하지 않고 규정대로만 하려는 습성이 있다. 본인이 잘못하거나, 상사가 책임을 져야 할 경우 등에도 좀처럼 움직이지 않는다. 다시 고치고 나면 다음 감사에서 지적받으며 책임을 져야 할지도 모르기 때문이다.

이러한 발주자의 갑질로 인하여 금액이 감당하기가 어려워지고 무리한 요구를 할 경우에는 우선 선의의 해결방법을 찾도록 최선의 노력을 다한다. 그래도 도저히 안 될 경우에는 국민권익위원회에 진정서를 제출한다. 권익위원회는 일단 당사자들을 불러서 입장을 들어보고 문제가 무엇인지 알게 되면 발주자인 지자체나 공공기관에게 어떻게 하라고 최종 의견서를 보낸다. 공무원들은 이 문서를 근거로 시정하는 행정을 할 수 있게 된다. 감사에 면책근거를 얻었기 때문이다.

이처럼 공공기관과 관련하여 고충이 발생하면 우선적으로 국민권익위원회를 통하여 해결하면 빠르다. 특정문제에 대해 소송으로 가는 것보다 권익위원회를 통해 진행하면 비용도 저렴한 데다가 부당하게 당한 점도 쉽게 확인받을 수 있고 시정조치 또한 빨라 효과적이다.•

사례62

임금채권, 국세, 산재보험료 등의 우선권과 하도급대금의 지급순위

원도급자의 제3채권자가 특별법인 근로기준법, 국세기본법 등에 의해 일반

• 이경만 소장, 공기업이나 지자체의 갑질 대응법, 공정거래연구소, 2017. 8. 21

채권에 대해 우선권을 인정하는 임금채권, 국세, 지방세, 산재보험료 등의 체납사실을 바탕으로 하여, 원도급자의 미수채권인 발주자의 공사대금채권에 대하여 가압류 등의 처분을 한 경우에는 당연히 임금채권 등에 우선권이 있다. 이 경우 하도급대금은 임금채권 등의 후순위가 된다.

그러나 임금채권 등의 우선권 있는 채권이 압류 등의 처분이 들어오기 이전에 먼저 신청된 하도급대금의 직접지급이 요청되었다면 직접지급이 우선한다. 임금채권 등의 우선권에 의한 체납처분(압류 등)이 있기 이전에 직접지급사유가 먼저 발생한 경우에 발주자는 하도급대금을 먼저 직접 지급하여야 한다.

하도급대금 직접지급요청 이전에 우선권이 있는 임금채권 등의 처분이 있는 경우에는 당연히 임금채권 등의 처분이 우선한다. 이 경우 직접지급을 요청하여도 우선권이 있는 임금채권 등의 처분을 모두 완료하고 난 후 잔여채권으로 직접지급을 할 수 있다.

사례63

인력파견과 하도급의 구분

인력파견인지 하도급계약인지의 판단은, 하도급자가 사업적인 실체를 갖추고 있는 상태에서 원·하도급자 당사자의 의사, 원도급자의 사업영역, 하도급자의 전문성과 기술성, 완성할 일의 특정 가능성, 보수지급의 기준, 작업현장에서의 지휘·감독, 노무관리와 업무수행의 독립성, 사업경영의 독립성 등 전체적인 근로제공 관계를 종합적으로 고려하여 판단한다.

근로자 파견은 파견사업주가 근로자를 고용한 후 그 고용관계를 유지하면서 근로자 파견계약의 내용에 따라 사용사업주의 지휘·명령을 받아 사용사업주를 위한 근로에 종사하게 하는 것이다.

하도급 계약은 어떤 일을 완성할 것을 약정하고 원도급자는 그 일의 결과에 대하여 보수를 지급할 것을 약정함으로써 성립하는 계약이다. 하도급자 스스로의 재량과 책임 하에서 자기가 고용한 근로자를 사용하여 일을 완성하는 것이다.●

불법행위 시 신고

하도급법 위반행위는 하도급자뿐만 아니라 누구든지 고발, 신고할 수 있다. 신고자의 동의가 있으면 원도급자에게 신고된 내용을 통지하여야 한다. 원도급자, 하도급자를 제외한 신고자는 신고에 따른 포상금을 지급한다. 누구보다도 불법행위를 당한 하도급자가 우선 신고할 문제다.

(법조문 요약)

◇ 법 제22조(위반행위의 신고 등)

① 누구든지 이 법에 위반되는 사실이 있다고 인정할 때에는 그 사실을 공정거래위원회에 신고할 수 있다. 이 경우 공정거래위원회는 대통령령으로 정하는 바에 따라 신고자가 동의한 경우에는 원도급자에게 신고가 접수된 사실을 통지하여야 한다.

• 김수복, 근로자 파견과 도급·업무위탁·전출실무, (주)중앙경제, 2001. 11. 15, 211쪽

② 공정거래위원회는 제1항 전단에 따른 신고가 있거나 이 법에 위반되는 사실이 있다고 인정할 때에는 필요한 조사를 할 수 있다.

③ 제1항 후단에 따라 공정거래위원회가 원도급자에게 통지한 때에는 「민법」 제174조에 따른 최고(催告)가 있은 것으로 본다. 다만, 신고된 사실이 이 법의 적용대상이 아니거나 제23조 제1항 본문에 따른 조사 대상 거래의 제한기한을 경과하여 공정거래위원회가 심의절차를 진행하지 아니하기로 한 경우, 신고된 사실에 대하여 공정거래위원회가 무혐의로 조치한 경우 또는 신고인이 신고를 취하한 경우에는 그러하지 아니하다.

⑤ 공정거래위원회는 제4조, 제8조 제1항, 제10조, 제11조 제1항·제2항 또는 제12조의3 제3항을 위반한 행위를 신고하거나 제보하고 그 위반행위를 입증할 수 있는 증거자료를 제출한 자에게 예산의 범위에서 포상금을 지급할 수 있다.

⑥ 제5항에 따른 포상금 지급대상자의 범위 및 포상금 지급의 기준·절차 등에 필요한 사항은 대통령령으로 정한다.

법 제10조의2(포상금의 지급)

① 법 제22조 제5항에 따른 포상금 지급대상자는 같은 항에서 규정한 법 위반행위(이하 이 조에서 "법 위반행위"라 한다)를 신고하거나 제보하고 법 위반행위를 입증할 수 있는 증거자료를 최초로 제출한 자로 한다.

상습위반자 명단 공개

공정위는 직전연도부터 과거 3년간 하도급법 위반을 이유로 공정위로부터 경고, 시정조치 또는 시정권고를 3회 이상 받은 사업자 중 벌점이 4점 이상인 사업자를 상습 법위반사업자라고 하고 그 명단을 공표한다.

하도급법 상습위반자는 국가 및 지방자치단체, 정부투자기관 공사까지 입찰참여가 사실상 어렵도록 시행하고 있다. 정부 발주공사에서 불법행위, 불성실 업체가 불이익을 더 많이 받도록 강화한 것이다.

상습적인 위반사업자를 공개하여 많은 사람이 알게 함으로써 다시는 위반행위가 반복되지 않도록 예방함에 그 목적이 있다. 이처럼 공개제도를 시행하고 있음에도 불구하고 하도급법 상습위반자가 감소하지 않아 법의 예방적 효과가 크지 않음이 증명되고 있다. 따라서 실효성 제고를 위하여 다른 방법의 강구가 필요한 실정이다.

(법조문 요약)

◇ 법 제25조의4(상습법위반사업자 명단공표)

① 공정거래위원회 위원장은 직전연도부터 과거 3년간 이 법 위반을 이유로 공정거래위원회로부터 경고, 시정조치 또는 시정권고를 3회 이상 받은 사업자 중 벌점이 대통령령으로 정하는 기준을 초과하는 사업자의 명단을 공표하여야 한다. 다만, 이의신청 등 불복절차가 진행 중인 조치는 제외한다.

② 공정거래위원회 위원장은 제1항 단서의 불복절차가 종료된 경우, 다음 각호에 모두 해당하는 자의 명단을 추가로 공개하여야 한다.

1. 경고 또는 시정조치가 취소되지 아니한 자

2. 경고 또는 시정조치에 불복하지 아니하였으면 상습법위반사업자에 해당하는 자

③ 제1항 및 제2항에 따른 상습법위반사업자 명단의 공표여부를 심의하기 위하여 공정거래위원회에 공무원인 위원과 공무원이 아닌 위원으로 구성되는 상습법위반사업자명단공표심의위원회를 둔다.

④ 공정거래위원회는 심의위원회의 심의를 거친 공표대상 사업자에게 명단공표대상자임을 통지하여 소명기회를 부여하여야 하며, 통지일부터 1개월이 지난 후 심의위원회로 하여금 명단공표 여부를 재심의하게 하여 공표대상자를 선정한다.

⑤ 제1항 및 제2항에 따른 공표는 관보 또는 공정거래위원회 인터넷 홈페이지에 게시하는 방법에 의한다.

⑥ 심의위원회의 구성, 그밖에 상습법위반사업자 명단공표와 관련하여 필요한 사항은 대통령령으로 정한다.

◇ **영 제15조(상습법위반사업자 명단공표 기준 등)**

① 법 제25조의4 제1항 본문에서 "대통령령으로 정하는 기준"이란 별표 3 제1호 라목에 따른 누산점수 4점을 말한다.

② 상습법위반사업자 명단공표 시 공표할 사항은 사업자명(법인의 명칭을 포함한다), 대표자 및 사업장 주소로 한다.

③ 법 제25조의4 제5항에 따라 공정거래위원회 인터넷 홈페이지에 게시하는 경우 그 게시기간은 1년으로 한다.

하도급거래공정화지침은 「하도급거래 공정화에 관한 법률」(이하 "법"이라 한다) 및 같은 법 시행령에서 정한 하도급거래상 원사업자와 수급사업자의 구체적인 준수사항을 제시하여 법위반행위를 예방하고, 법 집행기준을 명확히 하여 위반사건을 신속·공정하게 처리하도록 함으로써 공정한 하도급거래질서 확립에 이바지하는 데 그 목적이 있다.

부록
하도급거래공정화지침,
건설하도급 표준계약서

하도급거래공정화지침
[시행 2018.04.09.] [공정거래위원회예규
제299호, 2018. 4. 9. 일부개정]

하도급거래공정화지침

Ⅰ. 목 적

이 지침은 「하도급거래 공정화에 관한 법률」(이하 "법"이라 한다) 및 같은 법 시행령에서 정한 하도급거래상 원사업자와 수급사업자의 구체적인 준수사항을 제시하여 법위반행위를 예방하고, 법 집행기준을 명확히 하여 위반사건을 신속·공정하게 처리하도록 함으로써 공정한 하도급거래질서 확립에 이바지하는 데 그 목적이 있다.

Ⅱ. 용어의 정의

1. 상시고용종업원수, 연간매출액, 시공능력평가액, 자산총액

가. "상시고용종업원수"라 함은 사업자가 상시고용하고 있는 하도급계약체결시점의 직전 사업연도 말의 종업원수를 말하며 이의 판단은 사업자가 관할세무서장에게 신고한 "원천징수이행상황신고서"상의 12월말 월급여간이세율(A01)의 총인원을 기준으로 한다.

나. "연간매출액(이하 '매출액'이라 한다)"이라 함은 사업자의 하도급계약체결 시점의 직전 사업연도의 매출총액을 말하며 이의 판단은 「주식회사의 외부감사에 관한 법률」에 의거 작성된 감사보고서 또는 관할세무서장이 확인·발급하는 "재무제표증명원"의 손익계산서상의 매출액을 원칙으로 하나, 불가피한 경우 "부가가치세 과세제표준 증명원"상 매출과

세표준의 합계금액으로 할 수 있다.

다. "시공능력평가액"이라 함은 사업자의 하도급계약 체결시점에 적용되는 시공능력평가액을 말하며, 수개 공종의 등록을 한 경우에는 이를 합산한다.

라. "자산총액"이라 함은 사업자의 하도급계약 체결시점의 직전 사업연도의 자산총액을 말하며, 이의판단은 「주식회사의 외부감사에 관한 법률」에 의거 작성된 감사보고서 또는 관할세무서장이 확인·발급하는 "재무제표증명원"의 대차대조표상의 자산총액으로 한다.

마. 신규사업자로서 하도급계약 시점의 직전연도의 자산총액, 상시고용종업원수, 매출액을 정할 수 없을 경우의 "자산총액"은 사업개시일 현재의 대차대조표상에 표시된 자산총액, "상시고용종업원수"는 하도급계약 체결일 현재 상시고용하고 있는 종업원수, 매출액은 사업개시일부터 하도급계약 체결일까지의 매출액을 1년으로 환산한 금액을 각각 적용한다.

바. 1개 사업자가 2개 이상의 업종(예 : 건설, 제조)을 영위할 경우 그 사업자의 매출액, 자산총액, 상시고용종업원수를 업종별로 구분하지 않고 합산하여 산출한다.

2. 할인가능어음

"할인가능어음"이라 함은 다음의 금융기관에 의하여 어음할인 대상업체로 선정된 사업자가 발행·배서한 어음 또는 신용보증기금 및 기술신용보증기금이 보증한 어음을 말한다.

가. 「은행법」 및 관련 특별법에 의하여 설립된 은행

나. 「종합금융회사에 관한 법률」에 의하여 설립된 종합금융회사

다. 「보험업법」에 의해 설립된 생명보험회사

라. 「상호저축은행법」에 의해 설립된 상호저축은행

마. 「여신전문금융업법」에 의해 설립된 여신전문금융회사

바. 「새마을금고법」에 의해 설립된 새마을금고

사. 「상법」에 의해 설립된 팩토링업무 취급기관

3. 기간계산

가. 법에서의 기간계산은 「민법」의 일반원칙에 따라 초일을 산입하지 아니하고 당해기간의 말일이 토요일 또는 공휴일에 해당하는 때에는 기간은 그 익일에 만료한다. (개정 2008.12.5)

나. 이 지침에서 과거 1년간 또는 과거 3년간 등 기간산정의 시기(始期)를 결정함에 있어서 신고사건의 경우는 신고접수일을, 직권조사 사건의 경우는 직권조사계획 발표일 또는 조사공문 발송일 중 뒤의 날을 기준으로 한다. (개정 2010.7.23)

4. 하도급거래 승계

가. 사업자가 합병, 영업양수, 상속 등을 통하여 권리의무를 포괄적으로 승계하는 경우에는 하도급거래에 따른 전사업자의 제반 권리의무를 승계한 것으로 본다.

나. 권리의무를 승계한 사업자는 승계한 시점에서 당사자의 요건을 충족하

지 아니하더라도 이미 성립한 하도급거래에 따른 당사자로 본다.

다. 건설관계 법령〈「건설산업기본법」, 「전기공사업법」, 「정보통신공사업법」, 「소방시설공사업법」 및 법 시행령 제2조(중소기업자의 범위 등) 제7항에서 열거한 법을 포함함. 이하 같음〉에 의하여 등록·지정을 받은 권한을 양수한 자는 양수이전(양수시점에서 이미 시공완료 된 공사는 제외)의 공사부문에 대하여도 하도급거래 당사자로 본다.

라. 건설관계 법령의 규정에 의하여 영업정지, 등록의 취소, 시공자의 지위상실 및 기타의 사유로 자격을 상실한 사업자 또는 그 포괄승계인이 동 처분 전의 공사를 계속 시공할 경우에는 같은 처분 이전의 공사부문에 대해서는 물론, 처분 이후의 공사부문에 대해서도 하도급거래 당사자로 본다.

5. 회사 임직원의 행위

회사의 임직원이 그의 업무와 관련하여 행한 행위는 회사의 행위로 본다.

6. 참작사유

법 제33조의 규정에 의하여 원사업자에게 시정조치를 함에 있어 수급사업자에게 책임이 있는 이유로 참작할 수 있는 경우를 예시하면 다음과 같다.

가. 하도급대금에 관한 분쟁이 있어 의견이 일치된 부분의 대금에 대하여 원사업자가 수급사업자에게 지급하거나 공탁한 경우

나. 원사업자가 수급사업자에게 선급금에 대한 정당한 보증을 요구하였으

나 이에 응하지 않거나 지연되어, 선급금을 지급하지 않거나 지연 지급
하는 경우

다. 목적물을 납품·인도한 후 원사업자가 정당하게 수급사업자에게 요구한
하자보증의무 등을 수급사업자가 이행하지 않아 그 범위 내에서 대금지
급이 지연된 경우

라. 목적물의 시공 및 제조과정에서 수급사업자의 부실시공 등 수급사업자
에게 책임을 돌릴 수 있는 사유가 있음이 명백하고 객관적인 증거에 의
하여 입증되어 같은 수급사업자의 귀책부분에 대하여 하도급대금을 공
제 또는 지연 지급하는 경우(예:재판의 결과 또는 수급사업자 스스로의 인정
등으로 확인된 경우)

Ⅲ. 공정화지침

1. 법적용 대상이 되는 제조·수리·건설 및 용역위탁의 범위

가. 제조위탁의 범위

법 적용대상이 되는 제조위탁을 예시하면 다음과 같다.

(1) 사업자가 물품의 제조·판매·수리를 업으로 하는 경우

(가) 제조·판매·수리의 대상이 되는 완제품(주문자상표부착방식 제조포함)을
제조위탁 하는 경우

① 자기소비용의 단순한 일반사무용품의 구매나 물품의 생산을 위한
기계·설비 등을 단순히 제조위탁 하는 경우는 해당되지 않음

② 위탁받은 목적물을 제3자에게 제조위탁하지 않고 단순구매 하여 납품한 경우는 해당되지 않음

③ 위탁받은 사업자가 자체개발한 신제품을 위탁한 사업자의 승인 하에 제조하는 경우는 해당됨

(나) 물품의 제조·수리 과정에서 투입되는 중간재(원자재, 부품, 반제품 등)를 규격 또는 품질 등을 지정하여 제조위탁 하는 경우

① 자동차·기계·전자제조업자 등이 부품제조를 의뢰하거나 부품의 조립 등 임가공을 위탁하는 경우

② 섬유·의류 제조업자가 원단의 제조를 위탁하거나 염색 또는 봉제 등 임가공을 위탁하는 경우

(다) 물품의 제조에 필요한 금형, 사형, 목형 등을 제조위탁 하는 경우

(라) 물품의 제조과정에서 도장, 가공, 조립, 주단조, 도금 등을 위탁하는 경우

(마) 수리업자가 물품의 수리에 필요한 부품 등의 제조를 위탁하는 경우

① 차량수리업자가 차량의 수리에 필요한 핸들, 브레이크 카버 등 자동차부품을 제조위탁 하는 경우

② 선박수리업자가 선박의 수리에 필요한 부품·선각제조 및 도장, 용접 등을 위탁하는 경우

③ 발전기 수리업자가 발전기의 수리에 필요한 부품 등을 제조위탁 하는 경우

(바) 물품의 제조나 판매에 부속되는 포장용기, 라벨, 견본품 및 사용안내서 등을 제조위탁 하는 경우

(사) (가)부터 (바)까지 관련하여 위탁받은 사업자가 제조설비를 가지고 있지 않더라도 위탁받은 물품의 제조에 대해서 전책임을 지고 있는 경우에는

제조위탁을 받은 것으로 본다. 다만, 무역업자가 제조업자의 요청으로 단순히 수출을 대행하는 경우에는 제조위탁으로 보지 아니한다.

(2) 사업자가 건설을 업으로 하는 경우

(가) 건설에 소요되는 시설물을 제조위탁 하는 경우로서, 규격 또는 성능 등을 지정한 도면, 설계도, 시방서 등에 의해 특수한 용도로 주문 제작한 것 : 방음벽, 갑문, 수문, 가드레일, 표지판, 주차기, 엘리베이터 등

(나) 건축공사에 설치되는 부속시설물로서 규격 등을 지정한 도면, 시방서 및 사양서 등에 의해 주문한 것 : 주방가구, 신발장, 거실장, 창틀 등

(다) 건설자재·부품에 대하여 규격 등을 지정한 도면, 시방서 및 사양서 등에 의해 주문한 것

① 거래관행상 시방서 등 성능, 품질, 규격 등을 지정한 주문서가 없더라도 지정된 시간과 장소에 납품하도록 제조를 위탁하는 것은 해당됨 : 레미콘, 아스콘 등

② 규격·표준화된 자재라 하더라도 특별히 사양서, 도면, 시방서 등을 첨부하여 제조위탁 하는 경우에는 포함됨

③ 단순한 건설자재인 시멘트, 자갈, 모래는 제외되나 규격·품질 등을 지정하여 골재 등을 제조위탁하거나 석산 등을 제공하여 임가공위탁 하는 경우는 해당됨

나. 수리위탁의 범위

수리사업자가 그 수리행위의 전부 또는 일부를 다른 수리사업자에게 위탁하는 경우

① 차량수리업자가 차량의 수리를 다른 사업자에게 위탁하는 경우

② 선박수리업자가 선박의 수리를 다른 사업자에게 위탁하는 경우

③ 발전기 수리업자가 발전기의 수리를 다른 사업자에게 위탁하는 경우

다. 건설위탁의 범위

법적용대상이 되는 건설위탁을 예시하면 다음과 같다.

(1) 「건설산업기본법」상 건설업자의 건설위탁

(가) 「건설산업기본법」 제9조(건설업의 등록 등)에 따라 종합공사를 시공하는 업종 또는 전문공사를 시공하는 업종을 등록한 건설업자가 시공자격이 있는 공종에 대하여 당해 공종의 시공자격을 가진 다른 등록업자에게 시공위탁 한 경우

(나) 건설업자가 시공자격이 없는 공종을 부대공사로 도급받아 동 공종에 대한 시공자격이 있는 다른 사업자에게 시공위탁 한 경우

① 전기공사업 등록증을 소지하지 아니한 일반건설업자가 전기공사가 주인 공사를 전기공사업 등록증을 소지한 사업자에게 전기공사를 시공하도록 의뢰한 경우는 시공을 위탁한 일반건설업자가 전기공사업 등록증을 소지하지 아니하였으므로 이는 "건설위탁"으로 보지 않는다. 다만, 전기공사가 부대적인 공사인 경우에는 "건설위탁"으로 본다.

② 토공사업에만 등록한 전문건설업자가 미장공사업에 등록한 전문건설업자에게 미장공사를 시공의뢰 한 경우에는 건설위탁으로 보지 않는다.

(2) 전기공사업자의 건설위탁

「전기공사업법」 제2조 제3호에 따른 공사업자가 도급받은 전기공사의 전부

또는 일부를 전기공사업 등록을 한 다른 사업자에게 시공위탁 한 경우

(3) 정보통신공사업자의 건설위탁

「정보통신공사업법」제2조 제4호에 따른 정보통신공사업자가 도급받은 정보통신공사의 전부 또는 일부를 정보통신공사업 등록을 한 다른 사업자에게 시공위탁 한 경우

(4) 소방시설공사업자의 건설위탁

「소방시설공사업법」 제2조 제1항 제2호에 따른 소방시설공사업 등록을 한 사업자가 도급받은 소방시설공사의 전부 또는 일부를 소방시설공사업 등록을 한 다른 사업자에게 시공위탁 한 경우

(5) 주택건설 등록업자의 건설위탁

「주택법」 제9조에 따른 주택건설사업 등록사업자가 그 업에 따른 주택건설공사의 전부 또는 일부를 시공자격이 있는 다른 사업자에게 시공위탁 한 경우

(6) 환경관련 시설업자의 건설위탁

「환경기술 및 환경산업 지원법」 제15조에 따른 등록업자가 그 업에 따른 해당 환경전문 공사의 전부 또는 일부를 시공자격이 있는 다른 사업자에게 시공위탁 한 경우

(7) 에너지관련 건설업자의 건설위탁

「에너지이용 합리화법」 제37조에 따른 등록업자,「도시가스사업법」 제12조에 따른 시공자가 그 업에 따른 해당 에너지 관련 시설공사를 시공자격이 있

는 다른 사업자에게 시공위탁 한 경우

(8) 경미한 공사의 건설위탁

「건설산업기본법」상의 건설업자 및 「전기공사업법」상의 공사업자가 건설산업기본법 시행령 제8조 및 전기공사업법 시행령 제5조의 규정에 의한 경미한 공사를 상기 법령에 의한 등록을 하지 아니한 사업자에게 위탁한 경우

(9) 자체 발주공사의 건설위탁

건설업을 영위하는 사업자가 아파트신축공사 등 건설공사를 자기가 발주하여 다른 건설업자에게 공사의 전부 또는 일부를 위탁하는 경우

(10) 형식적 하도급관계와 사실적 하도급관계

형식적 하도급관계와 사실상의 하도급관계가 다를 경우에는 사실상의 하도급거래를 적용대상으로 하고, 이를 예시하면 다음과 같다.

(가) 원사업자(A)가 사실상의 수급사업자(B)와 하도급관계를 맺고 있으면서 형식상으로는 A가 직영하는 것으로 되어 있을 경우 다음에 예시하는 바와 같은 사실에 의해서 사실상의 관계가 입증되면 A와 B 사이에 하도급관계가 있다고 본다.

- B가 A에 대하여 당해 공사에 관하여 계약이행을 보증한 사실 또는 담보책임을 부담한 사실이 있는 경우
- B가 당해 공사와 관련된 인부의 산재보험료를 부담한 사실이 있는 경우
- 형식상으로는 B가 당해 공사에 전혀 관련이 없는 자로 되어 있으나 당해 공사를 시공함에 있어 공사일지, 장비가동일보, 출력일보, 유류 사

용대장 등에 B의 책임 하에 장비, 인부 등을 조달하여 당해 공사를 시공한 것이 확인되는 경우

- 형식상으로는 B가 A의 소장으로 되어 있으나 B가 동 공사기간 중 A로부터 봉급을 받은 사실이 없는 경우
- 「총포·도검·화약류 등 단속법」 등 관계법령에 따라 B가 직접 허가를 받아 시공한 경우
  ① 원사업자(A)와 수급사업자(B)가 하도급계약을 맺었으나 실제공사는 B로부터 등록증을 대여받은 무등록 건설업자(C)가 시공했을 경우 C는 무등록 사업자이므로 하도급법 적용대상으로 보지 않는다.

(11) 하도급계약체결 이후 건설업자 요건 등 충족 시 법적용 가능성

사업자가 건설업자 요건 등을 충족하지 않은 상태에서 거래를 하다가 이후 동 요건을 충족한 경우에는 새로운 하도급계약(변경 포함) 분부터 법상 당사자가 될 수 있다.

라. 용역위탁의 범위

〈지식·정보성과물의 작성위탁의 법적용 예시〉

(1) 사업자가 정보프로그램 작성을 업으로 하는 경우

(가) 「소프트웨어산업 진흥법」 제2조 제1호의 규정에 의한 소프트웨어(컴퓨터·통신·자동화 등의 장비와 그 주변장치에 대하여 명령·제어·입력·처리·저장·출력·상호작용이 가능하도록 하게 하는 지시·명령〈음성이나 영상정보 등을 포함한다〉의 집합과 이를 작성하기 위하여 사용된 기술서나 그밖의 관련 자료를 말한다. 이하 같음)의 작성을 위탁하는 것

예) 소프트웨어개발을 위한 제안서·마스터플랜, 시스템구축 관련

설계(하드웨어, 소프트웨어, 네트워크 등), 시스템개발(하드웨어 및 소프트웨어 개발, 네트워크 설치 등)

(나) 「국가정보화 기본법」제3조 제1호의 규정에 의한 "정보"(특정 목적을 위하여 광(光) 또는 전자적 방식으로 처리되어 부호·문자·음성·음향 및 영상 등으로 표현된 모든 종류의 자료 또는 지식을 말한다)의 작성을 다른 사업자에게 위탁하는 것

(2) 사업자가 영화, 방송프로그램 그밖에 영상·음성 또는 음향에 의하여 구성되어지는 성과물의 작성을 업으로 하는 경우 영화, 방송프로그램, 영상광고 등의 제작을 다른 사업자에게 위탁하는 것

(3) 사업자가 문자·도형·기호의 결합 또는 이것들과 색채의 결합에 의하여 구성되어지는 성과물의 작성을 업으로 하는 경우

(가) 「건축사법」제2조 제3호의 규정에 의한 설계도서의 작성을 다른 사업자에게 위탁하는 것

　　예) 건축물의 건축·대수선, 건축설비의 설치 또는 공작물의 축조를 위한 도면, 구조계획서 및 공사시방서

(나) 「엔지니어링산업 진흥법」제2조 제1호의 규정에 의한 엔지니어링 활동 중 설계를 다른 사업자에게 위탁하는 것

　　예) 과학기술의 지식을 응용한 사업 및 시설물에 관한 설계

(다) 애니메이션, 만화 등의 제작을 다른 사업자에게 위탁하는 것

(라) 상품의 형태, 용기, 포장 및 광고 등에 사용되는 디자인의 제작을 다른 사업자에게 위탁하는 것

〈역무의 공급위탁의 법적용 예시〉

(1) 사업자가 엔지니어링 활동을 업으로 하는 경우

    (가)「엔지니어링산업 진흥법」상 엔지니어링 활동을 업으로 하는 사업자가 공장 및 토목공사의 타당성 조사, 구조계산을 다른 사업자에게 위탁하는 것

    (나) 시험, 감리를 다른 사업자에게 위탁하는 것

    (다) 시설물의 유지관리를 다른 사업자에게 위탁하는 것

(2)「화물자동차 운수사업법」상 운수사업자가 화물자동차를 이용한 화물의 운송 또는 화물운송의 주선을 다른 사업자에게 위탁하는 것

(3)「건축법」상 건축물의 유지·관리를 업으로 하는 사업자가 건축물의 유지·보수, 청소, 경비를 다른 사업자에게 위탁하는 것

(4) 사업자가 경비를 업으로 하는 경우

    (가)「경비업법」상 경비를 업으로 하는 사업자가 시설·장소·물건 등에 대한 위험발생 등을 방지하는 활동을 다른 사업자에게 위탁하는 것

    (나)「경비업법」상 경비를 업으로 하는 사업자가 사람의 생명 또는 신체에 대한 위해의 발생을 방지하고 그 신변을 보호하기 위하여 행하는 활동을 다른 사업자에게 위탁하는 것

(5) 사업자가 물류 등을 업으로 하는 경우

    (가)「물류정책기본법」상 물류사업을 업으로 하는 사업자 또는 국제물류주선업을 업으로 하는 사업자가 화물의 운송, 보관, 하역 또는 포장과 이와 관련된 제반활동을 위탁하거나 화물운송의 주선을 다른 사업자에게 위탁하는 것

    (나)「항만운송사업법」상 항만운항업자가 같은 법 제2조 제1항에 의한 항만운송 및 제2조 제4항 항만운송관련사업 중 항만용역업을 다른

사업자에게 위탁하는 것

(다) 한국철도공사 등 철도운송업자가 「한국철도공사법」 제9조 제1항 제
1호의 규정에 의한 운송사업을 다른 사업자에게 위탁하는 것

(6) 사업자가 「소프트웨어산업 진흥법」 제2조 제3호에 따른 소프트웨어사업
을 업으로 하는 경우

(가) 수요자의 요구에 의하여 컨설팅, 요구분석, 시스템통합 시험 및 설치,
일정기간 시스템의 운영 및 유지·보수 등을 다른 사업자에게 위탁하
는 것

(나) 소프트웨어 관련 서비스사업을 업으로 하는 사업자가 데이터베이스
개발·공급 및 컨설팅, 자료입력 등 단위 서비스제공 사업을 다른 사
업자에게 위탁하는 것

(다) 위탁을 하는 사업자가 연구 및 개발을 업으로 하는 경우, 다른 사업자
에게 기술시험, 검사, 분석, 사진촬영 및 처리, 번역 및 통역, 포장, 전
시 및 행사대행 등을 다른 사업자에게 위탁하는 것(단, 법 제2조 제13항
제1호의 규정에 의한 엔지니어링 활동은 제외)

(7) 사업자가 광고를 업으로 하는 경우

(가) 광고와 관련된 판촉, 행사, 조사, 컨설팅 등을 다른 사업자에게 위탁
하는 것

(나) 영상광고와 관련된 편집, 현상, 녹음, 촬영 등을 다른 사업자에게 위
탁하는 것

(다) 전시 및 행사와 관련된 조사, 기획, 설계, 구성 등을 다른 사업자에게
위탁하는 것

(8) 사업자가 방송·방송영상제작, 영화제작, 공연기획을 업으로 하는 경우
녹음, 촬영, 음향, 조명, 보조출연, 미술, 편집 등을 다른 사업자에게 위탁

하는 것

(9) 사업자가 「건축법」 제2조 제1항 제12호의 규정에 의한 건축주 등 부동산 공급을 업으로 하는 경우 「건축물의 분양에 관한 법률」제2조 제2호의 규정에 의한 분양의 업무를 다른 사업자에게 위탁하는 것

(10) 사업자가 도·소매를 업으로 하는 경우 물품의 판매를 다른 사업자에게 위탁하는 것

(11) 이상에서 열거한 역무의 공급을 위탁받은 사업자가 위탁받은 역무의 전부 또는 일부를 다른 사업자에게 위탁하는 것

2. 법 적용대상이 되는 사업자(폐지 : 2011.4.29, 시행 : 2011.6.30)

3. 서면의 발급(법 제3조, 시행령 제3조)

적법한 서면발급 여부에 관한 판단기준을 예시하면 다음과 같다.

(1) 기본계약서 또는 개별계약서에 위탁일, 품명, 수량, 단가, 하도급대금, 납기 등 법에서 규정하고 있는 중요 기재사항을 담은 서면을 발급한 경우는 적법한 서면발급으로 본다.

(2) 빈번한 거래에 있어 계약서에 법정기재사항의 일부가 누락되어 있으나, 건별 발주 시 제공한 물량표 등으로 누락사항의 파악이 가능한 경우는 적법한 서면발급으로 본다.

(3) 법정기재사항의 일부분이 누락되었으나 업종의 특성이나 현실에 비추어볼 때 거래에 큰 문제가 없다고 판단되는 경우는 적법한 서면발급으로 본다.

(4) (삭제 : 2010.7.23)

(5) 기본계약서를 발급하고 FAX, 기타 전기·전자적인 형태 등에 의해 발주한 것으로 발주내용이 객관적으로 명백하다고 판단되는 경우 적법한 서면 발급으로 본다.

(6) 기본계약서를 발급하고 수출용물품을 제조위탁 하는 경우 수급사업자가 원사업자에게 제출한 물품매도확약서(offer sheet)를 개별계약서로 갈음할 수 있다.

(7) 양당사자의 기명날인이 없는 서면을 발급한 경우는 서면 미발급으로 본다.

(8) 실제의 하도급거래관계와 다른 허위사실을 기재한 서면을 발급한 경우는 서면 미발급으로 본다.

(9) 1건의 하도급공사에 대하여 2종 이상의 계약서(계약서로 간주될 수 있는 서류 포함)가 존재할 때는 실제의 하도급거래관계에 입각한 서면을 적법한 것으로 본다. 다만, 실제의 거래관계를 구체적으로 입증하지 못하는 경우에는 계약의 요건을 보다 충실하게 갖춘 서면(예 : 발주처에 통보한 서면 등)을 적법한 서면으로 본다.

(10) 추가공사의 위탁과 관련한 경우

(가) 경미하고 빈번한 추가작업으로 인해 물량변동이 명백히 예상되는 공종에 대해 시공완료 후 즉시 정산합의서로 계약서를 대체한 경우는 적법한 서면발급으로 본다.

(나) 추가공사 범위가 구분되고 금액이 상당함에도 불구하고 이에 대한 구체적인 추가계약서나 작업지시서 등을 발급하지 아니한 경우는 서면 미발급으로 본다.

(다) 시공과정에서 추가 또는 변경된 공사물량이 입증되었으나 당사자 간의 정산에 다툼이 있어 변경계약서 또는 정산서를 발급하지 아니하는 경우는 원사업자가 구체적으로 적시하지 않은 책임이 있는 것

으로 보아 서면 미발급으로 본다.

(라) 구체적인 계약서 형태를 갖추지 않았으나 원사업자의 현장관리자가 추가공사에 대한 금액산정이 가능한 약식서류 등을 제공한 경우는 불완전한 서면발급으로 본다.

3-1. 하도급계약 추정제에서의 통지와 회신의 양식

(법 제3조, 시행령 제5조 제3항)(개정 : 2010.10.29)

하도급법 시행령 제5조 제3항에 따라 공정거래위원회가 정하여 보급할 수 있는 통지와 회신의 양식은 [서식 1]과 [서식 2]와 같다.

4. 부당한 하도급대금의 결정(법 제4조)(폐지 : 2007.7.25)

(⟹ 부당한 하도급대금 결정 및 감액 행위에 대한 심사지침 : 2013.11.29)

5. 물품 등의 구매강제 금지(법 제5조)

발주자나 고객이 목적물의 제조 또는 시공의뢰 시, 특정물품 및 장비 등을 사용토록 요구하는 경우에는 부당한 물품의 구매강제행위에 해당되지 아니한다.

6. 선급금의 지급(법 제6조)

가. 선급금의 지연지급에 대한 지연이자 계산은 다음과 같다.

(1) 법정지급기일(원사업자가 발주자로부터 선급금을 지급받은 날로부터 15일, 제조 등의 위탁을 하기 전에 선급금을 받은 경우에는 위탁한 날로부터 15일)을 초과하여 선급금을 지급한 경우에는 법정지급기일을 초과한 날로부터 지

급기일까지의 기간일수를 산정하여 이자를 부과한다. 다만, 원사업자가
발주자로부터 선급금을 지급받은 후 수급사업자에게 선급금 반환을 보
증하는 증서(이하 '선급금 보증서' 라 한다) 제출을 요청한 날로부터 수급사
업자가 선급금보증서를 제출한 날까지의 기간일수는 지연이자 계산 시
공제할 수 있다.

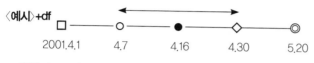

〈예시〉+df

2001.4.1   4.7   4.16   4.30   5.20

□ 발주자로부터 선급금을 지급받은 날   ○ 선급금보증서 제출을 요청한 날
● 선급금 법정지급기일   ◇ 선급금보증서를 제출한 날
◎ 원사업자가 선급금을 지급한 날

• 이자부과 일수 계산 예 : 법정지급기일을 초과하여 지급한 일수(34일) −

　　　　　　　　　　선급금보증서를 요청한 날로부터 제출한 날까지

　　　　　　　　　　일수(23일)=11일

(2) 선급금을 지급하지 않은 상태에서 기성금을 지급하는 경우 선급금 일부
　　가 당해 기성금에 포함된 것으로 간주하여 지급기일을 초과한 날로부터
　　당해 기성금 지급일까지의 기간에 대한 이자를 부과한다.

• 선급금을 미지급한 경우
　· 총계약금액 : 5,000만원　　　　· 선급금 : 1,000만원(공사금액의 20%)
　· 발주자로부터 선급금을　　　　· 선급금 지급기일 : 2010. 4. 1
　　지급받은 날 : 2010. 3. 17

(단위 : 만원)

구성	기성금액		당해 선급금 1」	선급금 기산일 2」	선급금 지연일수 3」	지연이자 4」
	일자	금액				
1회 기성	2010. 4. 30	1,000	200	2010. 4. 2	29	3.1
2회 기성	5. 31	1,000	200	〃	60	6.5
3회 기성	6. 30	1,000	200	〃	90	9.8
4회 기성	7. 31	1,000	200	〃	121	13.2
5회 기성	8. 31	1,000	200	〃	152	16.6
계		5,000	1,000			49.2

주 1」 선급금×당해기성금/총계약금액으로 계산
2」 선급금 지급기일을 초과한 날
3」 기산일로부터 실제 기성금 지급일까지의 기간
4」 당해 선급금×20%(공정위가 고시하는 지연이자율)×선급금 지연일수/365일

- 선급금을 일부만 지급하면서 지연지급한 경우

· 총계약금액 : 10,000만원   · 선 급 금 : 2,000만원(공사금액의 20%)

· 선급금 지급기일 : 2010. 4. 30   · 선급금 지급금액 : 1,000만 원

(2010. 5. 10. 현금지급)

⇒ 지급지연일수 : 10일

(단위 : 만원)

구성	기성금액		당해 선급금 1」	선급금 기산일 2」	선급금 지연일수 3」	지연이자 4」
	일자	금액				
1회 기성	2010. 5. 31	2,000	200	2010. 5. 1.	31	3.4
2회 기성	6. 30	3,000	300	〃	61	10.0
3회 기성	7. 31	1,000	100	〃	92	5.0
4회 기성	8. 31	2,000	200	〃	123	13.5
5회 기성	9. 30	2,000	200	〃	153	16.7
계		10,000	1,000			45.2

주 1」 미지급한 선급금×당해기성금/총계약금액

2」 선급금 지급기일을 초과한 날

3」 기산일로부터 실제 기성금 지급일까지의 기간

4」 당해 선급금×20%(공정위가 고시하는 지연이자율)×선급금 지연일수/365일

○ 선급금 중 1,000만원(공사금액의 10%)의 지연지급에 따른 지연이자 : 5.4만원

    - 1,000만원×20%(공정위가 고시하는 지연이자율)×10(지급기일을 초과한

       날로부터 실제 지급일까지의 기간) / 365 = 5.4만원

○ 선급금 중 1,000만원을 미지급함에 따라 발생한 지연이자 : 45.2만원

(3) 선급금지급에 대한 지연이자 등의 지급기준

· 선급금의 "법정지급기일"이라 함은 발주자로부터 선급금을 받은 날(또는

   원사업자가 제조 등의 위탁을 한 날)로부터 15일째 되는 날을 말한다.

(가) 수급사업자에게 법정지급기일을 초과하여 현금으로 지급하는 경우 : 법

     정지급기일을 초과한 날부터 지급일까지의 기간에 대한 지연이자 부과

(나) 수급사업자에게 법정지급기일 내에 어음 등으로 지급하는 경우 : 법정

     지급기일을 초과한 날부터 어음만기일까지의 기간에 대한 할인료 부과

(다) 수급사업자에게 법정지급기일을 초과하여 어음 등으로 지급하는 경우 :

     법정지급기일을 초과한 날로부터 어음교부일까지의 기간에 대한 지연

이자부과 및 어음교부일부터 만기일까지의 기간에 대한 할인료 부과

〈범 례〉 ○ 법정지급기일 ● 지급일(또는 어음교부일) ◎ 어음만기일

나. 원사업자가 발주자로부터 받은 선급금의 내용과 비율에 따른 판단 기준

(1) 발주자가 선급금을 지급하면서 특정한 공사나 품목을 지정하여 선급금
을 지급하는 경우에는 발주자가 지정하는 용도에 한정하여 원사업자는
수급사업자에게 선급금을 지급하면 된다.

A라는 토목건축공사에 토공사, 철근콘크리트공사, 조경석재공사, 승강
기설치공사 등 4개의 전문건설공사가 있다고 가정할 경우, 선급금을 지
급하면서 토공사와 철근콘크리트공사에만 사용하도록 공사부문을 지
정했다면 토공사와 철근콘크리트공사부문 수급사업자에게만 선급금을
지급하여야 하고, 철근자재 구입에만 사용하도록 품목을 지정했다면 철
근자재를 사용하는 공사부문 수급사업자에게만 선급금을 지급하여야
하며, 선급금지급대상 공사 또는 품목전체에서 해당 공사가 차지하는 금
액비율로 수급사업자에게 선급금을 지급하여야 한다.

(2) 발주자가 선급금을 지급하면서 특정한 품목이나 공사부문을 지정하지
않은 경우 원사업자는 전체 공사대금 중 하도급계약금액의 비율에 따라
수급사업자에게 해당 선급금을 지급하여야 한다.

314

7. 내국신용장의 개설(법 제7조)

가. 원사업자가 수출할 물품을 수급사업자에게 제조위탁하면서 내국신용장을 미개설하더라도 다음의 경우는 정당한 사유가 있는 것으로 본다.

  (1) 수급사업자가 내국신용장의 개설을 원하지 아니한 사실이 명백한 경우

  (2) 원사업자가 내국신용장 개설은행에 연체 및 대지급 당한 상태에 있거나 개설한도 부족 등으로 인하여 내국신용장 개설이 불가능한 경우

나. 수급사업자가 제조위탁을 받은 날로부터 15일을 초과하여 물품매도확약서를 제출하는 경우 원사업자가 물품매도확약서를 제출받은 후 지체 없이 내국신용장을 개설한 경우에는 위법한 것으로 보지 않는다.

다. 월 1회 이상 일괄하여 내국신용장을 개설하기로 원사업자와 수급사업자가 명백히 합의한 경우에는 그 정한 날에 내국신용장을 개설하면 위법한 것으로 보지 아니한다.

8. 부당한 수령거부의 금지(법 제8조)(폐지 : 2013.11.29)
(⇒ 부당한 위탁취소, 수령거부 및 반품행위에 대한 심사지침 : 2013.11.29)

8-1. 검사의 방법 및 시기(법 제9조)

가. 검사의 방법으로는 당사자 간에 합의가 있다는 전제하에 전수검사, 발췌검사, 제3자에 대한 검사의뢰, 수급사업자에게 검사위임, 무검사 합격 등

이 있다.

나. 검사결과의 통지기간의 예외 사유로 인정될 수 있는 '정당한 사유가 있는 경우'에 대한 판단기준을 예시하면 다음과 같다.

(1) 일일 평균 검사물량의 과다, 발주처에의 납기준수 등 통상적인 사유에는 인정되지 아니한다.

(2) 거대한 건설공사(댐·교량공사, 대단위 플랜트 공사 등), 시스템 통합용역 등 복잡·다양한 기술적 검사가 필요하여 장기간의 검사가 불가피하게 요구되는 경우에는 정당한 사유로 인정할 수 있다.

9. 부당반품의 금지(법 제10조)(폐지 : 2013.11.29)

(⇒ 부당한 위탁취소, 수령거부 및 반품행위에 대한 심사지침 : 2013.11.29)

10. 부당감액의 금지(법 제11조)(폐지 : 2007.7.25)

(⇒ 부당한 하도급대금 결정 및 감액행위에 대한 심사지침 : 2013.11.29)

10-1. 경제적 이익의 부당요구 금지(법 제12조의2)

원사업자의 경제적 이익의 부당요구행위를 예시하면 다음과 같다.

가. 원사업자의 수익 또는 경영여건 악화 등 불합리한 이유로 협찬금, 장려금, 지원금 등 경제적 이익(재물 및 경제적 가치 있는 이익을 포함. 이하 같음)을 요구하는 경우

나. 하도급거래 개시 또는 다량거래 등을 조건으로 협찬금, 장려금, 지원금 등 경제적 이익을 요구하는 경우

다. 기타 수급사업자가 부담하여야 할 법률상 의무가 없음에도 협찬금, 장려

금, 지원금 등 경제적 이익을 요구하는 경우

10-2. 기술자료 제공요구 금지 등(법 제12조의3) (폐지 : 2011.08.16)
(⇒ 기술자료 제공요구·유용행위 심사지침 : 2013.11.29)

11. 하도급대금의 지급(법 제13조)

가. (삭제 : 2008.12.05)

나. 하도급대금을 어음으로 지급하였으나 지급받은 어음이 부도처리된 경우에는 하도급대금을 지급하지 아니한 것으로 본다.

다. 하도급대금 지급 시 기산점이 되는 목적물의 수령일은 제조·수리위탁의 경우에는 원사업자가 수급사업자로부터 목적물의 납품을 받은 날, 건설위탁의 경우에는 원사업자가 수급사업자로부터 준공 또는 기성부분의 통지를 받고 검사를 완료한 날(법 제8조 제2항 단서의 규정에 의한 목적물의 인수일)을 말한다. 다만, 납품이 빈번하여 상호 합의하에 월 1회 이상 세금계산서를 발행하도록 정하고 있는 경우에는 일괄 마감하는 날(세금계산서 발행일)을 말한다.

12. 현금비율 적용기준(법 제13조 제4항)

가. 원사업자가 발주자로부터 지급받은 현금비율이 일정하지 아니한 경우 수급사업자에게 하도급대금을 지급함에 있어서는 하도급대금을 지급하기 직전에 원사업자가 발주자로부터 지급받은 현금비율 이상으로 지급하여야 한다. 원사업자가 발주자로부터 제1회 도급대금을 지급받기

전까지 수급사업자에게 하도급대금을 지급하는 경우에는 그러하지 아니한다.

다만 원사업자가 수급사업자에게 금회 하도급대금을 지급한 후 차회 하도급대금을 지급하기 전까지 발주자로부터 2회 이상 도급대금을 지급받은 경우에는 각각의 현금비율을 산술평균한 비율이상으로 지급하여야 한다.

(적용기준예시)

도급대금 수령		하도급대금 지급	
수령일자	결제비율(현금 : 어음)	지급일자	현금결제비율
2. 1	50 : 50	1. 8	예외가능
5. 1	50 : 50	3. 5	50% 이상
5.15	60 : 40	4. 5	50% 이상
6. 1	20 : 80	7. 1	43% 이상 1」
8. 1	40 : 60	9. 1	40% 이상

주 1」 원사업자가 발주자로부터 5.1, 5.15, 6.1 지급받은 것을 산술평균한 비율((50+60+20)/3)

※ 현금비율은 다음과 같이 산정한다.

○ 원사업자가 발주자로부터 지급받은 현금비율 : 현금수령액/도급대금수령액

○ 원사업자가 수급사업자에게 지급하는 현금비율 : 현금지급액/ 하도급대금지급액

○ 금액단위는 천 원으로 하고 천 원 미만은 버린다.

○ 현금비율산정시 현금수령액(현금지급액)은 '현금' '수표' '만기일이 채권발행일 바로 다음날 도래하는 외상매출채권'에 의한 수령액(지급액)의

합계액을 말한다.(개정 : 2016.7.22)

나. 원사업자가 다수의 발주자에게 납품하는 물품을 다수의 수급사업자에게 제조 등을 위탁하는 경우에 특정 수급사업자가 납품한 물품이 공급되는 발주자가 명확한 경우에는 당해 발주자로부터 원사업자가 받은 현금비율을 적용하고, 불명확할 경우에는 원사업자가 다수의 발주자로부터 받은 현금비율을 산술평균하여 적용한다.

다. 원사업자가 발주자로부터 선급금을 받은 때에도 그 지급받은 현금비율 이상으로 수급사업자에게 지급하여야 한다.

라. 법 제13조 제4항에 의한 현금비율유지 및 제13조 제5항에 의한 어음만기일 유지는 1999.4.1 이후 하도급계약이 체결된 하도급거래에 적용한다. 하도급계약의 체결시점을 판단하는 데 있어서 제조위탁의 경우 기본계약이 아니라 발주서 등에 의한 개별계약의 체결시점을 기준으로 하며, 건설위탁의 경우 원칙적으로 당초 하도급계약 체결시점을 기준으로 한다.

마. 전체 목적물 중 일부 목적물에 대해 하도급대금이 도급대금보다 먼저 지급되는 경우 하도급대금의 지급이 현금비율 유지의무를 준수했는지 여부는 나중에 지급되는 도급대금 지급시점까지 하도급대금이 현금화된 정도를 고려하여 판단한다.

* 제3차 역무에 대한 도급 기성금을 수령하기 전까지 어음으로 지급한 제3차 역무에 대한 하도급 기성금이 현금화되었다고 하면, 현금비율 유지의무를 준수한 것으로 봄

13. 어음만기일 유지(법 제13조 제5항)

가. 원사업자가 발주자로부터 교부받은 어음의 지급기간(발행일로부터 만기일까지)이 일정하지 아니한 경우 수급사업자에게 하도급대금을 지급함에 있어서는 하도급대금을 지급하기 직전에 원사업자가 발주자로부터

교부받은 어음의 지급기간을 초과하는 어음으로 하도급대금을 지급하여서는 아니 된다. 원사업자가 발주자로부터 제1회 도급대금을 지급받기 전까지 수급사업자에게 하도급대금을 지급하는 경우에는 예외로 할 수 있다.

다만, 원사업자가 수급사업자에게 금회 하도급대금을 지급한 후 차회 하도급대금을 지급하기 전까지 발주자로부터 2회 이상 도급대금을 지급받은 경우에는 각각의 어음지급기간을 산술평균하여 적용한다.

나. 원사업자가 다수의 발주자에게 납품하는 물품을 다수의 수급사업자에게 제조 등 위탁하는 경우에 특정 수급사업자가 납품한 물품이 공급되는 발주자가 명확한 경우에는 당해 발주자로부터 원사업자가 받은 어음지급기간을 적용하고, 불명확할 경우에는 원사업자가 다수의 발주자로부터 교부받은 어음지급기간을 산술평균하여 적용한다.

다. 발주자가 타인발행의 어음으로 도급대금을 지급한 경우에 어음의 지급기간은 원사업자가 어음을 교부받은 날로부터 만기일까지로 본다.

라. 원사업자가 발주자로부터 선급금을 지급받은 때에 어음이 포함되어 있는 경우 교부받은 어음의 지급기간을 초과하는 어음으로 수급사업자에게 교부하여서는 아니 된다.

14. 건설하도급대금지급보증(법 제13조의2)

원사업자의 하도급대금지급 보증과 관련한 위법성 판단기준을 예시하면 다음과 같다.

가. (삭제 : 2014.11.29)

나. 원사업자는 하도급대금이나 공사기간이 조정되어 그에 따른 지급보증

변경이 필요한 경우 그 조정 시점에서 변경된 내용에 따라 수급사업자에게 추가로 대금지급을 보증하여야 한다. 다만, 추가공사의 공사금액이 1,000만 원 이하의 경미한 공사인 경우에는 예외로 한다.(개정 2013.12.18)

다. 하도급대금의 지급을 이미 보증한 사업자와 합병을 하거나 상속, 영업양수 등을 통하여 그 지위를 승계한 원사업자는 수급사업자에게 동 하도급대금에 대하여 별도의 지급보증을 하지 않아도 된다. 다만, 대금지급보증의무 대상사업자가 대금지급보증면제대상 사업자의 원사업자 지위를 승계한 경우에는 수급사업자에게 승계당시 잔여공사에 대하여 하도급대금의 지급을 보증하여야 한다.

라. 하도급계약 체결 후, 원사업자에 대한 신용평가등급이 변경되어 하도급대금 지급보증 면제대상에서 제외된 경우에는 기존 하도급계약에 있어 아직 대금지급이 이루어지지 아니한 부분에 대하여 지급보증 면제대상에서 제외된 날부터 30일 이내에 지급보증을 하여야 한다.

마. (삭제)

바. 평가대상인 회사채는 원칙적으로 무보증회사채를 기준으로 하며, 회사채에 대한 신용평가 등급은 당해 평가의 유효기간 내에서 효력이 있다.

사. 원사업자의 하도급대금 지급보증의무는 수급사업자와의 합의로 면제되지 아니한다.

14-1 하도급대금의 직접 지급

법 제14조 제5항과 관련하여, 수급사업자가 발주자로부터 하도급대금을 직접 지급받을 수 있도록 하기 위해 원사업자가 필요한 조치를 이행하여야 하는 기한은 다음과 같다.

가. 법 제14조 제1항 제1호의 사유에 따라 발주자가 하도급대금을 직접 지급
　하는 경우에는 수급사업자로부터 기성부분 내지 물량투입 등의 확인에
　필요한 조치의 이행을 요청받은 날로부터 15일

나. 법 제14조 제1항 제2호 내지 제4호의 사유에 따라 발주자가 하도급대금
　을 직접 지급하는 경우에는 수급사업자로부터 기성부분 내지 물량투입
　등의 확인에 필요한 조치의 이행을 요청받은 날로부터 5일

다. 다만, 사업자가 위 기한 내에 필요한 조치를 이행할 수 없는 특별한 사정
　이 있는 경우에는 그 사유와 이행 예정시기 등을 적시하여 소명자료를 위
　기한 내에 공정거래위원회에 제출하여야 한다.

15. 관세 등의 환급(법 제15조)

관세 등 환급액의 지연지급에 해당되지 않는 경우를 예시하면 다음과 같다.

가. 수급사업자가 기초원재료납세증명서 등 관세 환급에 필요한 서류를 원
　사업자에게 인도하지 아니하거나 지연하여 인도한 경우

나. 기초원재료납세증명서 등 관세 환급에 필요한 서류상의 기재내용이 실
　거래와 상이하여 관세 환급을 받을 수 없는 경우

다. 수급사업자가 직접관세 등을 환급받는 경우에는 수급사업자로부터 관
　세 등 환급에 필요한 환급위임장의 발급을 요청받았을 때 원사업자가 이
　를 지체 없이 발급해준 경우

16. 설계변경 등에 따른 하도급대금의 조정(법 제16조)

가. 원사업자가 발주자로부터 설계변경 등에 따른 하도급대금의 조정을 받

은 경우 추가금액의 내용과 비율이 명확한 경우에는 그 내용과 비율에 따라 수급사업자에게 지급하여야 하고, 내용이 불명확한 경우에는 발주자가 지급한 평균비율을 적용, 지급하여야 한다.

나. 원사업자가 발주자로부터 물가변동 등 경제상황의 변동에 따른 하도급대금의 조정을 받은 경우, 하도급계약이 발주자로부터 조정받기 이전에 체결되었다 하더라도 발주자로부터 조정받은 기준시점 이후 잔여공사에 대하여 수급사업자에게 대금을 조정해준 경우에는 적법한 것으로 본다.

다. 발주자로부터 조정받은 기준시점 이후에 체결된 하도급계약분에 대하여는 수급사업자에게 대금을 조정해주지 않아도 적법하다, 다만, 조정기준시점 이전에 이미 선시공 등 사실상 하도급거래가 있었다는 객관적인 사실이 입증되는 경우에는 상기 '가' 항에 따라 적용한다.

라. 원사업자가 발주자로부터 물가변동과 관련 추가금액을 지급받고도 원사업자와 수급사업자 간 약정이나 국가를 당사자로 하는 계약에 관한 법률시행령 제64조(물가변동으로 인한 계약금액의 조정)를 이유로 조정해주지 않은 경우에는 법 위반행위로 본다.

마. 물가변동과 관련 발주자로부터 조정받은 추가금액을 수급사업자에게 조정해주는 데 있어서 물가변동조정 기준시점 이전에 지급한 선급금은 물가변동조정 대상금액에서 제외할 수 있다.

바. 원사업자가 발주자로부터 물가변동 등의 이유로 추가금액을 지급받은 때, 일부 공종에 있어 하도급금액이 원도급금액을 상회한 경우에도 하도급금액을 기준으로 증액해주어야 한다.

16-2. 원재료가격 변동에 따른 하도급대금의 조정

(법 제16조의2)(폐지 : 2014. 1. 1)

17. 부당한 경영간섭의 금지(법 제18조)

가. 법 제18조에 규정된 경영간섭 행위의 부당성은 수급사업자가 자율적으로 결정할 수 있는 사안에 대해 간섭하는 원사업자의 행위로서 그 행위가 원사업자 자신이나 특정한 자(회사 또는 자연인)의 사적 이득을 위한 것인지, 국민경제 발전도모라는 공익을 위한 것인지, 수급사업자에게 불이익한 결과를 초래하는지, 비용절감·품질향상 등 효율성 증진효과 또는 수급사업자의 경영여건이나 수급사업자 소속 근로자의 근로조건 개선효과를 나타낼 수 있는지 여부 등을 종합적으로 고려하여 판단한다.

나. 원사업자의 부당한 경영간섭행위를 예시하면 다음과 같다.

(1) 수급사업자가 임직원을 선임·해임함에 있어 자기의 지시 또는 승인을 얻게 하거나 수급사업자의 의사에 반하여 특정인을 채용하게 하는 등의 방법으로 인사에 간섭하는 행위

(2) 수급사업자의 생산품목·시설규모 등을 제한하는 행위

(3) 1차 수급사업자의 재하도급거래에 개입하여 자신의 위탁한 목적물의 품질유지 및 납기 내 납품여부 등 하도급거래의 목적달성과 관계없이 원사업자 자신이나 특정한 자(회사 또는 자연인)의 사적 이득을 위해 2차수급사업자의 선정·계약조건설정 등 재하도급 거래내용을 제한하는 행위

(4) 수급사업자가 정상적으로 공사를 시공 중에 있음에도 불구하고 수급사업자의 의사에 반하여 현장근로자를 동원하여 공사를 시공케 하는 행위

(5) 수급사업자로 하여금 자신 또는 자신의 계열회사의 경쟁사업자와 거

래하지 못하도록 하는 행위

(6) 원사업자가 자신이 위탁한 목적물의 품질유지 및 납기 내 납품여부 등 하도급거래의 목적달성과 관계없이 원사업자 자신이나 특정한 자(회사 또는 자연인)의 사적 이득을 위해 수급사업자의 사업장에 출입하여 생산과정, 투입인력, 재료배합 등을 실사하는 행위. 다만, 건설위탁의 경우 원사업자가 공사현장에 출입하는 행위는 이에 해당하지 아니한다.(개정 2010.10.29)

다. 다음과 같은 행위는 부당한 경영간섭행위에 해당되지 아니한다. (개정 2010.10.29)

(1) 원사업자가 하도급법 제 3조의3에 근거한 협약(이하 '협약' 이라 함) 체결의 대상이 되는 수급사업자에게 행하는 다음과 같은 행위

① 2차 또는 그 이하 수급사업자와 협약을 체결하도록 권유하는 행위

② 원사업자가 수급사업자에게 지원한 범위 안에서 2차 또는 그 이하 수급사업자에게 지원하도록 요청 내지 권유하는 행위

③ 2차 또는 그 이하 수급사업자에 대한 지원실적의 증빙자료를 제출하도록 요청하는 행위

(2) 원사업자가 협약을 체결하지 않은 경우일지라도 수급사업자에게 다음과 같은 행위를 통해 지원하면서 수급사업자로 하여금 2차 또는 그 이하 수급사업자에게도 동일한 행위를 하도록 요청 또는 권유하는 행위

① 표준하도급계약서를 사용하여 계약을 체결하는 행위

② 하도급대금 지급관리시스템을 통해 하도급대금을 지급하는 행위

③ 하도급대금을 일정한 기한 내에 일정한 현금결제비율로 지급하는

행위

④ 인건비·복리후생비 지원 등 근로조건을 개선하는 행위

⑤ 직업교육·채용박람회 실시 및 채용연계 등 일자리창출을 지원하는 행위

⑥ ①~⑤ 이외의 행위로서 효율성 증진·경영여건 개선·소속 근로자 근로조건 개선 등의 효과를 발생시키는 행위

17-1. 보복조치의 금지(법 제19조)

가. 원사업자의 '그밖의 불이익을 주는 행위'를 예시하면 다음과 같다.

(1) 원사업자가 기존의 생산계획 등에 따라 생산을 하여야 하는 상황이거나 발주자로부터 향후 확보할 수 있는 예상물량이 충분함에도 불구하고 법 제19조 각호의 신고, 조정신청, 조사협조를 한 수급사업자에 대해 정당한 사유 없이 기존 하도급거래상의 물량과 비교하여 발주물량을 축소하여 불이익을 주는 행위

(2) 법 제19조 각호의 신고, 조정신청, 조사협조를 한 수급사업자에 대해 원사업자가 정당한 사유 없이 그간 지급·제공하던 원재료, 자재 등의 공급을 중단하거나 회수하는 등의 방법으로 수급사업자의 사업 활동을 곤란하게 하는 행위

(3) 원사업자가 동종업계 다른 원사업자들로 하여금 법 제19조 각호의 신고, 조정신청, 조사협조를 한 수급사업자를 대상으로 거래정지, 수주기회 제한, 위 (1), (2)의 행위를 하도록 하는 행위

(4) 기타 합리성·객관성이 결여되거나 일반적인 거래관행상 통용되지 않는 수단·방법을 활용해 법 제19조 각호의 신고, 조정신청, 조사협조를

한수급사업자에 대해 불이익을 주는 행위

나. 수급사업자의 법 제19조 각호의 신고, 조정신청, 조사협조와 원사업자의
　해당 수급사업자에 대한 수주기회 제한, 거래정지, 그밖의 불이익을 주는
　행위 간에 인과관계가 있는지 여부는 해당 수급사업자가 신고, 조정신청
　등을 한 시점과 원사업자의 수주기회 제한 등의 행위가 발생한 시점간의
　격차, 해당 수급사업자를 제외한 동종업계 다른 수급사업자들과 그 원사
　업자 간의 거래내용 및 상황, 해당 수급사업자와 그 원사업자 간의 거래
　이력, 발주자의 발주물량 축소 등의 거래여건의 변화 등, 행위 당시의 구
　체적인 사정을 고려하여 개별적으로 판단한다.

18. 탈법행위의 금지(법 제20조)
원사업자의 탈법행위를 예시하면 다음과 같다.

가. 공정거래위원회의 시정조치에 따라 하도급대금 등을 수급사업자에게
　지급한 후 이를 회수하거나 납품대금에서 공제하는 등의 방법으로 환수
　하는 행위
나. 어음할인료·지연이자 등을 수급사업자에게 지급한 후 이에 상응하는 금
　액만큼 일률적으로 단가를 인하하는 행위
다. 수급사업자에게 선급금 포기각서 제출을 강요한 후 선급금을 지급하지
　않는 행위 (신설 2010.7.23)

19. 하도급분쟁조정협의회 조정요청 범위(법 제24조, 제24조의2,
　제24조의3, 제24조의4, 제24조의5, 제24조의6)
하도급분쟁조정협의회에 조정을 의뢰할 수 있는 분쟁사건의 범위는 다음과

같다.

(1) 제조·수리위탁의 경우

제조·수리위탁에 대한 분쟁으로서 원사업자의 하도급계약 체결시점의 직전사업연도 매출액이 1조 5천억 원 미만인 경우의 분쟁

(2) 건설위탁의 경우

(가)「건설산업기본법」에 의한 공사에 대한 분쟁인 경우

　　① 원사업자가 일반건설업자로서

　　　· 하도급계약체결 시점의 직전 사업연도 매출액이 1조 5,000억 원 미만인 사업자의 경우

　　　· 토목·건축등록증만을 소지한 사업자의 경우

　　② 원사업자가 전문건설업자인 경우

(나)「전기공사업법」,「정보통신공사업법」,「소방시설공사업법」에 의한 공사에 대한 분쟁

(다) 법 제2조(정의) 제9항 제5호에 의한 건설업자가 다른 건설업자에게 위탁한 경우의 분쟁

(라) 건설업자가 법 시행령 제2조(중소기업의 범위 등) 제6항의 경미한 공사를 다른 사업자에게 위탁한 경우의 분쟁

(3) 용역위탁의 경우

(가) 용역위탁에 대한 분쟁으로서 원사업자의 하도급계약체결 시점의 직전 사업연도 매출액이 1천 500억 원 미만인 경우의 분쟁

(나) '가' 에 해당되더라도 다음의 경우에는 공정거래위원회가 직접 처리하

여야 한다.

(1) ~ (2), (4) (삭제)

(3) 피조사인이 과거(신고접수일 기준) 1년간 법위반 실적이 있고 과거 3
년간 부여받은 벌점의 누계가 4점 이상인 경우 또는 과거 1년간 법
위반 행위를 한 것으로 인정되어 분쟁조정협의회로부터 조정안을
제시받은 횟수가 3회 이상인 경우

(다) 아래 (1) 내지 (8)의 경우에 해당하는 원사업자 또는 발주자의 법위반행위
에 대한 분쟁사건은 위 "가"에 해당하지 않더라도 하도급분쟁조정협의
회에 조정을 의뢰할 수 있다.

(1) 법 제6조 위반행위

(2) 법 제13조 제①항, 제③항 내지 제⑧항 위반행위

(3) 법 제14조 제①항 위반행위

(4) 법 제15조 위반행위

(5) 법 제16조 제①항, 제③항 및 제④항 위반행위

(6) 법 제5조 위반행위

(7) 법 제12조의2 위반행위

(8) 법 제17조 위반행위

(라) 신청인이 협의회에 분쟁조정을 신청한 사건에 대하여 협의회로부터 조
정불성립을 통보받고 공정거래위원회에 분쟁조정신청과 동일한 내용
으로 신고한 경우, 신고인이 분쟁조정기관에 제출한 조정신청서를 공정
위에 대한 불공정하도급거래행위 신고서로 갈음할 수 있다.

20. 제3자의 신고사건 처리기준(법 제22조) (폐지 2014.1.1)

21. 하도급법 위반사업자에 대한 조치

가. 하도급법 위반사업자에 대한 누적벌점 관리

하도급법 위반사업자에 대한 누산벌점관리는 하도급법 시행령 제17조 제1항 및 별표 3의 규정에 의한다.(신설 2008.12.5)

나. 마.(1)~(5)(삭제)

다. 상습법위반사업자 개별통지 및 관계기관 통보

(1) 공정거래위원회는 일정한 시점을 기준으로 상습법위반사업자 요건을 충족하는 사업자에 대해 당해 사업자가 상습법위반업체에 해당된다는 사실과 향후 추가로 법을 위반할 경우 과징금 부과·가중 및 형사 고발될 수 있다는 사실을 통보할 수 있다.(신설 2008.12.5)

(2) 공정거래위원회는 하도급법집행의 실효성을 제고하기 위하여 필요하다고 판단되는 경우 상습법위반사업자 명단을 관련부처(기관)에 통보하여 공정한 하도급거래의 질서확립을 위한 협조를 요청할 수 있다.(신설 2008.12.5)

라. 공정거래위원회로부터 시정명령을 받은 사실 공표

법위반사업자에게 공정거래위원회로부터 시정명령을 받은 사실의 공표를 명함에 있어서는 '공정거래위원회로부터 시정명령을 받은 사실의 공표에 관한 운영지침'을 따르되, 위반행위의 내용·정도, 위반동기 등을 종합적으로 감안하여 공표여부를 결정한다.

바. 기타 시정조치에 관하여 필요한 기준은 공정거래위원회가 제정한 '공정거래위원회 회의운영 및 사건절차 등에 관한 규칙'에 의한다.

사. 공정거래위원회는 조사개시일(신고사건의 경우 신고접수일, 직권조사 사건의 경우 직권조사계획 발표일 또는 조사공문 발송일 중 뒤의 날) 이전에 해당사

업자가 자체적으로 점검하여 확인한 법위반 행위에 대해 대금지급, 특약의 삭제·수정 등 스스로 시정(수급사업자에게 피해가 발생한 경우 그 피해구제 조치 완료도 포함)한 사안에 대해서는 법 제25조, 법 제25조의3, 법 제26조 제②항, 법 제32조에 따른 조치를 배제할 수 있다.

22. 과태료의 부과방법(법 제30조의2 제1항)

과태료는 총 하도급 거래금액 중 법위반금액 비율, 기업규모, 고의성 여부 및 과거 법위반실적 등을 감안하여 부과한다.

23. 직권실태조사 면제(개정 2014.11.19)

공정거래위원회는 하도급거래 모범업체로 선정된 사업자에 대해 1년간(익년도) 하도급거래 직권실태조사를 면제할 수 있다.

Ⅳ. 유효 기간

이 지침은 「훈령·예규 등의 발령 및 관리에 관한 규정」에 따라 이 지침을 발령한 후의 법령이나 현실여건의 변화 등을 검토하여야 하는 2020년 11월 18일까지 효력을 가진다.

부 칙 〈제304호, 2018.7.17.〉

이 지침은 2018년 7월 17일부터 시행한다.

건설업종 표준하도급계약서

2016. 12. 30. 개정

공정거래위원회

이 표준하도급계약서는 『하도급거래 공정화에 관한 법률』제3조의2의 규정에 의거 공정거래위원회가 사용 및 보급을 권장하고 있는 표준하도급계약서입니다.

이 표준하도급계약서에서는 건설업종 하도급계약에 있어 표준이 될 계약의 기본적 공통사항만을 제시하였는 바, 실제 하도급계약을 체결하려는 계약당사자는 이 표준하도급계약서의 기본 틀과 내용을 유지하는 범위에서 이 표준하도급계약서보다 더 상세한 사항을 계약서에 규정할 수 있습니다.

또한 이 표준하도급계약서의 내용은 현행 「하도급법」 및 그 시행령을 비롯하여 건설업종 관련 법령을 기준으로 한 것이므로 계약당사자는 계약체결시점에 관련법령이 개정된 경우에는 개정규정에 부합되도록 이 표준계약서의 내용을 수정 또는 변경하여야 하며, 특히 개정된 법령에 강행규정이 추가되는 경우에는 반드시 그 개정규정에 따라 계약내용을 수정하여야 합니다.

건설업종 표준하도급계약서(표지)

1.**발 주 자** :

ㅇ 도급공사명 :

2.**하도급공사명** :

ㅇ 하도급공사 등록업종:

3.**공 사 장 소** :

4.**공 사 기 간** : 착공　년　월　일

　　　　　　　　준공　년　월　일

5. **계 약 금 액** : 일금 원정 (₩　　)

　　ㅇ 공급가액 : 일금 원정 (₩　　)

　　ㅇ 노무비 : 일금 원정 (₩　　)

　　* 건설산업기본법 시행령 제84조 규정에 의한 노무비

　　ㅇ 부가가치세 : 일금 원정 (₩　　)

　　※ 변경 전 계약금액 : 일금 원정 (₩　　)

6. 대금의 지급

가. 선급금

  ○ 계약체결 후 (   )일 이내에 일금 원정 (₩   )

  ※ 발주자로부터 선급금을 지급받은 날 또는 계약일로부터 15일 이내 그 내용과 비율에 따름

나. 기성금

  (1) (   )월 (   )회

  (2) 목적물 인수일로부터 (   )일 이내

  (3) 지급방법 : 현금 %, 어음 %, 어음대체결제수단 %

  ※ 발주자로부터 지급받은 현금비율 이상 지급. 지급받은 어음 등 의 지급기간을 초과하지 않는 어음 등을 교부

다. 설계변경, 경제상황변동 등에 따른 하도급대금 조정 및 지급

  (1) 발주자로부터 조정 받은 날부터 30일 이내 그 내용과 비율에 따라 조정

  (2) 발주자로부터 지급받은 날부터 15일 이내 지급

7. 지급자재의 품목 및 수량 : 별도첨부

8. 계약이행보증금

  ○ 계약금액의 (   )%, 일금 원정 (₩   )

9. 하도급대금 지급보증금

○ 계약금액의 (　　) %, 일금 원정 (₩　　)

10. 하자담보책임

가. 하자보수보증금율 : 계약금액의 (　　) %

나. 하자보수보증금 : 일금 원정 (₩　　)

다. 하자담보책임기간 :　　　　년

11. **지체상금율** : 계약금액의 (　　) %

양 당사자는 위 내용과 별첨 건설공사 표준하도급계약서(본문), 설계도(　)장, 시방서(　)책에 따라 이 건설공사 하도급 계약을 체결하고 계약서 2통을 작성하여 기명날인 후 각각 1통씩 보관한다.

년　월　일

원사업자

상호 또는 명칭 :

전화번호 :

주소 :

대표자 성명 : (인)

사업자(법인)번호 :

수급사업자

상호 또는 명칭 :

전화번호 :

주소 :

대표자 성명 : (인)

사업자(법인)번호 :

건설업종 표준하도급계약서(본문)

제1장 총칙

제1조(목적) 이 계약은 원사업자가 수급사업자에게 위탁하는 _____(이하 "하도급공사"라 한다)의 시공 등에 관한 원사업자와 수급사업자간의 권리와 의무를 정하는 것을 목적으로 한다.

제2조(정의) 이 계약에서 사용하는 용어의 정의는 다음과 같다.

1. "하도급"이라 함은 원사업자가 도급받은 건설공사의 일부를 수급사업자에게 위탁하는 것을 말한다.

2. "발주자"라 함은 건설공사를 원사업자에게 도급하는 자를 말한다.

3. "설계서"라 함은 공사시방서, 설계도면(물량내역서를 작성한 경우 이를 포함한다) 및 현장설명서를 말한다.

4. "산출내역서"라 함은 물량내역서에 수급사업자가 단가를 기재하여 원사업자에게 제출한 내역서를 말한다.

5. "선급금"이라 함은 하도급공사를 완료하기 전에 원사업자가 수급사업자에게 지급하는 하도급대금(이하 "대금"이라 한다)의 일부 또는 원사업자가 발주자로부터 공사의 완료 전에 지급받은 도급대금의 일부를 말한다.

6. "지연이자"라 함은 대금 또는 손해배상금 등을 지급하여야 할 자가 지급시기에 지급하지 않을 경우 상대방에게 지급해야 할 손해배상금을 말한다.

7. "지체상금"이라 함은 수급사업자가 계약의 이행을 지체한 경우 원사업자에게 지급해야 할 손해배상금을 말한다.

제3조(계약의 기본원칙) 원사업자와 수급사업자는 이 계약에 따라 건설공사를 완료하고, 그 대금 등을 지급함에 있어 상호 대등한 입장에서 신의성실의 원칙에 따라 자신의 권리를 행사하며, 의무를 이행한다.

제2장 건설공사의 시공

제1절 건설공사의 시공·관리 등

제4조(시공협의 및 지시) ① 수급사업자는 계약체결 후 지체 없이 다음 각호에 해당하는 서류를 원사업자에게 제출하고 승인을 받는다. 다만 계약체결 전 내역입찰을 통해서 제출한 서류는 제외한다.

    1. 공사공정예정표

    2. 「건설기술진흥법령」등 관련법령에 의한 현장기술자지정신고서

    3. 관련법령에 따라 수급사업자가 부담하는 안전·환경 및 품질관리에 관한 계획서

    4. 공정별 인력 및 장비투입계획서

    5. 착공전 현장사진

    6. 산출내역서

    7. 기타 이 공사와 관련하여 필요하다고 원사업자와 수급사업자가 협의하여 정한 서류

② 원사업자는 공사공정예정표 등이 하도급공사의 목적과 일치하지 않을 경우에 그 기간을 정하여 수정을 요구할 수 있다. 이 경우 수급사업자는 원사업자와 협의하여 공사공정예정표 등을 수정하고, 그 사실을 통지한다.

③ 원사업자는 하도급공사가 준공되기 전까지 그 시공에 필요한 지시를 할

수 있으며, 수급사업자는 그 지시를 따른다. 다만, 수급사업자가 그 지시를 따르기에 부적합한 사유가 있다고 판단할 경우에는 협의하여 달리 정할 수 있다.

④ 원사업자가 공사공정예정표 등을 마련하여 수급사업자에게 제시한 경우에는 제1항(제2호는 제외) 및 제2항을 적용하지 아니한다. 다만, 원사업자가 제시한 공사공정예정표 등이 적합하지 않을 경우 수급사업자는 원사업자와 협의하여 공사공정예정표 등을 수정할 수 있다.

제5조(공사의 시공 및 변경) ① 수급사업자는 「하도급거래 공정화에 관한 법률」, 「건설산업기본법」 등 관련 법령의 규정, 이 계약서의 내용과 설계서(총액단가계약의 경우는 산출내역서를 포함하며, 양식은 기획재정부 계약예규의 양식을 준용한다. 이하 같다) 및 공사공정예정표에서 정한 바에 따라 공사를 시공한다.

② 공사 착공일과 준공일은 이 계약에 따른다. 다만, 수급사업자의 책임 없는 사유로 착공일에 착공할 수 없는 때에는 수급사업자의 현장 인수일을 착공일로 한다.

③ 시공품질의 유지·개선 등의 정당한 사유가 있는 경우를 제외하고, 원사업자는 특정한 자재·장비 또는 역무의 공급 등을 매입 또는 사용(이용을 포함한다. 이하 같다)하게 하지 아니한다.

④ 제3항에서 정한 정당한 사유에 따라 원사업자가 지정한 자재나 장비 또는 역무의 공급 등이 품절 등의 사유로 조달할 수 없는 경우에 수급사업자는 원사업자와 협의하여 이를 변경할 수 있다.

제6조(원사업자의 협조) ① 원사업자는 이 계약을 체결한 날로부터 30일 이내에 하도급계약통보서(「건설산업기본법」 시행규칙 별지 제23호 서식)에 다음 각

호의 서류를 첨부하여 발주자에게 제출한다. 다만, 원사업자가 기한 내에 통지를 하지 아니한 경우에는 수급사업자가 발주자에게 이를 통지할 수 있다.

   1. 하도급계약서(변경계약서를 포함한다) 사본

   2. 공사량(규모)·공사단가 및 공사금액 등이 명시된 공사내역서

   3. 예정공정표

   4. 하도급대금지급보증서 사본(다만 하도급대금지급보증서 교부의무가 면제되는 경우에는 그 증빙서류)

② 원사업자는 수급사업자가 이 계약 및 관련법령에 부합되게 시공할 수 있도록 공사목적물과 관련된 현황을 알려 주는 등 수급사업자에게 이 공사 이행에 필요한 협조와 지원을 한다.

③ 원사업자는 하도급공사에 필요한 공정의 세부작업 방법 등을 정함에 있어 미리 수급사업자의 의견을 청취한다.

제7조(자재검사) ① 공사에 사용할 자재는 신품이어야 하며 품질, 품명 등은 반드시 설계서와 일치하여야 한다. 다만, 설계서에 품질·품명 등이 명확히 규정되지 아니한 것은 표준품 또는 표준품에 상당하는 자재로서 계약의 목적을 달성하는 데 가장 적합한 것이어야 한다.

② 공사에 사용할 자재는 사용 전에 감독원의 검사를 받아야 하며 불합격된 자재는 즉시 대체하여 다시 검사를 받아야 한다. 이 경우에 수급사업자는 이를 이유로 계약기간의 연장을 청구할 수 없다.

③ 검사결과 불합격품으로 결정된 자재는 공사에 사용할 수 없다. 다만, 감독원의 검사에 이의가 있을 때에는 수급사업자는 원사업자에 대하여 재검사를 요청할 수 있으며, 재검사가 필요할 때에는 원사업자는 지체 없이 재검사하도록 조치한다.

④ 원사업자는 수급사업자로부터 공사에 사용할 자재의 검사 또는 제3항에 따른 재검사의 요청을 받은 때에는 정당한 사유 없이 검사를 지체하지 아니한다.

⑤ 수급사업자가 불합격된 자재를 즉시 제거하지 않거나 대품으로 대체하지 않을 경우에는 원사업자는 이를 대신할 수 있으며, 그 비용은 수급사업자가 부담한다.

⑥ 수급사업자는 자재의 검사를 받을 때에는 감독원의 지시에 따라야 하며, 검사에 소요되는 비용은 별도로 정한 바가 없으면 자재를 조달하는 자가 부담한다. 다만, 검사에 소요되는 비용을 발주자로부터 지급받았을 경우에는 원사업자가 이를 부담한다.

⑦ 공사에 사용하는 자재 중 조합(調合) 또는 시험이 필요한 것은 감독원의 참여 하에 그 조합 또는 시험을 한다.

⑧ 수급사업자는 공사현장 내에 반입한 공사자재를 감독원의 승낙없이 공사현장 밖으로 반출하지 못한다.

⑨ 수중 또는 지하에 설치하는 공작물과 기타 준공 후 외부로부터 검사할 수 없는 공작물의 검사는 감독원의 참여 없이 시공할 수 없다.

제8조(지급자재 등) ① 이 계약에 따라 원사업자가 지급하는 자재의 인도 시기는 공사공정예정표에 따르고, 그 인도 장소는 시방서에 따로 정한 바가 없으면 공사현장으로 한다.

② 제1항에 따라 인도된 자재의 소유권은 원사업자에게 속하며, 감독원의 서면 승낙없이 수급사업자의 공사현장에 반입된 자재를 이동할 수 없다.

③ 수급사업자는 원사업자 또는 감독원이 지급자재가 비치된 장소에 출입하여 이를 검사하고자 할 때에는 이에 협조한다.

④ 원사업자는 목적물의 품질유지·개선이나 기타 정당한 사유가 있는 경우 또는 수급사업자의 요청이 있는 때에 공사와 관련된 기계·기구(이하 "대여품"이라 한다) 등을 대여할 수 있다. 이 경우 원사업자는 대여품을 지정된 일시와 장소에서 인도하며 인도 후의 반송비는 수급사업자가 부담한다.

⑤ 제1항의 지급자재 또는 제4항의 대여품이 인도된 후 수급사업자는 그 멸실 또는 훼손에 대하여 책임을 진다. 다만 선량한 관리자의 주의의무를 다한 경우에는 그러하지 아니하다.

⑥ 원사업자가 인도한 자재와 대여품 등은 이 계약의 목적을 수행하는 데에만 사용한다.

⑦ 원사업자가 자재 또는 대여품 등의 인도를 지연하여 이 공사가 지연될 우려가 있을 때에 수급사업자는 원사업자의 서면승낙을 얻어 자기가 보유한 자재를 대체 사용할 수 있다. 다만, 대체사용에 따른 경비는 원사업자가 부담한다.

⑧ 원사업자는 제7항에 따라 대체 사용한 자재를 그 사용 당시의 가격으로 산정한 대가를 공사기성금에 포함하여 수급사업자에게 지급한다. 다만 현품 반환을 조건으로 자재의 대체사용을 승인한 경우에는 그러하지 아니하다.

⑨ 감독원은 지급자재 및 대여품을 수급사업자의 입회하에 검사하여 인도한다.

⑩ 수급사업자는 공사내용의 변경으로 인하여 필요 없게 된 지급자재 또는 대여품을 지체 없이 원사업자에게 반환한다.

⑪ 수급사업자는 이 계약의 이행과 관련하여 건설기계를 임차하는 경우 공정거래위원회가 제정하여 보급하는 건설기계임대차 표준계약서를 사용한다.

제9조(품질관리 등) ① 수급사업자는 시공내용이 「건설산업기본법」 등의 관련 법령과 이 계약에서 정한 기준과 규격에 맞는지를 자체적으로 검사한다.

② 수급사업자는 공사의 품질유지를 위해 생산공정에 관한 원사업자의 정당한 요구를 따르며, 품질 및 공정관리를 위해 원사업자의 직원을 상주시킬 경우에 적극 협조한다. 다만, 원사업자의 직원을 상주시킬 경우 이에 따른 비용은 원사업자가 부담한다.

③ 수급사업자는 공사목적물의 품질에 영향을 미치는 주요 공정 및 공법, 주요자재 등의 변경에 대해 사전에 원사업자의 승인을 얻는다. 다만, 부득이한 경우에 한하여 사후 승인을 얻을 수 있다.

④ 원사업자는 제3항에 따라 수급사업자의 변경요청이 있은 날로부터 10일이내에 승인여부를 결정하여 수급사업자에게 서면으로 통지하여야 하며, 이 기간 내에 통지하지 아니한 경우에는 변경요청을 승인한 것으로 본다. 다만, 변경사항에 대한 타당성 검토 등에 그 이상의 기간이 요구되는 경우 등 정당한 사유가 있는 경우 수급사업자에게 서면으로 통지한 후 그 기간을 연장할 수 있다.

제10조(관련공사와의 조정) ① 원사업자는 도급공사를 원활히 수행하기 위하여 도급공사와 관련이 있는 공사(이하 "관련공사" 라 한다)와의 조정이 필요한 경우에 수급사업자와 상호협의하여 이 공사의 공사기간, 공사내용, 계약금액 등을 변경할 수 있다.

② 수급사업자는 관련공사의 시공자와 긴밀히 연락, 협조하여 이 공사와 도급공사의 원활한 완공에 협력한다.

제11조(추가 · 변경공사에 대한 서면 확인 등) ① 원사업자는 수급사업자와 협

의하여 이 계약 외에 설계변경 또는 그 밖의 사유로 하도급계약의 산출내역에 포함되어 있지 아니한 공사(이하"추가·변경공사"라 한다)에 관한 사항을 결정한다. 이 경우에 원사업자는 수급사업자가 추가·변경공사를 착공하기 전까지 추가·변경공사와 관련된 서면을 발급한다.

② 추가·변경공사와 관련된 서면에는 공사의 위탁연월일, 공사내용, 대금 및 위탁조건 등을 기재한다. 다만, 착공 전까지 확정이 곤란한 사항에 대해서는 확정이 곤란한 사유 및 확정에 대한 예정기일을 기재하여 수급사업자에게 제공하고 해당사항이 확정되는 때 지체없이 새로운 사항을 포함한 서면을 발급한다.

③ 원사업자의 지시에 따라 수급사업자가 시공한 추가·변경공사에 대해 원사업자는 발주자로부터 증액을 받지 못했다 하더라도 수급사업자에게 증액하여 지급한다.

제12조(추가·변경공사 추정) ① 원사업자가 추가·변경공사를 위탁하면서 서면을 발급하지 아니한 경우 수급사업자는 원사업자에게 위탁사실에 대한 확인을 요청할 수 있다. 이 경우 수급사업자는 서면에 다음 각호의 사항을 적고 서명(「전자서명법」 제2조 제3호에 따른 공인전자서명을 포함한다. 이하 이 계약에서 같다) 또는 기명날인한 후에 해당 서면을 원사업자에게 송부하는 방법으로 확인을 요청한다.

1. 수급사업자가 원사업자로부터 위탁받은 추가·변경공사의 내용
2. 하도급대금
3. 위탁일
4. 원사업자와 수급사업자의 사업자명과 주소(법인 등기사항증명서상 주소와 사업장 주소를 포함한다)

5. 그밖에 원사업자가 위탁한 내용

② 원사업자는 수급사업자로부터 제1항에서 정한 방법으로 위탁사실에 대한 확인요청을 받은 날부터 15일 안에 그 내용에 대한 인정 또는 부인(否認)의 의사를 수급사업자에게 서명 또는 기명날인한 서면으로 회신하며, 이 기간 내에 회신을 발송하지 아니한 경우 수급사업자가 통지한 내용대로 위탁이 있는 것으로 추정한다. 다만, 자연재해 등 불가항력으로 인한 경우에는 그러하지 아니하다.

③ 위탁사실에 대한 확인요청과 이에 대한 회신은 다음 각호의 어느 하나에 해당하는 방법을 이용하여 상대방의 주소(전자우편주소 또는 공인전자주소를 포함한다)로 한다.

1. 내용증명우편

2. 「전자문서 및 전자거래 기본법」 제2조 제1호에 따른 전자문서로서 다음 각목의 어느 하나에 해당하는 요건을 갖춘 것

가. 「전자서명법」 제2조 제3호에 따른 공인전자서명이 있을 것

나. 「전자문서 및 전자거래 기본법」 제2조 제8호에 따른 공인전자주소를 이용할 것

3. 그밖에 통지와 회신의 내용 및 수신 여부를 객관적으로 확인할 수 있는 방법

④ 원사업자의 현장대리인·감독원 또는 현장소장이 서면을 발급하지 아니하고 추가·변경공사 등을 위탁한 경우에는 해당 현장대리인·감독원 또는 현장소장에게도 위탁사실에 대한 확인을 요청할 수 있다. 이 경우 현장대리인·감독원 또는 현장소장이 한 인정 또는 부인의 의사는 원사업자가 한 것으로 본다.

제13조(공사의 중지 또는 공사기간의 연장) ① 원사업자가 계약조건에 의한 선급금, 기성금 또는 추가공사 대금을 지급하지 않는 경우에 수급사업자가 상당한 기한을 정하여 그 지급을 독촉하였음에도 불구하고 원사업자가 이를 지급하지 아니하면 수급사업자는 공사중지 기간을 정하여 원사업자에게 통보하고 공사의 전부 또는 일부를 일시 중지할 수 있다. 이 경우 중지된 공사기간은 표지에서 정한 공사기간에 포함되지 않으며, 지체상금 산정시 지체일수에서 제외한다.

② 원사업자에게 책임 있는 사유 또는 태풍·홍수·악천후·전쟁·사변·지진·전염병·폭동 등 불가항력(이하 "불가항력"이라고 한다)의 사태, 원자재 수급불균형 등으로 현저히 계약이행이 어려운 경우 등 수급사업자에게 책임 없는 사유로 공사수행이 지연되는 경우에 수급사업자는 서면으로 공사기간의 연장을 원사업자에게 요구할 수 있다.

③ 원사업자는 제2항에 따른 계약기간 연장의 요구가 있는 경우 즉시 그 사실을 조사·확인하고 공사가 적절히 이행될 수 있도록 계약기간의 연장 등 필요한 조치를 한다.

④ 원사업자는 제3항에 따라 계약기간의 연장을 승인하였을 경우 동 연장기간에 대하여는 지체상금을 부과하지 아니한다.

⑤ 제3항에 따라 공사기간을 연장하는 경우에 원사업자와 수급사업자는 협의하여 하도급대금을 조정한다. 다만, 원사업자가 이를 이유로 발주자로부터 대금을 증액받은 경우에는 그 증액된 금액에 전체 도급대금 중 하도급대금이 차지하는 비율을 곱한 금액 이상으로 조정한다.

제14조(감독원) ① 원사업자는 자기를 대리하는 감독원을 임명하였을 때에는 이를 서면으로 수급사업자에게 통지한다.

② 감독원은 다음 각호의 직무를 수행한다.

  1. 시공일반에 대하여 감독하고 입회하는 일

  2. 계약이행에 있어서 수급사업자 또는 수급사업자의 현장대리인에 대한 지시, 승낙 또는 협의하는 일

  3. 공사자재와 시공에 대한 검사 또는 시험에 입회하는 일

  4. 공사의 기성부분검사, 준공검사 또는 목적물의 인도에 입회하는 일

  5. 수급사업자로 하여금 「건설산업기본법」 등에서 금지하는 재하도급 등에 관한 규정을 준수하도록 관리하는 일

  6. 이 계약 및 「산업안전보건법」 등에서 규정하는 안전조치를 취하는 일

③ 수급사업자가 원사업자 또는 감독원에 대하여 검사입회 등을 요구한 때에는 원사업자 또는 감독원은 지체 없이 이에 응한다.

④ 원사업자 또는 감독원이 수급사업자나 수급사업자의 현장대리인에게 제2항에 따른 직무를 수행하기 위해 수급사업자의 현장을 점검하거나 자료제출을 요청하는 경우에는 수급사업자 또는 수급사업자의 현장대리인은 특별한 사정이 없는 한 이에 협조한다.

⑤ 수급사업자는 감독원의 행위가 적절하지 않다고 인정될 때에는 원사업자에 대하여 그 사유를 명시한 서면으로써 그 시정을 요청할 수 있다.

제15조(현장대리인) ① 수급사업자는 이 계약의 책임·품질시공 및 안전·기술관리를 위하여 「건설산업기본법」 등 관련 법령에서 정한 바에 따라 건설기술자를 배치하고, 그 중 1인을 현장대리인으로 선임한 후 이를 착공 전에 원사업자에게 서면으로 통지한다.

② 「건설산업기본법」 등 관련 법령에 규정된 경우를 제외하고, 현장대리인은 공사현장에 상주하며 수급사업자를 대리하여 시공에 관한 일체의 사

항을 처리한다.

③ 현장대리인이 「건설산업기본법」 등 관련 법령에 따른 건설기술자의 현장배치 기준에 적합한 기술자가 아닌 경우에는 수급사업자는 공사관리 및 기타 기술상의 관리를 위하여 적격한 건설기술자를 별도로 배치하고 원사업자에게 통지한다.

제16조(근로자 등) ① 수급사업자가 공사를 시공함에 있어서 종업원 또는 근로자를 사용할 때에는 당해 그 공사의 시공 또는 관리에 관한 상당한 기술과 경험이 있는 자를 채용한다.

② 수급사업자는 그의 현장대리인, 안전관리자, 종업원 또는 근로자의 위법행위에 대하여 사용자로서의 책임을 지며, 원사업자가 수급사업자의 종업원 또는 근로자에 대하여 공사의 시공 또는 관리에 있어 매우 부적절하다고 인정하여 그 교체를 요구한 때에는 정당한 사유가 없는 한 지체 없이 이에 응한다.

③ 수급사업자는 제2항에 따라 교체된 현장대리인, 종업원 또는 근로자를 원사업자의 동의없이 당해 공사를 위하여 다시 채용할 수 없다.

제2절 건설공사의 안전 등

제17조(원사업자의 안전조치 의무) ① 원사업자는 수급사업자의 건설시공으로 인하여 안전사고가 발생하지 않도록 관리·감독한다.

② 원사업자는 원사업자의 근로자와 수급사업자의 근로자가 작업을 할 때에 생기는 산업재해를 예방하기 위한 다음 각호의 조치를 한다.

1. 안전에 관한 협의체의 구성 및 운영

2. 작업장의 순회점검 등 안전관리

3. 수급사업자가 근로자에게 하는 안전교육에 대한 지도와 지원

4. 작업환경측정

5. 다음 각목의 어느 하나의 경우에 대비한 경보의 운영과 수급사업자 및 수급사업자의 근로자에 대한 경보운영 사항의 통보

　가. 작업장소에서 발파작업을 하는 경우

　나. 작업장소에서 화재가 발생하거나 토석 붕괴 사고가 발생하는 경우

③ 원사업자는 수급사업자의 근로자가 토사 등의 붕괴, 화재, 폭발, 추락 또는 낙하 위험이 있는 장소 등 「산업안전보건법」 등 관련법령에서 산업재해 발생위험이 있는 곳으로 규정하는 장소에서 작업을 할 때에는 안전시설의 설치 등과 같이 「산업안전보건법」 등 관련법령에서 정하는 산업재해 예방을 위한 조치를 한다.

④ 원사업자는 「산업안전보건법」 등에서 정하는 바에 따라 원사업자의 근로자, 수급사업자 및 수급사업자가 사용하는 근로자와 함께 정기적으로 또는 수시로 작업장에 대한 안전점검을 한다.

⑤ 원사업자는 수급사업자가 인화성 물질 또는 인화성 물질을 함유한 제제(製劑)를 제조·사용·운반 또는 저장하는 설비를 개조하는 등 안전상 유해하거나 위험한 작업을 수행하는 경우 「산업안전보건법」 등에서 정하는 바에 따라 안전에 관한 정보를 수급사업자에게 제공하는 등 필요한 조치를 한다.

⑥ 원사업자는 안전한 작업 수행을 위하여 다음 각호의 사항을 준수한다.

1. 설계서 등에 따라 산정된 공사기간을 단축하지 아니할 것

2. 공사비를 줄이기 위하여 위험성이 있는 공법을 사용하거나 정당한 사유없이 공법을 변경하지 아니할 것

제18조(수급사업자의 안전조치 의무) ① 수급사업자는 작업을 할 때 다음 각호의 위험을 예방하기 위하여 필요한 조치를 한다.

　　1. 기계·기구, 그밖의 설비에 의한 위험

　　2. 폭발성, 발화성 및 인화성 물질 등에 의한 위험

　　3. 전기, 열, 그밖의 에너지에 의한 위험

② 수급사업자는 굴착, 채석, 하역, 벌목, 운송, 조작, 운반, 해체, 중량물 취급, 그밖의 작업을 할 때 불량한 작업방법 등으로 인하여 발생하는 위험을 방지하기 위하여 필요한 조치를 한다.

③ 수급사업자는 작업 중 근로자가 추락할 위험이 있는 장소, 토사·구축물 등이 붕괴할 우려가 있는 장소, 물체가 떨어지거나 날아올 위험이 있는 장소, 그밖에 작업 시 천재지변으로 인한 위험이 발생할 우려가 있는 장소에는 그 위험을 방지하기 위하여 필요한 조치를 한다.

④ 수급사업자는 제1항부터 제3항까지의 내용에 대해 「산업안전보건법」 등에서 정하는 사항을 준수한다.

⑤ 수급사업자는 원사업자의 안전조치에 관한 지시에 따라야 한다. 다만, 정당한 사유가 있는 경우에 원사업자와 협의하여 안전조치를 취한다.

제19조(응급조치) ① 수급사업자는 화재방지 등을 위하여 필요하다고 인정될 때에는 미리 응급조치를 취하고 즉시 이를 원사업자에게 통지한다.

② 원사업자 또는 감독원은 화재방지, 기타 공사의 시공상 긴급하고 부득이하다고 인정될 때에는 수급사업자에게 응급조치를 요구할 수 있다. 이 경우에 수급사업자는 즉시 이에 응한다. 다만, 수급사업자가 요구에 응하지 아니할 때에는 원사업자는 제3자로 하여금 필요한 조치를 하게 할 수 있다.

③ 제1항 및 제2항의 응급조치에 소요된 경비에 대하여는 원사업자와 수급사업자가 협의하여 정한다. 다만, 응급조치 원인에 대한 책임이 수급사업자에게 있는 경우 수급사업자의 부담으로 한다.

제20조(안전관리비) ① 원사업자는 「건설업의 산업안전보건관리비 계상 및 사용기준」(고용노동부 고시)에 따라 안전관리비를 책정한다.

② 원사업자는 제1항에 따라 책정된 안전관리비를 제3항에 따라 수급사업자가 안전관리비 사용계획 등을 제출한 때에 지체없이 지급하며, 그 사용에 대해 감독한다.

③ 수급사업자는 계약체결 후 지체없이 안전관리비 사용기준, 하도급공사 특성에 적합한 안전관리계획 및 안전관리비 사용계획을 작성하여 원사업자에게 제출하고, 이에 따라 안전관리비를 사용한다.

④ 수급사업자는 기성부분의 지급신청 및 공사완료시 제3항에 따라 사용한 안전관리비 사용내역을 원사업자에게 제출하여야 하며, 원사업자가 수급사업자에게 지급한 안전관리비가 실제로 사용된 안전관리비보다 많거나 적은 경우에는 이를 정산한다.

제21조(보험료의 지급 및 정산) ① 원사업자 또는 수급사업자는 다음 각호에서 정하는 바에 따라 이 공사와 관련된 수급사업자의 근로자에 대한 보험을 가입한다.

  1. 원사업자 : 「고용보험 및 산업재해보상보험의 보험료징수 등에 관한 법률」에 따른 보험(단, 공단의 승인을 받은 경우에는 수급사업자가 가입) 등 관련법령에 따라 가입하여야 하는 보험

  2. 수급사업자 : 「국민연금법」에 따른 국민연금, 「국민건강보험법」에 따

른 건강보험, 「노인장기요양보험법」에 따른 노인장기요양보험 등 관련법령에 따라 가입하여야 하는 보험

② 원사업자는 제1항에 따라 수급사업자가 가입하여야 하는 보험의 보험료에 해당하는 금액(하도급대금산출내역서에 기재된 금액)을 수급사업자에게 지급한다. 이 경우 원사업자는 수급사업자에게 지급한 금액이 실제로 보험자(공단, 보험회사 등)에게 납부된 금액보다 적거나 많은 경우에는 이를 정산한다.

③ 원사업자는 제1항에 의해 보험 등에 가입한 경우에는 당해 사업장의 근로자가 보험금 등을 지급받아야 할 사유가 발생한 때에는 관계법령에 의한 보험금 등의 혜택을 받을 수 있도록 한다.

④ 원사업자는 재해발생에 대비하여 수급사업자에게 다음 각호의 보험(「건설산업기본법」 제56조 제1항 제5호에 따른 손해공제를 포함한다. 이하 이 항 및 제5항에서 같다)을 택일 또는 중복하여 가입하도록 요구할 수 있고, 수급사업자는 보험가입 후 원사업자에게 보험증권을 제출한다. 이 경우 원사업자는 그 보험료 상당액을 수급사업자에게 지급한다.

1. 근로자재해보장책임보험

2. 영업배상 책임보험

3. 건설공사보험

⑤ 원사업자가 산업재해보험에 일괄 가입하였을 경우에 수급사업자가 책임이 있는 경우를 제외하고 원사업자가 재해발생으로 인한 모든 책임을 진다.

제3절 공사목적물의 준공 및 검사

제22조(공사목적물의 인도) ① 수급사업자는 표지에서 정한 준공기일까지 공사목적물을 인도한다.

② 수급사업자가 준공기일 전에 공사목적물을 인도하고자 하는 경우에는 사전에 원사업자와 협의하여 그 인도시기를 변경할 수 있다.

③ 수급사업자는 공사목적물을 준공기일까지 인도할 수 없다고 판단될 경우 사전에 그 원인 및 실제 인도예정일을 원사업자에게 통보하고, 원사업자의 서면 승인이 있는 경우에만 연장된 준공기일에 따라 공사목적물을 인도할 수 있다.

④ 수급사업자는 공사목적물을 인도할 때에 현장근로자·자재납품업자 또는 건설장비대여업자(이하 "현장근로자 등"이라 한다)에게 임금·자재대금 또는 건설장비대여대금(이하 "임금 등"이라 한다)을 지급한 사실을 증명하는 서류를 원사업자에게 교부한다. 다만, 수급사업자가 「건설산업기본법」 등에 따라 건설기계 대여대금 지급보증서 등을 건설기계 대여업자 등에게 교부하고, 이를 원사업자에게 통지한 경우에는 그러하지 아니하다.

제23조(공사목적물의 수령) ① 원사업자는 정당한 이유 없이 수급사업자가 인도하는 공사목적물에 대한 수령을 거부하거나 지연하지 아니한다.

② 제1항을 위반한 경우 그 효과는 다음 각호에서 정한 바에 따른다.

　1. 원사업자의 수령거부 또는 지연기간 중에 수급사업자의 고의 또는 중대한 과실로 인해 발생한 원사업자의 손해에 대하여는 수급사업자가 책임을 진다.

　2. 목적물의 멸실·훼손이 원사업자가 목적물 수령을 부당하게 거부·지

체하고 있는 기간 중에 발생한 경우 그 손실은 원사업자가 부담하고, 원사업자는 수급사업자에게 하도급대금 전부를 지급한다.

3. 수급사업자가 공사목적물을 다시 인도함에 있어서 소요되는 비용은 원사업자가 부담한다.

제24조(검사 및 이의신청) ① 원사업자는 수급사업자로부터 기성 또는 준공의 통지를 받은 경우 통지 부분이 이 계약에서 정한 바에 따라 시공되었는지의 여부를 지체 없이 검사한다.

② 목적물에 대한 검사의 기준 및 방법은 원사업자와 수급사업자가 협의하여 정하며, 객관적이고 공정·타당한 기준 및 방법으로 정한다.

③ 원사업자는 목적물을 납품받은 날로부터 10일 이내에 검사결과를 수급사업자에게 서면(전자문서 포함)으로 통지하고, 만일 원사업자가 이 기간 내에 검사결과를 통지하지 않은 경우는 검사에 합격한 것으로 본다. 다만 원사업자에게 통지 지연에 대한 정당한 사유가 있는 경우에는 그러하지 아니하다.

④ 원사업자는 검사 기간 중 공사목적물을 선량한 관리자의 주의로 관리한다.

⑤ 원사업자가 기성 또는 준공 부분에 대해 불합격을 판정할 경우 그 구체적인 사유를 서면으로 기재하여 수급사업자에게 통지한다.

⑥ 수급사업자는 원사업자로부터 목적물에 대한 불합격 통지서를 받은 날로부터 10일 이내에 서면으로 이의를 신청할 수 있다. 이 경우에 원사업자는 정당한 이유가 있는 경우를 제외하고, 수급사업자의 이의신청을 받은 날로부터 10일 이내에 그 결과를 서면으로 통지한다.

제25조(부당한 위탁취소 및 부당반품 금지) ① 원사업자는 공사를 위탁한 후 수

급사업자의 책임으로 돌릴 사유가 없는 경우에는 그 위탁을 임의로 취소하거나 변경하지 아니한다.

② 원사업자는 수급사업자로부터 목적물을 인수한 경우 수급사업자의 책임으로 돌릴 사유가 아니면 그 목적물을 반품하지 아니한다. 이 경우에 다음 각호의 어느 하나에 해당하는 원사업자의 행위는 부당반품으로 본다.

1. 발주자의 발주취소 또는 경제상황의 변동 등을 이유로 반품한 경우

2. 검사의 기준 및 방법을 불명확하게 정함으로써 부당하게 불합격으로 판정하여 이를 반품한 경우

3. 원사업자가 공급한 원재료의 품질불량 등으로 인하여 불합격으로 판정되었음에도 불구하고 반품하는 경우

4. 원사업자의 원재료 공급 지연으로 인하여 납기가 지연되었음에도 불구하고 이를 이유로 반품하는 경우

③ 제2항에 따른 부당반품의 경우에 제23조 제2항을 준용한다.

제26조(부적합한 공사) ① 원사업자는 수급사업자가 시공한 공사 중 설계도서에 적합하지 아니한 부분이 있으면 이에 대한 시정을 요청할 수 있으며, 수급사업자는 지체 없이 이에 응한다. 이 경우 수급사업자는 계약금액의 증액 또는 공기의 연장을 요청할 수 없다.

② 제1항의 경우에 그 부적합한 시공이 원사업자의 요청 또는 지시에 의하거나 기타 수급사업자의 책임으로 돌릴 수 없는 사유로 인한 때에는 수급사업자는 그 책임을 지지 아니한다.

제27조(부분사용) ① 원사업자는 준공 전이라도 수급사업자의 동의를 얻어 공사목적물의 전부 또는 일부를 사용할 수 있다.

② 제1항의 경우 원사업자는 그 사용부분에 대해 선량한 관리자의 주의의무를 다하여야 한다.

③ 원사업자는 제1항에 의한 사용으로 수급사업자에게 손해를 끼치거나 수급사업자의 비용을 증가하게 한 때는 그 손해를 배상하거나 증가된 비용을 부담한다.

제28조(기술자료제공 강요금지 등) ① 원사업자는 수급사업자의 기술 자료를 자기 또는 제3자에게 제공하도록 요구하지 아니한다. 다만, 공사목적물로 인해 생명, 신체 등의 피해가 발생하여 그 원인을 규명하기 위한 경우 등 정당한 사유가 있는 경우에는 그러하지 아니하다.

② 원사업자가 제1항 단서에 따라 수급사업자에게 기술 자료를 요구할 경우에는 그 목적 달성을 위해 필요최소한의 범위 내에서 기술 자료를 요구한다. 이 경우에 원사업자는 다음 각호의 사항을 수급사업자와 미리 협의하여 정한 후 이를 기재한 서면을 수급사업자에게 교부한다.

1. 기술 자료의 명칭 및 범위
2. 기술자료 요구목적
3. 요구일·제공일 및 제공방법
4. 비밀유지에 관한 사항
5. 기술 자료의 권리귀속관계
6. 대가 및 대가의 지급방법
7. 원사업자의 기술자료 제공요구가 정당함을 증명하는 사항

③ 원사업자는 수급사업자로부터 제공받은 기술자료를 그 요구목적 이외에 자기 또는 제3자를 위해 사용하지 아니한다.

④ 원사업자와 수급사업자는 목적물의 유지보수 및 안정적 사용을 보장하

고 지식재산권을 보호하기 위하여 수급사업자의 공사위탁 수행에 따른 기술 자료를 제3의 기관(예치기관)에 예치할 수 있다.

제29조(지식재산권 등) ① 수급사업자는 목적물의 시공과 관련하여 원사업자로부터 사용을 허락받은 특허권, 실용신안권, 디자인권, 의장권, 상표권, 저작권 기술, 노하우(이하 '지식재산권 등'이라 한다)를 목적물 시공 외에는 사용하지 못하며, 원사업자의 서면승낙 없이 제3자에게 지식재산권 등을 사용하게 할 수 없다.

② 원사업자와 수급사업자는 목적물 시공과 관련하여 원사업자 또는 수급사업자와 제3자 사이에 지식재산권 등과 관련한 분쟁이 발생하거나 발생할 우려가 있는 경우 지체 없이 상대방에게 문서로서 통지하여야 하며, 원사업자와 수급사업자가 상호협의하여 처리하되, 원사업자 또는 수급사업자 중 책임이 있는 자가 상대방의 손해를 배상한다.

③ 원사업자와 수급사업자가 공동 연구하여 개발한 지식재산권 등의 귀속은 상호 협의하여 정하되, 다른 약정이 없는 한 공유로 한다.

④ 수급사업자는 이 계약기간 도중은 물론 계약의 만료 및 계약의 해제 또는 해지 후에도 원사업자의 도면, 사양서, 지도내용 외에 자신의 기술을 추가하여 시공한 목적물 및 그 시공방법(이하 '개량기술'이라 한다)에 관하여 사전에 원사업자에 문서로서 통지한 후 지식재산권 등을 획득할 수 있다. 다만, 원사업자의 요청이 있는 경우 수급사업자는 원사업자의 원천기술의 기여분과 수급사업자의 개량기술의 가치를 고려하여 합리적인 조건으로 원사업자에게 통상실시권을 허여할 수 있다.

제3장 하도급대금 조정 및 지급

제1절 하도급대금의 조정

제30조(대금에 대한 조정) ① 원사업자는 계약의 목적물과 같거나 유사한 것에 대해 통상 지급되는 대가보다 낮은 수준으로 대금이 결정되도록 수급사업자에게 부당하게 강요하지 아니한다.

② 다음 각호의 어느 하나에 해당하는 원사업자의 행위는 제1항에 따른 부당한 강요행위로 본다.

1. 목적물의 시공에 필요한 원부자재 등의 단가인하 등 정당한 사유 없이 일률적인 비율로 단가를 인하하여 대금이 결정되도록 하는 행위

2. 협조요청 등 어떠한 명목으로든 일방적으로 일정금액을 할당한 후 그 금액을 빼고 대금이 결정되도록 하는 행위

3. 정당한 사유 없이 다른 수급사업자와 차별 취급하여 수급사업자의 대금이 결정되도록 하는 행위

4. 수급사업자에게 거래조건에 대해 착오를 일으키게 하거나 다른 사업자의 견적 또는 거짓 견적을 내보이는 등의 방법으로 수급사업자를 속이고 이를 이용하여 대금이 결정되도록 하는 행위

5. 원사업자가 수급사업자와의 협의 없이 일방적으로 낮은 단가에 의하여 대금이 결정되도록 하는 행위

(수의계약인 경우 앞의 제6호가 적용되고, 경쟁입찰일 경우 뒤의 제6호가 적용됨)

6. 수의계약으로 이 계약을 체결할 때 정당한 사유없이 원사업자의 도급내역서 상의 재료비, 직접노무비 및 경비의 합계(다만, 경비 중 원사업자와 수급사업자가 합의하여 원사업자가 부담하기로 한 비목 및 원사업자가 부담해야 하는 법정경비는 제외한다)보다 낮은 금액으로 대금이 결정되도록 하는 행위

7. 원사업자의 경영적자, 판매가격 인하 등 수급사업자의 책임으로 돌릴 수 없는 사유를 이유로 수급사업자에게 불리하게 대금이 결정되도록 하는 행위

③ 제1항 또는 제2항에 해당할 경우 수급사업자는 원사업자에게 대금의 조정을 청구할 수 있다. 이 경우 원사업자와 수급사업자는 목적물의 수량, 인건비, 관리비, 적정수익 등을 고려하여 합리적인 수준에서 그 대금을 정한다.

④ 원사업자가 정당한 사유 없이 제3항에 따른 수급사업자의 청구를 거절하였을 경우 수급사업자는 이 계약을 해제할 수 있다.

제31조(감액금지) ① 원사업자는 이 계약에서 정한 대금을 감액하지 아니한다. 다만, 원사업자가 정당한 사유를 증명한 경우에는 대금을 감액할 수 있다.

② 다음 각호의 어느 하나에 해당하는 원사업자의 행위는 정당한 사유에 의한 감액행위로 보지 아니한다.

1. 위탁할 때 대금을 감액할 조건 등을 명시하지 아니하고, 위탁 후 협조요청 또는 경제상황의 변동 등 불합리한 이유를 들어 대금을 감액하는 행위

2. 시공물량의 감소 등을 이유로 수급사업자와 대금의 감액에 관한 합의가 성립된 경우 그 합의 성립 전에 위탁한 부분에도 합의내용을 소급하여 적용하는 방법으로 대금을 감액하는 행위

3. 대금을 현금으로 지급하거나 지급기일 전에 지급하는 것을 이유로 대

금을 지나치게 감액하는 행위

4. 원사업자의 손해에 실질적 영향을 미치지 않은 수급사업자의 책임을 이유로 대금을 감액하는 행위

5. 시공에 필요한 자재 등을 자기로부터 사게 하거나 자기의 장비 등을 사용하게 한 경우 적정한 구매대금 또는 적정한 사용대가 이상의 금액을 대금에서 공제하는 행위

6. 대금지급 시점의 물가나 자재의 가격 등이 공사목적물의 인도 시점에 비하여 떨어진 것을 이유로 대금을 감액하는 행위

7. 경영적자 또는 판매가격 인하 등 불합리한 이유로 부당하게 대금을 감액하는 행위

8. 원사업자가 부담해야 하는 고용보험료, 산업안전보건관리비, 그밖의 경비 등을 수급사업자에게 부담시켜 대금을 감액하는 행위

③ 원사업자가 제1항 단서에 따라 대금을 감액할 경우에는 다음 각호의 사항을 적은 서면을 수급사업자에게 미리 제시하거나 제공한다.

1. 감액의 사유와 기준

2. 감액의 대상이 되는 시공물량

3. 감액금액

4. 공제 등 감액방법

5. 그밖에 감액이 정당함을 증명할 수 있는 사항

④ 원사업자가 정당한 사유없이 대금을 감액할 경우 그 해당금액 역시 수급사업자에게 지급한다.

⑤ 원사업자가 제4항에 따라 지급해야 할 금액을 원사업자가 공사목적물의 인수일로부터 60일이 지난 후에 지급하는 경우 원사업자는 그 60일을 초과한 기간에 대하여 「하도급거래 공정화에 관한 법률」에 따라 공정거래

위원회가 고시한 지연이자율을 곱하여 산정한 지연이자(이하 '지연배상금'이라 한다)를 지급한다.

제32조(설계변경 등에 따른 계약금액의 조정) ① 원사업자는 공사목적물의 시공을 위탁 후 다음 각호에 모두 해당하는 때에는 그가 발주자로부터 증액받은 계약금액의 내용과 비율에 따라 대금을 증액한다. 다만, 원사업자는 발주자로부터 계약금액을 감액받은 경우에는 그 내용과 비율에 따라 대금을 감액할 수 있다.

1. 설계변경 또는 경제상황의 변동 등을 이유로 계약금액이 증액되는 경우
2. 제1호와 같은 이유로 공사목적물의 완성 또는 완료에 추가비용이 들 경우

② 제1항에 따라 대금을 증액 또는 감액할 경우 원사업자는 발주자로부터 계약금액을 증액 또는 감액 받은 날부터 15일 이내에 발주자로부터 증액 또는 감액 받은 사유와 내용을 수급사업자에게 통지한다. 다만, 발주자가 그 사유와 내용을 수급사업자에게 직접 통지한 경우에는 그러하지 아니하다.

③ 제1항에 따른 대금의 증액 또는 감액은 원사업자가 발주자로부터 계약금액을 증액 또는 감액 받은 날부터 30일 이내에 한다.

④ 제1항의 규정에 의한 계약금액의 조정은 다음 각호의 기준에 의한다. 다만 발주자의 요청에 의한 설계변경의 경우 조정 받은 범위 내에서 그러하다.

1. 증감된 공사의 단가는 산출내역서상의 단가(이하 '계약단가'라 한다)로 한다.
2. 계약단가가 없는 신규 비목의 단가는 설계변경 당시를 기준으로 산정한 단가에 낙찰률을 곱한 금액으로 한다.

3. 발주자가 설계변경을 요구한 경우에는 제1호 및 제2호의 규정에 불구하고 증가된 물량 또는 신규비목의 단가는 설계변경당시를 기준으로 하여 산정한 단가와 동 단가에 낙찰률을 곱한 금액을 합한 금액의 100분의 50 이내에서 계약 당사자 간에 협의하여 결정한다.

⑤ 하도급계약금액의 증감분에 대한 일반관리비 및 이윤은 계약체결 당시의 비율에 따른다.

⑥ 원사업자의 지시에 따라 공사량이 증감되는 경우 원사업자와 수급사업자는 공사시공 전에 증감되는 공사량에 대한 대금 및 공사기간 등을 확정한다. 다만, 긴급한 상황이나 사전에 대금을 정하기가 불가능할 경우에는 원사업자와 수급사업자는 서로 합의하여 시공완료 후 즉시 대금 및 적정 공사기간 등을 확정한다.

⑦ 원사업자는 발주자로부터 증액받은 대금을 수령한 경우 수령한 날로부터 15일 안에 수급사업자에게 증액한 하도급대금을 지급한다. 발주자로부터 증액받은 대금의 일부만 수령한 경우에는 증액받은 대금 중 수령한 대금의 비율에 따라 증액한 하도급대금을 지급한다.

⑧ 원사업자가 제1항의 계약금액 증액에 따라 발주자로부터 추가금액을 지급받은 날부터 15일이 지난 후에 추가대금을 지급하는 경우에 그 지연기간에 대해 지연배상금을 지급하며, 추가대금을 어음 또는 어음대체결제수단을 이용하여 지급하는 경우의 어음할인료·수수료의 지급 및 어음할인율·수수료율에 관하여는 제36조를 준용한다. 이 경우 '공사목적물의 인수일로부터 60일' 은 '추가금액을 받은 날부터 15일' 로 본다.

제33조(원재료의 가격 변동으로 인한 계약금액의 조정) ① 계약체결일(계약체결 후 계약금액을 조정한 경우 그 조정일을 의미한다. 이하 이 조에서 같다)부터 60일 이

상 경과하고 잔여 공사물량에 대하여 다음 각호에 해당하는 사유가 발생한 경우에는 수급사업자는 원사업자에게 계약금액의 조정을 신청할 수 있다. 다만, 「하도급거래 공정화에 관한 법률」 등에서 원재료 가격이 급등하여 계약금액을 조정하지 않고서는 계약이행이 곤란한 경우로 규정한 사유가 발생한 경우에는 수급사업자는 계약체결일로부터 60일이 경과하지 아니하여도 계약금액의 조정을 신청할 수 있다.

1. 하도급 계약금액의 10% 이상을 차지하는 원재료의 가격이 하도급계약을 체결한 날을 기준으로 10% 이상 상승한 경우

2. 하도급계약을 체결한 날을 기준으로 원재료의 가격 상승에 따른 변동금액이 나머지 목적물에 해당하는 하도급대금의 3% 이상인 경우

② 원사업자는 제1항에 따른 신청이 있는 날부터 10일 이내에 대금 조정을 위한 협의를 개시하며, 정당한 사유없이 협의를 거부하거나 게을리 하지 아니한다.

③ 원사업자 또는 수급사업자는 다음 각호의 어느 하나에 해당하는 경우 하도급분쟁조정협의회에 조정을 신청할 수 있다.

1. 제1항에 따른 신청이 있는 날부터 10일이 지난 후에도 원사업자가 대금의 조정을 위한 협의를 개시하지 아니한 경우

2. 원사업자와 수급사업자가 제1항에 따른 신청이 있는 날부터 30일 안에 대금의 조정에 관한 합의에 도달하지 아니한 경우

3. 원사업자 또는 수급사업자가 협의 중단의 의사를 밝힌 경우

4. 원사업자와 수급사업자가 제시한 조정금액이 상호 간에 2배 이상 차이가 나는 경우

5. 합의가 지연되면 영업활동이 심각하게 곤란해지는 등 원사업자 또는 수급사업자에게 중대한 손해가 예상되는 경우

6. 그밖에 이에 준하는 사유가 있는 경우

④ 계약금액의 조정은 원재료 가격변동 기준일 이후에 반입한 재료와 제공된 용역의 대가에 적용하되, 시공 전에 제출된 공사공정예정표상 원재료 가격 변동기준일 이전에 이미 계약이행이 완료되었어야 할 부분을 제외한 잔여부분의 대가에 대하여만 적용한다. 다만, 원사업자의 책임 있는 사유 또는 천재지변 등 불가항력으로 인하여 지연된 경우에는 그러하지 아니하다.

제2절 대금의 지급

제34조(선급금) ① 원사업자와 수급사업자는 협의하여 정한 선급금을 표지에서 정한 시기에 지급한다.

② 선급금은 계약목적 외에 사용할 수 없으며, 노임지급 및 자재확보에 우선 사용하도록 한다.

③ 수급사업자는 선급금 사용 완료 후 그 사용내역서를 원사업자에게 제출하며, 목적외 사용시 당해 선급금 잔액에 대한 약정이자상당액[별도 약정이 없는 경우 사유발생 시점의 금융기관 대출평균금리(한국은행 통계월보상의 대출평균금리)에 따라 산출한 금액을 말한다.]을 가산하여 반환한다. 이 경우 이자상당액의 계산방법은 매일의 선금잔액에 대한 일변계산에 의하며, 계산기간은 반환 시까지로 한다. 다만, 원사업자는 선급금 통장 공동관리 약정 등 수급사업자의 선급금 인출 또는 사용을 제한하는 행위를 하지 아니한다.

제35조(발주자의 선급금) ① 원사업자가 발주자로부터 선급금을 받은 경우 그

선급금의 내용과 비율에 따라 이를 받은 날(공사를 위탁하기 전에 선급금을 받은 경우에는 공사를 위탁한 날)부터 15일 이내에 선급금을 수급사업자에게 지급한다.

② 원사업자가 발주자로부터 받은 선급금을 제1항에 따른 기한이 지난 후에 지급하는 경우에는 그 초과기간에 대해 지연배상금을 지급한다.

③ 원사업자가 제1항에 따른 선급금을 어음 또는 어음대체결제수단을 이용하여 지급하는 경우의 어음할인료·수수료의 지급 및 어음할인율·수수료율에 관하여는 제36조를 준용한다.

④ 선급금은 기성부분의 대가를 지급할 때마다 다음 산식에 따라 산출한 금액을 정산한다.

• 선급금 정산액 = 선급금액 × (기성부분의 대가상당액 ÷ 계약금액)

⑤ 원사업자는 수급사업자가 선급금에 대한 적절한 보증을 하지 않을 경우 선급금을 지급하지 아니할 수 있다.

⑥ 발주자의 선급금에 대해서는 제34조 제2항 및 제3항을 준용한다.

제36조(대금의 지급 등) ① 원사업자는 이 계약에서 정한 하도급대금의 지급기일까지 수급사업자에게 하도급대금을 지급한다. 다만, 하도급대금의 지급기일은 목적물 인수일부터 60일을 초과하지 아니한다.

② 원사업자는, 발주자로부터 공사의 완료에 따라 준공금 등을 받았을 때에는 하도급대금을, 공사의 진척에 따라 기성금 등을 받았을 때에는 수급사업자가 수행한 부분에 상당하는 금액을, 발주자로부터 그 준공금이나 기성금 등을 지급받은 날부터 15일(대금의 지급기일이 그 전에 도래하는 경우에는 그 지급기일) 이내에 수급사업자에게 지급한다.

③ 원사업자가 수급사업자에게 하도급대금을 지급할 때에는 원사업자가 발

주자로부터 해당 공사와 관련하여 받은 현금비율 이상으로 지급한다.

④ 원사업자가 하도급대금을 어음으로 지급하는 경우에는 해당 공사와 관련하여 발주자로부터 원사업자가 받은 어음의 지급기간(발행일부터 만기일까지)을 초과하는 어음을 지급하지 아니한다.

⑤ 원사업자가 하도급대금을 어음으로 지급하는 경우에 그 어음은 법률에 근거하여 설립된 금융기관에서 할인이 가능한 것이어야 하며, 어음을 교부한 날부터 어음의 만기일까지의 기간에 대한 할인료를 어음을 교부하는 날에 수급사업자에게 지급한다. 다만, 공사목적물의 인수일부터 60일(제1항에 따라 지급기일이 정하여진 경우에는 그 지급기일을, 발주자로부터 준공금이나 기성금 등을 받은 경우에는 제3항에서 정한 기일을 말한다. 이하 이 조에서 같다) 이내에 어음을 교부하는 경우에는 공사목적물의 인수일부터 60일이 지난 날 이후부터 어음의 만기일까지의 기간에 대한 할인료를 공사목적물의 인수일부터 60일 이내에 수급사업자에게 지급한다.

⑥ 원사업자는 대금을 어음대체결제수단을 이용하여 지급하는 경우에는 지급일(기업구매전용카드의 경우는 카드결제 승인일을, 외상매출채권 담보대출의 경우는 납품 등의 명세 전송일을, 구매론의 경우는 구매자금 결제일을 말한다. 이하 같다)부터 대금 상환기일까지의 기간에 대한 수수료(대출이자를 포함한다. 이하 같다)를 지급일에 수급사업자에게 지급한다. 다만, 공사목적물의 인수일부터 60일 이내에 어음대체결제수단을 이용하여 지급하는 경우에는 공사목적물의 인수일부터 60일이 지난 날 이후부터 하도급대금 상환기일까지의 기간에 대한 수수료를 공사목적물의 인수일부터 60일 이내에 수급사업자에게 지급한다.

⑦ 제5항에서 적용하는 할인율은 연 100분의 40 이내에서 법률에 근거하여 설립된 금융기관에서 적용되는 상업어음할인율을 고려하여 공정거래

위원회가 정하여 고시한 할인율을 적용한다.

⑧ 제6항에서 적용하는 수수료율은 원사업자가 금융기관(「여신전문금융업법」 제2조 제2호의2에 따른 신용카드업자를 포함한다)과 체결한 어음대체 결제수단의 약정 수수료율로 한다.

제37조(발주자에 대한 직접 지급 요청) ① 계약 도중 다음 각호의 어느 하나에 해당하는 사유가 발생한 경우 수급사업자는 발주자에게 자신이 공사를 수행한 부분에 해당하는 하도급대금의 직접 지급을 요청할 수 있다.

1. 원사업자의 지급정지·파산, 그밖에 이와 유사한 사유가 있거나 사업에 관한 허가·인가·면허·등록 등이 취소되어 원사업자가 대금을 지급할 수 없게 된 경우

2. 발주자가 대금을 직접 수급사업자에게 지급하기로 발주자·원사업자 및 수급사업자 간에 합의한 경우

3. 원사업자가 수급사업자에게 대금의 2회분 이상을 지급하지 아니한 경우

4. 원사업자가 수급사업자에게 정당한 사유없이 대금 지급보증 의무를 이행하지 아니한 경우

② 제1항에 따른 사유가 발생한 경우 원사업자에 대한 발주자의 대금지급채무와 수급사업자에 대한 원사업자의 하도급대금지급채무는 그 범위에서 소멸한 것으로 본다.

③ 원사업자가 발주자에게 이 계약과 관련된 수급사업자의 임금, 자재대금 등의 지급지체 사실을 증명할 수 있는 서류를 첨부하여 대금의 직접지급 중지를 요청할 수 있다.

④ 제1항에 따라 수급사업자가 발주자에게 대금을 직접 청구하기 위해 기성부분의 확인 등이 필요한 경우 원사업자는 지체없이 이에 필요한 조치를

이행한다.

⑤ 발주자가 수급사업자에게 하도급대금을 직접 지급한 경우에 수급사업자는 발주자 및 원사업자에게 하도급대금의 사용내역(자재·장비대금 및 임금, 보험료 등 경비에 한함)을 하도급대금 수령일부터 20일 이내에 통보한다.

제38조(미지급 임금 등의 지급 요구) ① 수급사업자가 기성금을 받았음에도 당해 공사현장과 관련된 근로자 등에게 임금 등을 지급하지 않은 경우에 원사업자는 1회당 15일의 기간을 정하여 2회 이상 서면으로 그 지급을 요구할 수 있다. 이 경우 수급사업자는 원사업자의 요구사항에 대해 지체없이 응한다.

② 수급사업자가 원사업자의 제1항에 따른 요구에 응하지 아니하여 근로자 등이 원사업자에게 임금 등의 지급을 요청하는 경우 원사업자는 수급사업자에게 지급해야 할 차기 기성금 또는 준공금에서 근로자 등에게 임금 등을 직접 지급할 수 있다.

③ 제2항의 경우에 원사업자는 그 지급 전에 현장근로자 등에게 임금 등을 직접 지급할 것임을 수급사업자에게 통지하고, 그 진위 여부에 대해 이의가 있을 경우 수급사업자는 원사업자에게 이의를 제기할 수 있다. 원사업자는 임금 등을 지급한 후 지체없이 그 지급내역을 서면으로 수급사업자에게 통지한다.

④ 수급사업자는 원사업자가 현장근로자 등에게 임금 등을 지급하기 전에 미지급 임금 등을 현장근로자 등에게 지급하고, 그 사실을 원사업자에게 통지할 수 있다. 이 경우 원사업자는 해당 하도급대금을 지체없이 수급사업자에게 지급한다.

⑤ 수급사업자가 현장근로자 등의 채무불이행을 증명하는 서류를 첨부하여 임금 등의 직접 지급을 중지하도록 요청한 경우에는 그 범위내의 임금 등

에 대해서 제1항 및 제2항을 적용하지 아니한다.

제39조(대물변제 금지) ① 원사업자는 수급사업자의 의사에 반하여 하도급대금을 물품으로 지급하지 아니한다.

② 대물변제에 대한 수급사업자의 동의가 있고, 발주자로부터 대금의 일부를 물품으로 지급받은 경우에 원사업자는 수급사업자에게 물품으로 하도급대금을 지급할 때 발주자로부터 물품으로 지급받은 대금의 비율을 초과할 수 없다.

③ 원사업자는 대물변제를 하기 전에 소유권, 담보제공 등 물품의 권리·의무 관계를 확인할 수 있는 다음 각호의 자료를 수급사업자에게 서면으로 제공한다.

　1. 대물변제의 용도로 지급하려는 물품이 관련 법령에 따라 권리·의무 관계에 관한 사항을 등기 등 공부(公簿)에 등록하여야 하는 물품인 경우: 해당 공부의 등본(사본을 포함한다)

　2. 대물변제의 용도로 지급하려는 물품이 제1호 외의 물품인 경우: 해당 물품에 대한 권리·의무 관계를 적은 공정증서(「공증인법」에 따라 작성된 것을 말한다)

④ 원사업자는 제3항에 따라 자료를 제시한 후 지체없이 다음 각호의 사항을 적은 서면을 작성하여 수급사업자에게 내주고 원사업자와 수급사업자는 해당 서면을 보관한다.

　1. 원사업자가 자료를 제시한 날

　2. 자료의 주요 목차

　3. 수급사업자가 자료를 제시받았다는 사실

　4. 원사업자와 수급사업자의 상호명, 사업장 소재지 및 전화번호

5. 원사업자와 수급사업자의 서명 또는 기명날인

⑤ 원사업자는 수급사업자에게 대금을 물품으로 지급받도록 강요하지 아니한다.

제40조(서류제출) 수급사업자는 이 계약과 관련된 공사의 임금, 자재·장비대금, 산업재해보상보험금의 지급, 요양 등에 관한 서류에 대하여 원사업자의 요청이 있을 때에는 이에 협조한다.

제4장 보칙

제41조(채권 · 채무의 양도금지) 원사업자와 수급사업자는 이 계약으로부터 발생하는 권리 또는 의무를 제3자에게 양도하거나 담보로 제공하지 아니한다. 다만 상대방의 서면에 의한 승낙(보증인이 있으면 그의 승낙도 필요하다)을 받았을 때에는 그러하지 아니하다.

제42조(비밀유지) ① 원사업자와 수급사업자는 이 계약에서 알게 된 상대방의 업무상 비밀을 상대방의 동의없이 이용하거나 제3자에게 누설하지 아니한다.

② 법원 또는 수사기관 등이 법령에 따라 상대방의 업무상 비밀의 제공을 요청한 경우에 원사업자 또는 수급사업자는 지체없이 상대방에게 그 내용을 통지한다. 다만, 상대방에게 통지할 수 없는 정당한 사유가 있는 경우에는 비밀을 제공한 후에 지체없이 통지한다.

③ 제1항을 위반하여 상대방에게 손해를 입힌 경우에는 이를 배상한다. 다만, 손해배상책임을 지는 자가 고의 또는 과실 없음을 증명한 경우에는 그러하지 아니하다.

제43조(기본계약 및 개별약정) ① 원사업자와 수급사업자는 이 계약에서 정하지 아니한 사항에 대하여 대등한 지위에서 상호 합의하여 서면으로 개별약정을 정할 수 있고, 이 경우 원사업자는 수급사업자의 이익을 부당하게 침해하거나 제한하는 조건을 요구하지 아니한다.

② 개별약정의 내용이 「하도급거래 공정화에 관한 법률」, 「건설산업기본법」 및 건설업과 관련된 법령의 제반내용과 다를 경우에는 관련법령의 내용이 적용된다.

③ 기본계약 및 개별약정에서 정하고 있는 내용 중 다음 각호의 어느 하나에 해당하는 약정은 무효로 한다.

　1. 원사업자가 기본계약 및 개별약정 등의 서면에 기재되지 아니한 사항을 요구함에 따라 발생된 비용을 수급사업자에게 부담시키는 약정

　2. 원사업자가 부담하여야 할 민원처리, 산업재해 등과 관련된 비용을 수급사업자에게 부담시키는 약정

　3. 원사업자가 입찰내역에 없는 사항을 요구함에 따라 발생된 비용을 수급사업자에게 부담시키는 약정

　4. 다음 각 목의 어느 하나에 해당하는 비용이나 책임을 수급사업자에게 부담시키는 약정

　　가. 관련 법령에 따라 원사업자의 의무사항으로 되어 있는 인·허가, 환경관리 또는 품질관리 등과 관련하여 발생하는 비용

　　나. 원사업자(발주자를 포함한다)가 설계나 시공내용을 변경함에 따라 발생하는 비용

　　다. 원사업자의 지시(요구, 요청 등 명칭과 관계없이 재작업, 추가작업 또는 보수작업에 대한 원사업자의 의사표시를 말한다)에 따른 재작업, 추가작업 또는 보수작업으로 인하여 발생한 비용 중 수급사업자의 책임

없는 사유로 발생한 비용

라. 관련 법령, 발주자와 원사업자 사이의 계약 등에 따라 원사업자가 부담하여야 할 하자담보책임 또는 손해배상책임

5. 천재지변, 매장문화재의 발견, 해킹·컴퓨터바이러스 발생 등으로 인한 공사기간 연장 등 계약체결시점에 원사업자와 수급사업자가 예측할 수 없는 사항과 관련하여 수급사업자에게 불합리하게 책임을 부담시키는 약정

6. 해당 공사의 특성을 고려하지 아니한 채 간접비(하도급대금 중 재료비, 직접노무비 및 경비를 제외한 금액을 말한다)의 인정범위를 일률적으로 제한하는 약정. 다만, 발주자와 원사업자 사이의 계약에서 정한 간접비의 인정범위와 동일하게 정한 약정은 제외한다.

7. 계약기간 중 수급사업자가 「하도급거래 공정화에 관한 법률」 제16조의2에 따라 하도급대금 조정을 신청할 수 있는 권리를 제한하는 약정

8. 그밖에 제1호부터 제7호까지의 규정에 준하는 약정으로서 법에 따라 인정되거나 법에서 보호하는 수급사업자의 권리·이익을 부당하게 제한하거나 박탈한다고 공정거래위원회가 정하여 고시하는 약정

④ 제3항에 따라 무효가 되는 약정에 근거하여 수급사업자가 비용을 부담한 경우 수급사업자는 이에 해당하는 금액의 지급을 원사업자에게 청구할 수 있다.

제44조(계약 이외의 사항) ① 기본계약 등에서 정한 것 이외의 사항에 대해서는 관련 법령의 강행법규에서 정한 바에 따르며, 그 이외의 사항에 대해서는 양당사자가 추후 합의하여 정한다. 다만, 합의가 없는 경우 이 계약과 관련된 법령 또는 상관습에 의한다.

② 원사업자와 수급사업자는 이 계약을 이행하는 과정에서「건설산업기본

법」, 「하도급거래 공정화에 관한 법률」, 「독점규제 및 공정거래에 관한 법률」 및 기타 관련 법령을 준수한다.

③ 원사업자는 수급사업자 또는 수급사업자가 소속된 조합이 관계 법률에 따른 정당한 권리행사를 했다는 이유로 수급사업자에게 수주기회를 제한하거나 거래의 정지, 그밖에 불이익을 주는 행위를 하지 아니한다.

④ 원사업자는 이 계약에 따른 권리를 행사하는 경우 이외에는 수급사업자의 경영활동에 대한 지시·명령·요구 등의 간섭을 하지 아니한다.

⑤ 원사업자는 정당한 사유없이 수급사업자에게 자기 또는 제3자를 위하여 금전, 물품, 용역, 그밖의 경제적 이익을 제공하도록 요구하지 아니한다.

제45조(계약의 변경) ① 합리적이고 객관적인 사유가 발생하여 부득이하게 계약변경이 필요하다고 인정되는 경우 원사업자와 수급사업자는 상호 합의하여 기본계약 등의 내용을 서면으로 변경할 수 있다. 다만, 원사업자는 공사내용이 변경되기 전에 수급사업자가 이미 수행한 부분은 정산하여 지급한다.

② 당초의 계약내역에 없는 계약내용이 추가·변경되어 계약기간의 연장·대금의 증액이 필요한 경우 원사업자는 수급사업자와 협의하여 계약기간 연장·대금 증액에 관해 필요한 조치를 한다.

③ 원사업자는 계약내용의 변경에 따라 비용이 절감될 때에 한하여 대금을 감액할 수 있다. 이 경우에 원사업자는 제31조 제3항 각호의 사항을 기재한 서면을 수급사업자에게 미리 제시하거나 제공한다.

④ 수급사업자가 정당한 사유를 제시하여 원사업자의 하도급공사 변경 요청을 거절한 경우 원사업자는 이를 이유로 수급사업자에게 불이익을 주는 행위를 하지 아니한다.

⑤ 수급사업자는 계약체결 후 계약조건의 미숙지, 덤핑 수주 등을 이유로 계

약금액의 변경을 요구하거나 시공을 거부하지 아니한다.

제46조(건설폐기물의 처리 등) ① 원사업자와 수급사업자는 「건설폐기물의 재활용촉진에 관한 법률」 등 관련 법률에서 정하는 바에 따라 건설폐기물을 처리한다.

② 원사업자는 관련법령에서 정하는 바 또는 발주자와의 계약에 따라 수급사업자의 건설폐기물 처리에 소요되는 비용을 지급한다.

제47조(현장근로자의 편의시설 설치 등) ① 수급사업자는 「건설근로자의 고용개선 등에 관한 법률」 등 관련 법률에서 정하는 바에 따라 건설공사가 시행되는 현장에 화장실·식당·탈의실 등의 시설을 설치하거나 이용할 수 있도록 조치한다.

② 원사업자는 관련법령에서 정하는 바 또는 발주자와의 계약에 따라 수급사업자의 제1항에 따른 시설의 설치 또는 이용에 소요되는 비용을 지급한다.

제5장 피해구제 및 분쟁해결

제48조(계약이행 및 대금지급보증 등) ① 원사업자는 계약체결일부터 30일 이내에 수급사업자에게 다음 각호의 구분에 따라 이 계약에서 정한 계약금액의 지급을 보증(지급수단이 어음인 경우에는 만기일까지를, 어음대체결제수단인 경우에는 하도급대금 상환기일까지를 보증기간으로 한다)하며, 수급사업자는 원사업자에게 계약금액의 100분의 10에 해당하는 금액으로 계약이행을 보증한다. 다만, 「하도급거래 공정화에 관한 법률」 또는 「건설산업기본법」 등의 관련법령에서 공사대금의 지급보증이 필요하지 아니하거나 적합하지 않다

고 규정한 경우에는 그러하지 아니한다.

1. 공사기간이 4개월 이하인 경우: 계약금액에서 선급금을 뺀 금액
2. 공사기간이 4개월을 초과하는 경우로서 기성부분에 대한 대가의 지급 주기가 2개월 이내인 경우: 다음의 계산식에 따라 산출한 금액

$$\text{보증금액} = \frac{\text{하도급계약금액} - \text{계약상선급금}}{\text{공사기간이 4개월}} \times 4$$

3. 공사기간이 4개월을 초과하는 경우로서 기성부분에 대한 대가의 지급 주기가 2개월을 초과하는 경우: 다음의 계산식에 따라 산출한 금액

$$\text{보증금액} = \frac{\text{하도급계약금액} - \text{계약상선급금}}{\text{공사기간이 4개월}} \times \text{기성부분에 대한 대가의 지급주기(개월 수)} \times 2$$

② 원사업자는 제1항 단서에 따른 공사대금의 지급보증이 필요하지 아니하거나 적합하지 아니한 사유가 소멸한 경우에는 그 사유가 소멸한 날부터 30일 이내에 공사대금 지급보증을 이행한다. 다만, 「하도급거래 공정화에 관한 법률」 등 관련 법령에서 계약의 잔여기간, 공사목적물의 기성율, 잔여대금 등을 고려하여 보증이 필요하지 않다고 규정한 경우에는 그러하지 아니하다.

③ 다음 각호의 어느 하나에 해당하는 자와 건설공사에 관하여 「하도급거래 공정화에 관한 법률」상 장기계속건설계약을 체결한 원사업자가 해당 건설공사를 장기계속건설하도급계약을 통하여 건설위탁하는 경우 원사업자는 최초의 장기계속건설하도급계약 체결일부터 30일 이내에 수급사업자에게 제1항 각호 외의 부분 본문에 따라 공사대금 지급을 보증하고, 수급사업자는 원사업자에게 최초 장기계속건설하도급계약 시 약정한 총 공사금액의 100분의 10에 해당하는 금액으로 계약이행을 보증한다.

1. 국가 또는 지방자치단체

2.「공공기관의 운영에 관한 법률」에 따른 공기업, 준정부기관 또는 「지방공기업법」에 따른 지방공사, 지방공단

④ 제1항부터 제3항까지에 따른 원사업자와 수급사업자 상호간의 보증은 현금(체신관서 또는 「은행법」에 의한 금융기관이 발행한 자기앞수표를 포함한다.)의 지급 또는 다음 각호의 어느 하나 기관이 발행하는 보증서의 교부에 의하되, 보증계약을 변경하거나 해지할 경우 상대방에게 즉시 통보한다. 이 경우 원사업자와 수급사업자는 정당한 사유없이 특정한 보증기관의 지정을 강요하여서는 아니 된다.

1.「건설산업기본법」에 따른 각 공제조합

2.「보험업법」에 따른 보험회사

3.「신용보증기금법」에 따른 신용보증기금

4.「은행법」에 따른 금융기관

5. 그밖에 「하도급거래 공정화에 관한 법률」 등에서 정하는 보증기관

⑤ 원사업자가 수급사업자에게 제4항에 따라 공사대금 지급보증서를 교부함에 있어서 그 공사기간 중에 하도급하는 모든 공사 또는 1회계연도에 하도급하는 모든 공사에 대한 공사대금의 지급보증을 하나의 일괄 지급보증서로 교부할 수 있다.

⑥ 원사업자가 공사대금 지급보증을 하지 아니하는 경우에는 수급사업자는 계약이행을 보증하지 아니한다. 다만, 원사업자가 제1항 단서, 제2항 단서에 따라 공사대금 지급을 보증하지 아니하는 경우에는 그러하지 아니하다.

⑦ 수급사업자의 계약이행 보증에 대한 원사업자의 청구권은 원사업자가 공사대금 지급을 보증한 후가 아니면 이를 행사할 수 없다. 다만, 원사업자가 제1항 단서 또는 제2항 단서에 따라 공사대금 지급을 보증하지 아니하는 경우에는 그러하지 아니하다.

⑧ 원사업자가 공사대금의 지급을 지체하여 수급사업자로부터 서면으로 지급독촉을 받고도 이를 지급하지 아니한 경우 수급사업자는 보증기관에 공사대금 중 미지급액에 해당하는 보증금의 지급을 청구할 수 있고, 원사업자가 현금을 지급한 경우에는 동 금액에서 공사대금 중 미지급액에 해당하는 금액은 수급사업자에게 귀속한다.

⑨ 수급사업자는 원사업자에게 이 계약 표지에서 정한 금액으로 계약이행을 보증하며, 계약이행보증금은 다음 각호의 사항 등을 포함하여 계약불이행에 따른 손실에 해당하는 금액의 지급을 담보한다. 이 경우 계약이행보증금액이 「하도급거래 공정화에 관한 법률」 등 관련법령에서 정한 내용보다 수급사업자에게 불리한 때에는 「하도급거래 공정화에 관한 법률」 등에서 정한 바에 따른다.

1. 수급사업자의 교체에 따라 증가된 공사 금액. 다만, 그 금액이 과다한 경우에는 통상적인 금액으로 한다.

2. 이 계약의 해제·해지 이후 해당 공사를 완공하기 위해 후속 계약을 체결함에 있어서 소요되는 비용

3. 기존 수급사업자의 시공으로 인해 발생한 하자를 보수하기 위해 지출된 금액. 다만, 수급사업자가 제51조에 따라 하자보수보증금을 지급하거나 보증증권을 교부한 경우에는 그러하지 아니하다.

⑩ 원사업자의 공사대금 미지급액 또는 수급사업자의 계약불이행 등에 의한 손실액이 보증금을 초과하는 경우에는 원사업자와 수급사업자는 그 초과액에 대하여 상대방에게 청구할 수 있다.

⑪ 원사업자와 수급사업자가 납부한 보증금은 계약이 이행된 후 계약상대방에게 지체없이 반환한다. 이 경우 원사업자가 수급사업자에게 공사대금을 어음 또는 상환청구권이 있는 어음대체결제수단으로 지급한 경우

각 어음만기일 또는 어음대체결제수단의 상환기일을 공사대금 지급보증에 있어서의 계약이행완료일로 본다.

⑫ 제3항에 따라 수급사업자로부터 계약이행보증을 받은 원사업자는 장기계속건설계약의 연차별 계약의 이행이 완료되어 이에 해당하는 계약보증금을 제3항 각호의 어느 하나에 해당하는 자로부터 반환받을 수 있는 날부터 30일 이내에 수급사업자에게 해당 수급사업자가 이행을 완료한 연차별 장기계속건설하도급계약에 해당하는 하도급 계약이행보증금을 반환한다. 이 경우 이행이 완료된 부분에 해당하는 계약이행 보증의 효력은 상실되는 것으로 본다.

⑬ 제3항이 적용되지 않은 장기계속건설하도급계약의 경우 수급사업자가 제1항 본문에 따른 계약이행보증을 할 때에 제1차 계약 시 부기한 총 공사금액의 10%에 해당하는 금액으로 계약이행보증을 하고, 원사업자는 연차별 계약의 이행이 완료된 때에는 당초의 계약보증금 중 이행이 완료된 부분의 계약이행보증 효력은 상실하는 것으로 하여 해당 하도급 계약보증금액을 수급사업자에게 반환한다. 이 경우에 제1항 단서, 제2항, 제4항부터 제11항까지를 준용한다.

⑭ 제8항 및 제9항의 규정은 장기계속건설하도급계약에 있어서 수급사업자가 2차이후의 계약을 체결하지 아니한 경우에 이를 준용한다.

제49조(손해배상) ① 원사업자 또는 수급사업자가 이 계약을 위반하여 상대방에게 손해를 입힌 경우 그 손해를 배상할 책임이 있다. 다만, 고의 또는 과실 없음을 증명한 경우에는 그러하지 아니하다.

② 원사업자는 수급사업자가 책임 있는 사유로 하도급공사의 시공과 관련하여 제3자에게 손해를 입힌 경우에는 수급사업자와 연대하여 그 손해

를 배상할 책임이 있다. 이 경우 원사업자가 제3자에게 배상하면 그 책임 비율에 따라 수급사업자에게 구상권을 행사할 수 있다.

③ 수급사업자는 이 계약에 따른 의무를 이행하기 위해 제3자를 사용한 경우 그 제3자의 행위로 인하여 원사업자에게 발생한 손해에 대해 제3자와 연대하여 책임을 진다. 다만, 수급사업자 및 제3자가 고의 또는 과실 없음을 증명한 경우에는 그러하지 아니하다.

제50조(지체상금) ① 수급사업자가 기한 내에 공사목적물을 인도하지 않거나 검사에 합격하지 못한 경우 원사업자는 지체일수에 표지에서 정한 지체상금요율을 곱하여 산정한 지체상금을 청구할 수 있다.

② 제1항의 경우 기성부분 또는 완료부분을 원사업자가 검사를 거쳐 인수한 경우(인수하지 아니하고 관리·사용하고 있는 경우를 포함한다. 이하 이 조에서 같다)에는 그 부분에 상당하는 금액을 대금에서 공제한 금액을 기준으로 지체상금을 계산한다. 이 경우 기성부분 또는 완료부분은 성질상 분할할 수 있는 공사목적물에 대한 완성부분으로 인수한 것에 한한다.

③ 원사업자는 다음 각호의 어느 하나에 해당한 경우 그 해당 일수를 제1항의 지체일수에 산입하지 아니한다.

1. 태풍, 홍수, 기타 악천후, 전쟁 또는 사변, 지진, 화재, 폭동, 항만봉쇄, 방역 및 보안상 출입제한 등 불가항력의 사유에 의한 경우

2. 원사업자가 지급하기로 한 지급자재의 공급이 지연되는 사정으로 공사의 진행이 불가능하였을 경우

3. 원사업자의 책임있는 사유로 착공이 지연되거나 시공이 중단된 경우

4. 수급사업자의 부도 등으로 연대보증인이 보증이행을 할 경우(부도 등이 확정된 날부터 원사업자가 보증이행을 지시한 날까지를 의미한다)

5. 수급사업자의 부도 등으로 보증기관이 보증이행업체를 지정하여 보증이행할 경우(원사업자로부터 보증채무이행청구서를 접수한 날부터 보증이행개시일 전일까지를 의미함, 다만 30일 이내에 한한다)

6. 그밖에 수급사업자에게 책임 없는 사유로 인하여 지체된 경우

④ 지체일수의 산정기준은 다음 각호의 어느 하나에 의한다.

1. 준공기한 내에 공사목적물을 인도한 경우 : 검사에 소요된 기간은 지체일수에 산입하지 아니한다. 다만, 검사결과(불합격판정에 한한다)에 따라 원사업자가 보수를 요구한 날로부터 최종검사에 합격한 날까지의 기간은 지체일수에 산입한다.

2. 준공기한을 도과하여 공사목적물을 인도한 경우 : 준공기한의 익일부터 실제인도한 날까지의 기간 및 제1호 단서에 해당하는 기간은 지체일수에 산입한다.

⑤ 원사업자는 제1항의 지체상금을 수급사업자에게 지급하여야 할 하도급대금 또는 기타 예치금에서 합의 후 공제할 수 있다.

제51조(하자담보책임 등) ① 수급사업자는 이 계약에서 정한 하자보수보증금률을 계약금액에 곱하여 산출한 금액(이하 "하자보수보증금"이라 한다)을 준공검사 후 그 공사대금을 지급받을 때까지 현금 또는 증서로 원사업자에게 납부 또는 교부한다. 다만, 공사의 성질상 하자보수보증금의 납부가 필요하지 아니한 경우로 규정한 경우에는 그러하지 아니하다.

② 원사업자는 준공검사를 마친 날로부터 이 계약에서 정한 하자담보책임기간의 범위에서 수급사업자의 공사로 인해 발생한 하자에 대해 상당한 기간을 정하여 그 하자의 보수를 청구한다. 다만, 다음 각호의 어느 하나의 사유로 발생한 하자에 대하여는 그러하지 아니하다.

1. 원사업자가 제공한 재료의 품질이나 규격 등이 기준미달로 인한 경우

2. 원사업자의 지시에 따라 시공한 경우

3. 원사업자가 건설공사의 목적물을 관계 법령에 따른 내구연한(耐久年限) 또는 설계상의 구조내력(構造耐力)을 초과하여 사용한 경우

③ 이 계약에서 정한 하자담보책임기간이「건설산업기본법」등 관련법령에서 정한 하자담보책임기간 보다 더 장기인 경우에는「건설산업기본법」등에서 정한 기간으로 한다.

④ 원사업자와 수급사업자는 하자발생에 대한 책임이 분명하지 아니한 경우 상호 협의하여 전문기관에 조사를 의뢰 할 수 있다.

⑤ 수급사업자가 이 계약에서 정한 하자보수 의무기간 중 원사업자로부터 하자보수의 요구를 받고 이에 응하지 아니하면 제1항의 하자보수보증금은 원사업자에게 귀속한다.

⑥ 원사업자는 하자보수 의무기간이 종료한 후 수급사업자의 청구가 있는 날로부터 10일 이내에 수급사업자에게 제1항의 하자보수보증금을 반환한다.

⑦ 장기계속공사의 경우 수급사업자는 연차계약별로 준공 검사 후 그 공사의 대가를 지급받을 때까지 원사업자에게 하자보수보증금을 납부하며, 연차계약별로 하자담보책임을 구분할 수 없는 공사인 경우에는 총 공사의 준공검사 후에 이를 납부한다. 또 원사업자는 연차계약별로 하자보수 의무기간이 종료한 후 수급사업자의 청구가 있는 날로부터 10일 이내에 하자보수보증금을 반환한다.

제52조(계약의 해제 또는 해지) ① 원사업자 또는 수급사업자는 다음 각호의 어느 하나에 해당하는 경우에는 서면으로 이 계약의 전부 또는 일부를 해제 또는 해지할 수 있다. 다만, 기성부분에 대해서는 해제하지 아니한다.

1. 원사업자 또는 수급사업자가 금융기관으로부터 거래정지처분을 받아 이 계약을 이행할 수 없다고 인정되는 경우

2. 원사업자 또는 수급사업자가 감독관청으로부터 인·허가의 취소, 영업 취소·영업정지 등의 처분을 받아 이 계약을 이행할 수 없다고 인정되는 경우

3. 원사업자 또는 수급사업자가 어음·수표의 부도, 제3자에 의한 강제집행(가압류 및 가처분 포함), 파산·회생절차의 신청 등 영업상의 중대한 사유가 발생하여 이 계약을 이행할 수 없다고 인정되는 경우

4. 원사업자 또는 수급사업자가 해산, 영업의 양도 또는 타 회사로의 합병을 결의하여 이 계약을 이행할 수 없다고 인정되는 경우. 다만, 영업의 양수인 또는 합병된 회사가 그 권리와 의무를 승계함에 대해 상대방이 동의한 경우에는 그러하지 아니하다.

5. 원사업자 또는 수급사업자가 재해 기타 사유로 인하여 이 계약의 내용을 이행하기 곤란하다고 쌍방이 인정한 경우

② 원사업자 또는 수급사업자는 다음 각호의 어느 하나에 해당하는 사유가 발생한 경우에는 상대방에게 1개월 이상의 기간을 정하여 서면으로 그 이행을 최고하고, 그 기간 내에 이를 이행하지 아니한 때에는 이 계약의 전부 또는 일부를 해제·해지할 수 있다. 다만, 원사업자 또는 수급사업자가 이행을 거절하거나 준공기한 내에 이행하여야 이 계약의 목적을 달성할 수 있는 경우에는 최고없이 해제 또는 해지할 수 있다.

1. 원사업자 또는 수급사업자가 이 계약상의 중요한 의무를 이행하지 않은 경우

2. 원사업자가 수급사업자의 책임없이 하도급공사 수행에 필요한 사항의 이행을 지연하여 수급사업자의 하도급공사 수행에 지장을 초래한 경우

3. 수급사업자가 원사업자의 책임없이 약정한 착공기간을 경과하고도 공사에 착공하지 아니한 경우

4. 수급사업자가 원사업자의 책임없이 착공을 거부하거나 시공을 지연하여 인도일자 내에 공사목적물의 인도가 곤란하다고 객관적으로 인정되는 경우

5. 수급사업자의 인원·장비 및 품질관리능력이 현저히 부족하여 이 계약을 원만히 이행할 수 없다고 인정되는 등 수급사업자의 책임 있는 사유가 인정되는 경우

6. 원사업자가 공사내용을 변경함으로써 하도급대금이 100분의 40 이상 감소한 경우

7. 수급사업자의 책임없이 공사의 중지기간이 전체공사 기간의 100분의 50 이상인 경우

8. 원사업자나 수급사업자가 제48조의 기간 내에 대금지급보증이나 계약이행보증을 하지 아니한 경우

9. 발주기관의 불가피한 사정으로 도급계약이 해제 또는 해지된 경우

③ 제1항 또는 제2항에 따른 해제 또는 해지는 기성검사를 필한 부분과 기성검사를 필하지 않은 부분 중 객관적인 자료에 의해 시공사실이 확인된 부분(추후 검사결과 불합격으로 판정된 경우는 그러하지 아니하다)에 대해 적용하지 아니한다.

④ 제1항 또는 제2항에 따라 계약이 해제·해지된 때에는 각 당사자의 상대방에 대한 일체의 채무는 기한의 이익을 상실하고, 당사자는 상대방에 대한 채무를 지체없이 이행한다.

⑤ 원사업자 및 수급사업자는 자신의 책임 있는 사유로 인하여 이 계약의 전부 또는 일부가 해제 또는 해지된 경우에 이로 인하여 발생한 상대방의

손해를 배상한다.

⑥ 제1항 또는 제2항에 따라 계약을 해제 또는 해지한 경우 원사업자는 기성 검사를 필한 부분과 기성검사를 필하지 않은 부분 중 객관적인 자료에 의해 시공사실이 확인된 부분(추후 검사결과 불합격으로 판정된 경우는 그러하지 아니하다)에 대한 대금을 수급사업자에게 지급하고, 수급사업자는 대금을 수령한 부분에 대한 하자보수보증금을 제51조 제1항의 규정에 의거 원사업자에게 납부한다.

⑦ 수급사업자는 제6항의 하자보수보증금을 현금으로 납부한 경우 공사 준공검사 후 하자보수보증서로 대체할 수 있다.

⑧ 제1항 및 제2항에 따라 이 계약이 해제된 경우 원사업자와 수급사업자는 다음 각호에서 정한 의무를 동시에 이행한다.

1. 원사업자는 수급사업자로부터 인도받은 공사목적물에 관한 모든 자료를 반환하고, 저장된 자료를 삭제한다.

2. 수급사업자는 원사업자로부터 지급받은 대금과 그 이자(연 6%)를 더하여 반환한다.

3. 수급사업자는 원사업자로부터 제공받은 지식재산 등을 반환하며, 이를 활용하지 아니한다.

⑨ 원사업자가 제1항 또는 제2항에 따라 계약을 해제 또는 해지한 경우 수급사업자는 다음 각호의 사항을 이행한다.

1. 해제 또는 해지의 통지를 받은 부분에 대한 공사를 지체없이 중지하고 모든 공사 관련 시설 및 장비 등을 공사현장으로 부터 철거한다.

2. 제8조에 의한 대여품이 있을 때에는 지체없이 원사업자에게 반환한다. 이 경우 당해 대여품이 수급사업자의 고의 또는 과실로 인하여 멸실 또는 파손되었을 때에는 원상회복 또는 그 손해를 배상한다.

3. 제8조에 의한 지급자재 중 공사의 기성부분으로서 인수된 부분에 사용한 것을 제외한 잔여자재를 지체없이 원사업자에게 반환한다. 이 경우 당해 자재가 수급사업자의 고의 또는 과실로 인하여 멸실 또는 파손되었거나 공사의 기성부분으로서 인수되지 아니한 부분에 사용된 때에는 원상으로 회복하거나 그 손해를 배상한다.

⑩ 손해배상금을 지급하거나 또는 대금을 반환해야 할 자가 이를 지연한 경우 그 지연기간에 대해 지연이자(연 10%)를 더하여 지급한다.

제53조(분쟁해결) ① 이 계약과 관련하여 분쟁이 발생한 경우 원사업자와 수급사업자는 상호 협의하여 분쟁을 해결하기 위해 노력한다.

② 제1항의 규정에도 불구하고 분쟁이 해결되지 않은 경우 원사업자 또는 수급사업자는 「독점규제 및 공정거래에 관한 법률」에 따른 한국공정거래조정원, 「건설산업기본법」에 따른 건설분쟁조정위원회 또는 「하도급거래 공정화에 관한 법률」에 따른 하도급분쟁조정협의회 등에 조정을 신청할 수 있다. 이 경우에 원사업자와 수급사업자는 조정절차에 성실하게 임하며, 원활한 분쟁해결을 위해 노력한다.

③ 제1항의 규정에도 불구하고, 분쟁이 해결되지 않은 경우에 원사업자 또는 수급사업자는 법원에 소송을 제기하거나 중재법에 따른 중재기관에 중재를 신청할 수 있다.

제54조(재판관할) 이 계약과 관련된 소송은 원사업자 또는 수급사업자의 주된 사무소를 관할하는 지방법원에 제기한다.